COLLECTION POÉSIE

MICHEL BUTOR

Anthologie
nomade

Préface de Frédéric-Yves Jeannet

GALLIMARD

Tous les textes de cette anthologie ont été publiés
chez Gallimard à l'exception d'*Avant-goût* paru
aux Éditions Ubacs.

© *Éditions Gallimard, 2004, pour la présente édition.*

L'HARMONIE DES ÉTATS

Qui n'a vu depuis une quarantaine d'années que Michel Butor était, au sens large, essentiellement et avant tout poète s'est sans doute absenté assez tôt de ses livres, des rayons et catalogues de poésie. Depuis Mobile *en 1962, qui causa une sorte de stupeur, de scandale, et en découragea quelques-uns — plus d'un, nul doute —, venu comme il venait après quatre romans qui, pour être « nouveaux », n'en étaient pas moins reconnaissables comme tels, Michel Butor a maintenu invariablement le cap. Cet ouvrage « sur » les États-Unis, dont quelques extraits figurent à juste titre en ouverture de celui que l'on tient entre les mains, avait en effet de quoi surprendre un lecteur peu gymnaste : non seulement il s'agissait d'un long poème mais il n'en avait pas tout à fait la physionomie, il tenait du* Coup de dés, *de l'atlas, sorte de symphonie spatiale discontinue, sidérant kaléidoscope, hommage à Calder, structure mobile mais aussi plane, et en deux dimensions, comme les* all-over *de Pollock, et déjà musique concrète, et Stravinski penché sur son épaule, dédicataire du livre qui suivra,* Description de San Marco. Mobile *marque pour Michel Butor l'abandon des grandes avenues ombragées du roman et l'entrée officielle, à trente-six ans, dans le domaine public (mais assez peu, et en tout cas dangereux) de la poésie, les déserts d'Arizona et du Nouveau-Mexique, le Grand Canyon, la faille Pacifique, les atolls et constellations, avant même que ses poèmes des années 40 et 50,* La banlieue de l'aube à l'aurore, *« Hespérides et harengs*», «*Poème écrit en Égypte*» *ne soient retrouvés et édités quelques années plus tard, à partir de 1968. Mais son premier poème publié l'avait été dans une revue d'obédience surréaliste, il y a aujourd'hui cinquante-huit ans. Il en avait dix-neuf. Cette direction magnétique empruntée par une écriture profondément «orientée», dans tous les sens du mot, s'est révélée irréversible.*

*

Il est troublant de constater combien une époque de son existence et de son activité peut teindre la suite de la vie d'un homme, et par conséquent d'un artiste, et sans cesse tenter de le cerner, le rattraper. Péril à cet égard des périphrases destinées à ne pas répéter un nom d'auteur, danger de le réduire systématiquement à une formule : il y a un et deux siècles «le romancier de la petite-bourgeoisie» ou celui du temps perdu, hier et aujourd'hui «l'écrivain de la sous-conversation» (Sarraute) ou «l'auteur de La modification» — *titre que certains, dit-on, confondent avec* La métamorphose, *tant l'un et l'autre sont entrés pour ne plus en sortir dans les salles de classe, les programmes du baccalauréat ou de l'agrégation. Il est ainsi convenu, par incurie ou paresse, de désigner Michel Butor, dans les manuels scolaires, encyclopédies et dictionnaires, comme «romancier» et, de surcroît, auteur de ce seul livre ou presque, lui qui depuis trois décennies en publie une dizaine par an, essentiellement de poésie, seulement comparable par l'étendue de sa bibliographie à Hugo, Balzac, Verne ou Simenon.*

L'auteur de Boomerang, *dira-t-on pour varier les périphrases, en se référant à cette pointe de l'œuvre datée de 1978, dont on trouvera une trentaine de pages dans cette anthologie, figure pour la seconde fois dans la collection (la première, c'était avec* Travaux d'approche *en 1972); c'est certes, je crois, parce que son écriture la plus ancienne et la plus continuelle est désormais la poésie, mais c'est aussi que le roman lui-même peut être considéré chez Michel Butor comme un cas particulier, une figure ou modalité du discours poétique. Il s'agissait moins en effet dans les années 50, avec* L'emploi du temps *ou* Degrés, *de se situer dans l'anecdote ou de mener un récit que d'entrer de plain-pied dans l'ordre du discours (l'usage des pronoms personnels et des voix narratives en témoigne), et certaines descriptions, comme chez Lautréamont, dans leur méticulosité sensible y sont déjà à proprement parler* poiesis, *et mériteraient de figurer dans une anthologie du poème en prose. Il y a ainsi dans* Passage de Milan *(1954) ou* L'emploi du temps *(1956), pour ne citer qu'eux, comme dans les* Voyages extraordinaires *ou les* Chants de Maldoror, *des passages qui, s'ils étaient inclus dans le présent volume, n'y démériteraient pas et sembleraient au contraire avoir été conçus pour figurer cinquante ans plus tard dans une lointaine* Anthologie nomade *et une collection notoire de poésie. Quant à la structure très complexe des romans, on la retrouve dans l'organisation matricielle de la poésie qui fait de celle-ci l'exacte symétrie de ceux-là.*

*

Nous ne ferons ici que survoler cette œuvre immense en mettant bout à bout quelques réflexions sur ses composantes et son organisation. Partir de cette prémisse que les lecteurs informés commencent désormais à ne plus ignorer: que Michel Butor est poète, premièrement et avant tout, ne nous dit encore pas d'où procède son écriture, quels chemins elle nous propose. Elle semble justement venir de nulle part et requérir sa propre catégorie. Elle ne ressemble en apparence à rien de ce qui se fait aujourd'hui, à l'exception peut-être, mais dans une tessiture très différente et une seule de ses modalités (la poésie versifiée), d'un Jude Stéfan, d'un William Cliff, c'est-à-dire d'une poésie comme on n'en écrit plus, innervée par la rigueur d'une mécanique prosodique, greffée sur une tradition qui remonte dans la littérature française au Moyen Âge, au XIVe siècle surtout, et à la Renaissance, branche qui se serait séparée dès lors de la sorte d'affluents qui aboutiront à la poésie sans postérité visible de René Char. Par son peu d'inclination pour la sentence métaphysique ou

9

les formulations héraclitéennes, Michel Butor serait un contre-Char, et se situerait souvent, à l'inverse, du côté de Francis Ponge. Et s'il y a au surplus dans la poésie récente de Michel Butor une inquiétude cosmique, c'est chez Fourier, Breton ou Reverdy que l'on pourrait en trouver un semblable souci:

et tu me nommais l'étoile des suicides
le renard des âges après la tempête
je flairais les lignes pénétrais dans les cavernes
où le marbre avait le sceptre et le glaive au poignet
le sang des foules perlait dans les recoins des fêtes
au cœur d'un édifice ayant un bruit de multitude

Je la regarde couler, cette goutte, l'étale et elle se met à grouiller de tous les chiens possibles, accouplés et divisés par grappes et raquettes, selon les races et les instincts, le premier groupe se composant de dogues d'Angleterre et cent lévriers d'attache, avec douze paires de chiens-tigres et çà et là des tourbillons de neige fine arrachée par le vent et s'envolant, le deuxième entièrement formé de greffiers de Barbarie qui servent pour la grande chasse, le troisième une légion de chiens de Norvège...

(«Victor Hugo écartelé»,
Patience, 1990).

Nous sommes loin, on le voit, du Nouveau Roman. Mais dans son évolution qui va du vers libre surréaliste de La banlieue de l'aube à l'aurore *(1948) ou du «Poème écrit en Égypte» de 1951, repris en 1972 dans* Travaux d'approche, *à la métrique élégante et syncopée de* La forme courte *(1990), ou à ces émulsions de prose et poésie que constituent* Patience *(1991),* Avant-goût *(1984),* Matière de rêves *(1975-1985), l'écriture de Michel Butor est soumise, depuis son passage par l'école de rigueur du roman et de la musique, à une oscillation entre différents pôles, comme, pour ne signaler que ceux-là, une veine baroque (les passages multicolores de* Boomerang *et les deux «entrées» de* Gyroscope *peuvent être reliés aux* Indes galantes *ou aux* Boréades *de Rameau) et la rigueur d'un Malherbe ; les contraires ici font bon ménage.*

*

Très souvent née, dès le début (« Hommage partiel à Max Ernst », 1945), du contact avec les peintres, puis avec d'autres artistes, cette écriture est comme un négatif, en gravure ou en photographie : dans un livre de 1970 avec Camille Bryen, Querelle des états, *« petit monument pour Charles Perrault », puis un autre avec Ania Staritsky,* Imprécations contre la fourmi d'Argentine, *repris dans* Second sous-sol *en 1976, ce jeu du texte avec l'eau-forte ou la pointe sèche est montré, révélé comme par un acide. Le texte et la gravure respectivement s'illustrent, se commentent, tout en conservant leur autonomie : Michel Butor reprendra d'ailleurs la partie écrite de ces collaborations, le texte seul, dans le troisième volume de la série* Illustrations *(1973) où se frottent et interagissent des textes écrits pour « illustrer » séparément quelques œuvres plastiques. C'est encore le cas des gravures de Gregory Masurovsky à propos desquelles Michel Butor écrira* Litanie d'eau *(1964) et* Western Duo *(1969), ce dernier en anglais et en français, au cours de son long séjour au Nouveau-Mexique. Dans les années plus récentes, des centaines de collaborations et livres d'artistes (ensuite regroupés en recueils :* Quarante-trois artistes avec Michel Butor, *ou 37, ou 52, ou tout autre assemblage possible) apporteront tant d'eau à ce moulin qu'il faudra à Elinor S. Miller consacrer tout un livre,* Prisms and Rainbows *(2003), à l'étude de trois seulement de ces mille et une entreprises bicéphales : elle étudiera dans ce livre les aventures croisées avec Alechinsky, Jiri Kolar et Jacques Monory. Imaginons l'encre et l'espace nécessaires pour toutes les commenter !*

Aux peintres se sont joints très tôt les sculpteurs et les photographes, puis les musiciens ; débute ainsi une longue collaboration avec le compositeur Henri Pousseur, pour qui Michel Butor écrira en 1962 le livret d'un opéra, Votre Faust, *collaboration reprise vingt ans plus tard dans un volume de rêves,* Quadruple fond, *où interviennent aussi — ce n'est pas indifférent, car rien ici ne l'est — plusieurs peintres et un sculpteur, ainsi que Schönberg, Buffon, et quelques autres. Ce franchissement des frontières entre les arts s'est accru au fil des années qui ont suivi l'abandon de la grande machinerie monolithique du roman, qu'il avait contribué à démonter. «Dans tout ce que j'écris il y a une nostalgie de la peinture et de la musique», dira Michel Butor.*

*

Autre constante de cette œuvre poétique, la géographie, L'appel du large *(titre du troisième volume de la série* Avant-goût*): le second* Génie du lieu, Où *(1971),* Boomerang *(1978),* Transit *(1992),* Ici et là *(1997),* Géographie parallèle *(1998); peu de pages qui ne soient teintées d'autres lieux, qui ne nous invitent ardemment à nous déplacer dans l'épaisseur d'une culture et des espaces qui la contiennent. La géographie s'étend à l'espace extérieur, à l'astronomie: «L'enfant satellite», «Franchir l'espace», par exemple mais déjà* Où*:*

La pleine lune où marchent les astronautes dans les nuages de plus en plus profonds qui me suggèrent d'effacer ce que je viens d'écrire...

Voilà un verset devant lequel Saint-John Perse resterait bouche bée — mais jamais Michel Butor ne s'installera dans un mètre-étalon, et comme pour toutes les autres formes prosodiques qu'il a explorées, celle-ci n'est qu'une modalité et un cas particulier dans une poésie en tous ses mètres et hors d'eux.

*

La notion de «recueil» est mise à mal, celles de «choix» ou d'«anthologie» sont aussi remises en cause, comme le sont dans l'œuvre tant d'autres habitudes et paresses. Aucune anthologie, aucun recueil n'est jamais stable ni définitif. Ils s'édifient peu à peu, par agencements suc-

cessifs. Les structures matricielles que Michel Butor a mises au point lui ont permis d'organiser par exemple un certain nombre de recueils récents en cinq ou six parties, qui peuvent à leur tour être subdivisées en cinq, ou en six, ou leurs multiples, qui jouent avec d'autres, et ainsi de suite. L'excitation provoquée par une telle lecture tient autant au texte lui-même, qui articule tous les registres de la séduction, qu'à l'ordonnancement de ses parties — du moins lorsqu'il s'agit de recueils construits, car certains ne sont, de l'avis de l'auteur même, que des « arrangements provisoires », des suites de textes qui seront repris ailleurs et autrement, plus tard. Ordonnancement qui permet, lorsque l'ouvrage devient « à peu près définitif », d'y naviguer longuement, de remettre ses pas dans ses pas en repassant par la ligne ou le vers où l'on était passé sans voir d'abord que c'était un chemin de ronde le long d'une falaise au pied de laquelle on aperçoit à présent la mer; lorsqu'on repassera par là d'ici quelques dizaines de pages, mais cette fois en bateau sur la mer, cette étendue huileuse ou houleuse qui lape les contreforts de la falaise, on verra à nouveau — mais sous un jour complètement différent, bien sûr — la falaise et le chemin de ronde sur lequel on s'apercevra soi-même dans une vie antérieure en train de regarder la mer. En relisant sous un jour neuf ces textes que l'on aborde en provenance d'une autre région du livre, on voit qu'ils ne signifiaient pas du tout ce qu'on avait d'abord cru qu'ils voulaient nous voir les voir signifier, qu'ils nous indiquaient sous la surface de tout autres profondeurs, qu'il eût fallu que nous allassions relire tel alchimiste du XVIIe siècle, telle mystique féministe anglaise du XIVe — ou Maurice Scève tout simplement. On croit voir et entendre Joyce se frottant les mains après l'achèvement de Finnegans Wake *: « Maintenant, les critiques ont du travail pour trois cents ans. » Plus modestement, Michel Butor affirmera avoir lui-même « du pain sur la planche pour cent ans ».*

*

Les textes vivent de multiples aventures. Ainsi «Hallucinations simples», d'abord publié séparément dans une revue d'études rimbaldiennes, repris en 1987 dans le volume Avant-goût II, *sera finalement intégré dans* Gyroscope *en 1996, qui paraissait devoir être son dernier port, mais nous le retrouvons à nouveau modifié dans cette* Anthologie nomade, *dans la section «Voyant». Une semblable filature permettrait de retracer les métamorphoses plurielles et transmutations de «L'enfant satellite» dans plusieurs recueils des années 80 et 90, jusqu'à son aboutissement dans* Collation *en 2003. Ainsi se sont aussi constitués les recueils* Avant-goût, Carnets, Patience, Au jour le jour, Chantier, Hors-d'œuvre, Ici et là, *et bien d'autres.*

*Ces structures en patchwork permettent au lecteur l'agencement de recueils modulables qui dépassent les volumes individuels et jettent des ponts de lianes à travers l'œuvre entière, recueils en «kit», prêts à monter, d'une grande flexibilité (*Mobile, *lui, était construit comme un «quilt» de Nouvelle-Angleterre, beau déplacement de la «robe» de Proust avec tout son drapé bourgeois, que Michel Butor remettra aussi sur les métiers à tisser des Indiens Navajos dans leurs réserves). Ainsi lorsque l'Université de Mexico m'a confié en 1993 le choix et la traduction en espagnol d'un volume de textes poétiques récents de Michel Butor pour une collection consacrée aux poètes contemporains, j'ai organisé ce recueil, avec l'accord de l'auteur, en reprenant la structure en patchwork d'*Avant-goût II *(1987) mais en utilisant des textes différents, provenant de trois volumes de cette série et de deux autres,* Patience *(1990) et la première version de* Collation *(1991). Et c'est une conséquence directe, quoique paradoxale, de la politique de dissémination éditoriale de Michel Butor qu'elle permet, à travers la mécanique de haute précision des recueils qu'elle fait essaimer, de naviguer avec une liberté extrême entre les eaux des textes, d'un volume comme d'un océan à l'autre. Loin de contredire leur «poésie», la grande complexité des recueils favorise par conséquent l'exercice de la navigation ou du vol à voile. Elle suggère aussi un art de «l'assemblage», comme on le dit de vins aux cépages mélangés, qui est une forme d'*ars poetica.

*

L'une des inventions capitales de cette poésie est l'utilisation de « matrices d'écriture » dans la composition et structuration du texte. Le prototype construit dès les années 70 sur ce principe fut Une chanson pour Don Juan, *poème épico-érotique qui pouvait comporter autant de strophes que son héros avait eu de femmes. La plupart des textes depuis* Don Juan *a été écrite ainsi. Dans* Le fil à quoi tient notre vie *(1996), l'utilisation d'une matrice rend ce texte potentiellement infini. Le processus d'énumération qui commence assez sagement :*

Au fil des jours le réveil, la chambre, le courrier lorsque la poste fonctionne, les élèves, le temps qu'il fait, ce qu'on va manger, les soucis, les couleurs, les notes, la tombée du soir, la fatigue, la lampe

va progressivement s'emballer, très vite on décolle, et de fil en aiguille on obtient ce syntagme :

Au fil des aiguilles chemises et chaussettes, écharpes et robes, dentelles et manteaux, rideaux, drapeaux et banderoles, reliures, sutures, broderies et tapisseries, patrons, canevas, épingles, miroirs, doublures, machines, rubans, mannequins, modèles dans les ateliers et sur les plages, les pages, les nappes, les draps et les suaires.

Au fil du texte infini ainsi tricoté pourront défiler maisons, villes, ports, fleuves, musiciens et poètes, faune et flore, chaque syntagme se greffant d'ajouts par emboîtements et associations sémantiques, tout peut y passer, littéralement tout, et on atteint bientôt la stratosphère, l'apesanteur :

Au fil de la nuit le glas des heures qui cherchent fortune pour nous la transmettre, la bouteille à la mer, la cloche de naufrages pour nous guider vers les alcools enfouis, les joyaux vivaces, les graines préservées depuis les jardins suspendus de Babylone et même, qui sait ? l'antique éden, à travers les vagues, les brouillards, les tourbillons, les traces, les cavernes sous les falaises, les tunnels sous les détroits, les raccourcis vers les Antipodes, vers le confort des satellites, vers les ténèbres de l'espace grouillantes d'anneaux et d'explosions, vers les levains des mondes et diapasons d'histoires [...].

Au lecteur de poursuivre l'aventure.

*

Certes, les années récentes voient apparaître une certaine angoisse et déception devant l'état du monde, une certaine lassitude, on les sent travaillées de nostalgie :

Bientôt la fin du siècle et qu'as-tu fait de ses révolutions Michel Butor
tu t'es si souvent rendu compte après coup de ton aveuglement
ce qui était là dont tu aurais pu profiter il t'a fallu tant de temps
et d'efforts pour le retrouver n'y a-t-il pas des tournants essentiels
que tu as manqués ne s'interrogera-t-on pas si du moins
tu n'as pas complètement échoué si l'on s'intéresse encore à toi dans quinze années
sur ce qui a pu t'empêcher de voir ce qui aurait dû te crever les yeux
de faire œuvre utile vraiment alors que tu en étais à deux doigts

Bientôt le cimetière ou quelque solution équivalente et qu'as-tu fait de ta chance Michel Butor
Il y a des moments où tu te sens le survivant d'une autre époque
De bonheur et malheur à la fois surtout malheur et qui n'a d'ailleurs jamais existé...

(« Bientôt l'automne »,
Collation, 2003)

mais c'est une «nostalgie» historique et métaphysique, celle d'un état mythique antérieur, d'un âge d'or uchronique et utopique, qui a toujours été, en fait, l'un des vecteurs de l'œuvre, même dans son versant romanesque. Et toujours il y a eu «cette grêle de poings d'interrogation qu'il faudra la mort pour calmer» (Collation).

L'espoir pourtant demeure d'un monde différent, la passion des grandes Utopies ne s'est pas démentie, les textes récents s'adressent en particulier aux petits-enfants du poète (qui vient d'ailleurs de préfacer L'Art d'être grand-père *de Victor Hugo):*

> Quand ta voix s'envolera
> dans le battement des langues
> les anciennes dissonances
> fleuriront en harmonies
>
> («Le jardin des âges»)

«Harmonie», mot récurrent, avec «planète»… «Une héroïque harmonie inspirée par l'ancienne musique italienne» («Boulevard des panoramas»), ou cent autres possibles harmoniques ou clefs, d'ut et de sol — ou de ciel, comme dit Hélène Cixous. L'harmonie, venue de Fourier, est dans la sphère du désir, toujours à conquérir car, écrit Michaux cette fois — dont on finira bien par voir combien Michel Butor est proche — dans Épreuves, exorcismes*: «Il serait bien extraordinaire que des milliers d'événements qui surviennent chaque année résultât une harmonie parfaite.»*

Ayant tour à tour emprunté, souligné et brouillé tous les genres, abattu tant de cloisonnements et de portes, ouvert tant de fenêtres, Michel Butor sillonne aujourd'hui l'espace, la stratosphère, l'utopie politique et poétique. Un texte est, à cet égard, cardinal et fondateur: La rose des vents *(1970). Il s'agit apparemment d'un essai dans le prolongement du* Nouveau Monde amoureux *de Charles Fourier. Il devient pourtant clair dès les premières pages que ce texte «critique» est aussi un récit, un rêve, une fic-*

tion (ou science-fiction), une réflexion sur l'astrologie et l'évolution, et, bien sûr, comme chaque page de Michel Butor, un poème:

L'obliquité de l'écliptique croît à partir de l'entrée en harmonie. L'axe de rotation du globe lui est maintenant perpendiculaire; il n'y a plus de saisons, et le Soleil passe au zénith tous les jours à l'équateur; la moitié de son disque apparaît toujours à l'horizon des pôles. L'aiguille magnétique, après avoir si longtemps montré le Nord, se tient maintenant parfaitement verticale.

[...] Alors l'axe du globe verse sur l'écliptique. Le pôle austral se fixe face au Soleil. La rotation s'arrête.

Même dans les derniers Répertoires, *l'essai versait dans le poème. Mais tout n'est jamais pour Michel Butor que poème, prolongement d'un même poème: la rotation et la musique des sphères rejoignent l'immensité du présent et du quotidien à fouiller.*
Telle est l'utopie harmonique à laquelle travaille inlassablement, depuis une cinquantaine d'années, l'œuvre «poétique» de Michel Butor, et donc son œuvre entière; voilà ce qu'elle semble nous proposer: si les musiciens s'intéressaient aux peintres, ceux-ci à la poésie, les écrivains à l'aéronautique et les sculpteurs à la danse, il ne serait pas invraisemblable que les juifs s'intéressent aux musulmans et vice versa, que nous explorions même de nouvelles planètes sans d'abord y envoyer des missiles pour faire table rase, et qu'ainsi ou autrement, par la dimension politique de l'écriture qui fait «changer la vie», le monde devienne moins inhabitable; et de fil en aiguille la planète tournerait autrement, les saisons seraient plus clémentes, la révolution des astres et la chute des étoiles filantes seraient nos pacifiques et quotidiens feux d'artifice, et l'ancienne querelle des états aboutirait à une nouvelle harmonie, celle des azimuts de La rose des vents.

Frédéric-Yves Jeannet,
New York, juin 2003.

ANTHOLOGIE NOMADE

LIMINAIRE

Plutôt que de trancher à vif dans certains livres, on a préféré en détacher les éléments de figure poétique, souvent publiés à part avant leur utilisation dans l'ouvrage. Les titres que l'on ne retrouvera pas toujours tels quels dans celui-ci, sont mis alors entre parenthèses ; ils sont d'ailleurs parfois utilisés dans des publications préliminaires.

Cette option a mené dans certains cas à transformer profondément la disposition du texte et même exceptionnellement sa ponctuation ; toujours dans le souci d'une meilleure lisibilité.

J'ai suivi l'exemple du musicien qui propose plusieurs transcriptions pour une œuvre : clavier, quatuor à cordes, petit ou grand orchestre, tire ses suites de ses opéras avec les ajustements nécessaires.

Dans certains cas les dédicaces sont très éclairantes. Ainsi quand on sait qu'*Itinéraire* est dédié à Maria Elena Vieira da Silva, ses tableaux viennent illustrer chaque ligne du texte, mais comme elles auraient souvent demandé de longues explications comme celles données dans *Envois* ou *Exprès*, il était plus simple de les supprimer. Il sera facile de les retrouver.

Tous les ouvrages utilisés sont publiés chez Gallimard, à l'exception du premier *Avant-goût* paru chez Ubacs.

1962

MOBILE

(LES NOIRS)

Noir.
Noire.
Noirs.
Noires.
Des noirs.
Il est noir.
Très noir.
D'un beau noir.
N'est-ce pas ? Une statue d'ébène.
Elle est à peine noire.
À la voir, on ne dirait pas qu'elle est noire.
Mais elle est noire…

Une épaule, un bras, un poignet noirs ruisselants…
Sous le pantalon qu'il soulève pour se gratter, un genou noir ruisselant…
La peau noire grumeleuse de son cou…
Le téton noir, mais d'un autre noir, sur le sein noir.
Le noir de son ventre par l'ouverture de son corsage déboutonné.
Le noir à l'intérieur de son ventre…
Sous sa jupe, cette cuisse noire…
Une chevelure crépue de Noire…
Ces énormes tresses noires, d'où les tient-elle ? Métissée d'Indien ?
Cet ouragan de cheveux noirs…

Le serveur noir du wagon-restaurant.
Le valet noir du wagon-lit.
Les porteurs noirs sur le quai de la gare.
Le chauffeur noir du taxi.
Le porteur noir en livrée devant l'hôtel.
Un Noir ivre mort.
C'est un bistrot pour Noirs.
C'est une église pour Noirs.
C'est une école pour Noirs.
C'est un quartier de Noirs.

Dans le parthénon de Nashville, les Noirs qui regardent ces sculptures blanches
C'est l'arrivée d'un prédicateur noir.
Dans le parthénon de Nashville, les Noirs qui regardent ces chevaux blancs.
Sans doute une nouvelle secte noire.
C'est un baptême de Noirs, encore un nouvel enfant noir.
Noirs vieux serviles.
Noirs jeunes arrogants.
Les sourcils blancs des vieux sur leurs yeux noirs.
Des cheveux blancs sur leurs fronts noirs.
Une langue rouge qui sort d'entre leurs lèvres noires.
Des dents blanches qui brillent dans leurs bouches noires.

Ils sentent noir.
Leurs yeux brûlent noir.
Même quand ils n'ont pas l'air noir, ils sont noirs.
Ils sont encore plus noirs que le noir.
Ils avaient des chaussures noires à boutons noirs.
Des guêtres noires à lacets noirs.
Ils avaient des pantalons noirs à reprises noires.
On leur donna des chapeaux noirs à rubans noirs.
Leurs pasteurs noirs à Bible noire.
Leurs prêtres noirs à soutane noire.

Notre religion si blanche, comme ils ont réussi à la rendre noire, dans leurs églises peintes d'un blanc plus noir que le noir.

Nous leur avons appris à écrire, pris d'un accès de bonté d'âme, et ils se plaisaient à se tacher d'encre.

Tous les livres pour nous se sont teints de noir.

Les couleurs ont commencé à fleurir sur leurs chemises, mais le mot couleur s'était mis à vouloir dire noir.

(LES EUROPÉENS D'AMÉRIQUE)

Les Européens ont laminé la grande prairie.
Les Européens ont épucé la prairie de ses bisons et de ses Indiens.
Les Européens ont tracé sur la prairie de grandes lignes perpendiculaires.
Les Européens ont recouvert la prairie d'une mince pellicule comme une couche de peinture, sur laquelle les réserves font des accrocs.
Et dans la terreur, les Européens ont commencé d'attendre leur récolte.

Ils n'étaient nullement les ambassadeurs de l'Europe.
Ils n'étaient point envoyés par leurs princes en grand équipage.
Ils venaient chassés de l'Europe par les guerres de religion...
Ils venaient chassés de l'Europe richissime par la misère, par la tyrannie de l'argent...
Et ils n'avaient qu'une idée en tête, c'était revenir en Europe pour se venger grâce à l'argent, et rire alors de ceux qui les avaient chassés...
Ah, dès les premiers débarqués, comme ils attendaient la révolte !...

Ils ne cherchaient point à connaître ce pays, ils ne désiraient point s'y installer. Ils se contentaient d'habitations provisoires. Ils ne désiraient que survivre et s'enrichir pour pouvoir retourner...

En attendant ce triomphal retour, ne fallait-il point reconstituer autour de soi une nouvelle Europe, effacer le plus possible de son esprit ce continent qui nous accueillait mais nous effrayait?

Ne suis-je point encore, ou plutôt ne suis-je point déjà en Europe, puisque je suis bien à Milford?

Et la nouvelle Europe se comportant exactement comme l'ancienne, ils l'ont fuie, chassés par un vent de haine, d'intolérance, de misère et de tyrannie, avec l'espoir ferme d'y revenir en faisant sonner leurs dollars...

Ils ont traversé le New York pour entrer en Pennsylvanie...

Ils ont traversé la Virginie pour entrer dans le Kentucky...

Chassés, fuyant, ils ont traversé la Pennsylvanie pour entrer dans l'Ohio.

Ils ont traversé le Kentucky pour entrer dans le Tennessee.

Ils ont traversé l'Ohio pour entrer dans l'Indiana.

Ils ont traversé le Tennessee pour entrer dans l'Arkansas...

Ils ont traversé l'Indiana et l'Illinois pour entrer dans le Missouri.

Chassés, ils ont traversé l'Indiana et l'Illinois pour entrer dans l'Iowa, chassant devant eux les Indiens; aussi, quand ils ont vu la première moisson de leur blé, quel sourire!

Ce qu'il y avait d'effrayant dans ce continent, ce n'était pas seulement ses lianes empoisonnées...

Ses chênes empoisonnés, sumacs empoisonnés, serpents venimeux, flèches d'Indiens empoisonnées...

Ce qu'il y avait d'effrayant, avant toute expérience, c'était l'existence même de ce continent, surgi d'au-delà l'horizon, là où il n'aurait pas dû être...

Et l'Indien, expression, visage, langage de ce continent scandaleux, inspirait trop de terreur pour qu'on pût le faire travailler autrement que dans certains cas de prosélytisme ou d'utopie (il aurait fallu toute l'autorité splendide du roi d'Espagne ou du Pape derrière); aussi, comme on avait été chassé de l'Europe ou de nouvelle Europe par une injuste misère, et que l'on voulait renverser cette inégalité qui vous avait chassés de votre pays, afin d'avoir auprès de soi un plus pauvre que soi vous enrichissant, plutôt que de tenter de domestiquer l'Indien, on préféra importer de faux indigènes...

Ils ont traversé l'Iowa pour entrer dans le Nebraska.

Bien sûr que le continent africain aurait eu de quoi effrayer, mais au moins en avait-on connu l'existence depuis des siècles, et surtout ces Noirs que l'on amenait, que nous recevions là-bas, ils étaient sevrés de toute communication avec cette inquiétante réserve de puissance; ils étaient entièrement démunis, purs de toute connivence avec ces nouveaux fleuves, ces nouveaux oiseaux; ils étaient plus dépaysés encore que nous; la domination sur eux était des plus simples; on pouvait en faire des inférieurs absolus, l'image même de cette inégalité dont nous rêvions qu'elle se rétablît en notre faveur en Europe...

Aussi ils nous ont servi à nous masquer ces yeux indiens, le regard indien, le scandale indien. Entre cette terre qui nous disait: non, vous n'êtes pas en Europe, et nous qui voulions que ce fût l'Europe, nous avons étendu cet écran noir...

Cet écran ne s'est pas interposé seulement entre l'Amérique et nous; il s'est interposé aussi entre l'Europe et nous, entre notre religion et nous...

Hypocrite Europe, n'était-ce pas elle qui profitait avant tout du trafic des esclaves? Nous ne profitions que de leur travail. Mais elle se scandalisait quand elle entendait parler de ses propres œuvres. Elle se disait: «Comme nous avons bien fait de les chasser!»...

Écran qui nous a même séparés de cette nouvelle Europe qui s'était installée au Nord-Est. Ils criaient:

«Nous sommes purs, ce sont eux les coupables de ces abominations!» Dont ils profitaient.

Ils sont devenus multitude, et ils ont commencé à pousser des racines; il s'est établi entre ce continent et eux une sorte de connivence…

(LE NOIRCISSEMENT
DE LA MER)

La mer,
      lave,
rince,
      relave,
rince,
      délivre,
que la mer me lave,
      que la mer me purifie,
que la mer m'emporte,
      que la mer me retourne,
que la mer me change,
      que la mer me débarrasse,
de toute cette boue,
      de toute cette graisse,
de toute cette suie,
      de tout ce sucre.

La mer,
      papiers sales,
mégots,
      assiettes en carton,
sandales dépareillées,
      bouchons de tubes,
la grande lessive de la mer,
      que la mer me frappe,
que la mer me pénètre,
      que la mer me guérisse,

que la mer m'ouvre les yeux,
	îles
chenaux,
	goulets,
détroits,
	récifs.

La mer,
	hors-bord,
ski nautique,
	plongeoirs,
toboggans,
	bouées,
montée,
	détour,
retombée,
	grondements,
éclaboussement,
	chapeaux blancs,
poignets,
	chapeaux paille,
cuisses,
	chapeaux sable.

La mer,
	sandales vertes,
chevilles,
	sandales couleur de suie,
talons,
	sandales neigeuses,
sacs,
	chapeaux noirs,
chaises longues,
	jambes tachetées,
foulards blancs,
	petits seaux,
petites pelles,
	petits râteaux,
petits moules,
	petits tamis noirs.

La mer,
    serviettes à raies,
serviettes vert uni,
    serviettes à carreaux verts et noirs,
serviettes à inscriptions,
    serviettes à aigle américain,
crèmes,
    huiles,
tubes,
    bouteilles,
pommades,
    lunettes noires,
lunettes vertes,
    lunettes violettes,
lunettes brunes,
    lunettes miroirs.

La mer,
    pique-niques,
frites,
    Coca-Cola,
journaux,
    boîtes de conserve,
les feux sur la plage,
    la fumée,
les cendres,
    les fumets,
les arêtes,
    le sel,
gouttes,
    la bruine,
rides,
    miroitement.

La mer,
    que la mer me prenne,
que la mer se venge de moi,
    que la mer m'engloutisse,
qu'il n'y ait plus trace de moi,

    que la mer me noie..
canards en plastique
    phoques en plastique,
dragons en plastique,
    cygnes en plastique,
baleines en plastique,
    la blanchisseuse,
mousses,
    linges,
dentelles,
    étendards de plumes.

La mer,
    lape,
lèche,
    ronge,
polit,
    étale,
coquilles Saint-Jacques du Pacifique,
    boîtes à bijoux du Pacifique,
coquilles lunes de Lewis,
    bigorneaux érodés,
palourdes coucher de soleil,
    anchois du Nord,
morues ling,
    perches à queue rouge,
éléphants de mer,
    maquereaux du Pacifique.

La mer,
    baleines grises,
baleines bossues,
    baleines bleues,
rorquals,
    baleines sei,
anses,
    rochers,
criques,
    bassins,
flaques,

       varechs,
slips,
       cabines,
canots,
       courants.

La mer,
       les pas sur le sable,
le sable sur les cuisses,
       les ruisseaux dans le sable,
le sable dans les chaussures,
       les pattes d'oiseaux sur le sable,
un paon de gouttes,
       un aigle d'écume,
une rose de verre,
       un éventail de sel,
une crinière de bruit,
       tout ce qu'elle cache,
rejette,
       imbibe,
transforme,
       reprend.

La mer,
       tous ceux qu'elle tente,
poursuit,
       séduit,
emporte,
       change,
milliers de griffes,
       milliers de crocs,
milliers de langues,
       milliers de ventouses,
milliers de suçoirs,
       milliers de suaires,
de corridors mouvants,
       de salles de soie,
d'étouffements,
       d'épaves.

La mer,
      écailles d'argent,
plumes d'argent,
      perles d'argent,
nuages d'argent,
      lèvres d'argent,
écailles d'or,
      tuiles d'or,
mailles d'or,
      cils d'or,
pupilles d'or,
      écailles pourpres,
écheveaux pourpres,
      émaux pourpres,
coquilles pourpres,
      tissus de pourpre.

La mer,
      écailles de verre,
cascades de jade,
      lits d'émeraude,
pages d'onyx,
      iris de menthe,
écailles de saphir,
      voiles d'outremer,
ramages d'indigo,
      damas de cobalt,
carreaux de lapis,
      écailles d'obsidienne,
plumages de jais,
      labours de houille,
plaines d'encre fraîche,
      coques de palissandre.

La mer,
      tout ce qu'on laisse sur la plage,
les traces,
      les emballages,
les vêtements oubliés,
      quelqu'un,

nos pas dans la nuit,
    qui vient de la mer,
effacés par la mer,
    seuls,
dans le vent chaud,
    tu es noire,
tu es humide,
    tel un poisson,
personne ne peut nous voir,
    la plage est déserte.

La mer,
    elle étouffe nos voix,
elle remue,
    baise nos pieds,
atteint nos chevilles,
    et nous laisse,
milliers de lèvres noires,
    milliers de langues sombres,
innombrable salive,
    innombrable sueur,
inépuisable bain,
    milliers de pages noires,
milliers de draps sombres,
    milliers de chevelures d'ombre,
milliers de mamelles obscures,
    innombrable vitrail dans la nuit.

La mer,
    vitres noires liquides,
glacier de billes noires,
    four de fraîcheur,
prairie d'ongles verts et noirs,
    grappes de velours noir tremblant,
parasols repliés,
    dos bronzés dans leurs hôtels,
chaises longues rangées,
    piscines illuminées,
quais surpeuplés,
    bleu noir,

vert noir,
    éclaboussement noir,
creux noir,
    écume noire.

La mer,
    milliers d'yeux noirs,
milliers d'iris noirs,
    milliers de pupilles noires,
milliers de cornées jaunes,
    milliers de larmes,
rames alignées,
    ballons sur le carrelage,
peignoirs sur les cintres,
    tentes vides,
paréos qui égouttent,
    milliers d'écailles,
de nageoires noires,
    de valves,
de branchies,
    de gueules noires.

La mer,
    peaux tendues,
peaux soulevées,
    peaux huilées,
peaux luisantes,
    peaux vernissées,
le fleuve,
    les plis de la mer et du fleuve,
leurs replis leurs effondrements,
    épanchements et tourbillons,
toute la conspiration des eaux noires,
    qui me permettra de t'approcher,
de te sentir,
    de te frôler,
de te caresser,
    de te prendre.

La mer,
      notre automobile abandonnée sur le sable,
le vent qui balaie les traces de nos pas,
      la mer qui couvre notre voix,
les odeurs venant de la terre,
      tes doigts qui se crispent dans ma main,
les flammes des raffineries derrière nous,
      les damiers lumineux des grands hôtels,
les signaux des avions dans le ciel,
      le bruit du vent dans les derricks,
oublie ta blancheur dans la nuit,
      tu n'as pas envie de te baigner,
tu ne t'es jamais baignée dans la nuit ?
      la mer est plus chaude la nuit,
les requins sont loin,
      personne ne peut nous voir.

La mer,
      ton transistor,
pourquoi le fais-tu marcher si fort ?
      ce n'est pas la peine,
nous sommes trop loin maintenant,
      étends-toi,
ils ne sauront pas,
      personne ne saura,
personne ne se doutera,
      ils croiront que c'était un rendez-vous,
comme tous les soirs,
      il faudrait que tu leur dises,
mais tu ne leur diras rien,
      cela ferait une telle histoire,
que tu es venue toute seule avec moi,
      si loin le long de la mer.

La mer,
      tes larmes sont salées comme la mer,
n'aie pas peur,
      il ne t'arrivera presque rien,
je vais te passer un peu de ma noirceur,
      il restera un peu de sable dans tes cheveux,

cigarette,
    comme tu tremblais !
comme tu te serrais contre moi !
    on aurait dit que tu me prenais pour un…
le transistor s'est arrêté,
    nous sommes si loin de la mer,
nous n'avons jamais vu la mer,
    que par images,
un jour je t'amènerai jusqu'à la mer,
    mais je sais qu'il sera trop tard.

(LE DISCOURS DU SUD)

Noires voix.
Noirs chants.
Nos paroles qu'ils ont rendues noires.
Ils ont pris nos pianos pour en tirer une musique noire, une musique si l'on peut dire...
Ils nous enchantent, nous enchaînent par cette mélopée noire.
Il n'est pas un de nos airs qu'ils ne nous prennent, qu'ils ne nous déforment, qu'ils ne nous obligent peu à peu à chanter comme eux.

Une démarche noire.
Noirs ils longent nos murs.
Noirs ils regardent nos vitrines.
Noirs ils traînent parmi nos rues.
Noirs ils dorment sur les trottoirs.
Leurs bras noirs, leurs fronts noirs couverts de poussière...

Noirs ils s'assemblent.
Noirs ils murmurent.
Noirs ils se mettent à rire.
Ces Noirs, je vous dis que c'est de nous qu'ils rient!
Noirs ils déshabillent toutes nos filles d'un regard nostalgique.

Noirs ils ont un ricanement qui découvre leurs dents.
Le rire de leurs enfants noirs.
Une attirance noire.
Une hantise noire.
Vous dites que nous les haïssons, mais regardez-les ! Ne voyez-vous pas qu'ils nous envahissent et qu'ils ne nous pardonneront point ?
Tel un arroi de nuages noirs.

Vous nous reprochez de les haïr, mais notre haine n'est rien à côté de celle qui monte dans le soir de leurs yeux noirs.

Et si nous nous acharnons tant à maintenir les barrières, c'est parce que nous ne sentons que trop la puissance qui croît dans leurs ténèbres.

Car ces Noirs, vous savez, ce n'est pas vrai qu'ils préfèrent nos femmes blanches, en vérité ce sont nos femmes blanches qui...

Et ces Noirs, ils sentent très bien quelle complicité dans le ventre de nos femmes blanches éveille à la tombée du soir la braise de leur haleine et leurs yeux de boue...

Et s'ils marchent ainsi, ces Noirs, s'ils rient, s'ils murmurent ainsi, c'est pour bien leur faire sentir cette domination sournoise dans laquelle nous ne savons que trop bien qu'ils les tiennent...

Nous ne sommes pas de ceux qui les croient faibles ces Noirs, nous ne sommes pas de ceux qui croient qu'ils vont disparaître, se mêler comme un petit fleuve dans l'océan de la blancheur...

Aussi, quand ils font trop les fiers, ces Noirs, quand ils nous font par trop sentir cette puissance à venir dont nous avons si peur, un peu de leur propre colère explose en nous, et c'est une émeute, un meurtre parfois, comme l'éclaboussement d'une tache d'encre noire sur notre Sud...

Bien sûr que ce sont des erreurs, puisque finalement ce sont eux, ces Noirs, qui en tirent tout le profit, puisque l'opinion mondiale s'alarme, puisque le Nord même commence à nous regarder comme des chiens, mais c'est leur propre contagion qui nous possède alors comme un esprit démoniaque dans lequel ils s'amusent à nous faire respirer...

Mais au moins, pendant quelque temps, ils se tiennent plus à l'ombre, ils savent que leur heure n'est pas encore venue, ils ne plastronnent plus de la même façon, pendant peu de temps, très peu de temps ; ils se nourrissent de cette ombre...

Alors ils prennent des regards de martyrs, et nos femmes, celles de nos femmes qui étaient les plus acharnées, qui hurlaient le plus fort, tremblent plus encore d'approcher des quartiers noirs, et l'on voit peu à peu un nouveau sourire très secret relever le coin de leurs lèvres noires, car ils n'ont même plus besoin de les regarder, leurs dos, leurs mains sécrètent ce venin, ce trouble...

Ainsi, malgré ces coups de barre, nous perdons tous les jours du terrain devant cette menace immense, et si nous nous couvrons ainsi d'opprobre, cela oblige du moins nos gouvernements à raffermir les lois de ségrégation qui nous protègent...

Les gens du Nord qui nous déclarent : il faut être gentil avec les Noirs ; et ils leur envoient des missions, des secours ; et ils proclament ensuite : voyez comme ils sont bien disposés, ils ne demanderaient qu'un peu de bonne volonté. Ils ne soupçonnent point cette insondable ruse...

Ils ne soupçonnent point ce désir de vengeance...

Ils s'imaginent qu'il suffirait de leur accorder généreusement l'égalité, et qu'alors tout s'arrangerait, mais ce qu'ils ne comprennent pas c'est que les Noirs ne veulent absolument pas de cette égalité-là...

Ils s'imaginent, de l'autre côté du Mississippi, mais plus au nord, dans l'Illinois, qu'il leur suffirait à ces Noirs que l'homme blanc, qui s'est considéré comme leur supérieur pendant des siècles, du haut de la supériorité actuelle qui lui reste, comme d'un balcon, dans son immense générosité envers ce pauvre petit frère plus sombre, condescende à dérouler jusqu'au fond de sa misère une sorte d'échelle de corde pour lui permettre d'accéder à son niveau, sous-entendant ainsi qu'il n'aurait jamais pu y accéder tout seul, qu'il est donc véritablement inférieur et que l'on a eu bien raison de le traiter comme on l'a traité...

Mais ils ne veulent point de cela, ces Noirs, et nous savons, nous, qu'ils sont beaucoup plus forts que ceux du Nord l'imaginent...

Nous savons bien que la charité ne leur suffit point...

Certes, ils acceptent de grand cœur ce que vous leur donnez, ils l'utiliseront à leur manière, mais il est vain d'espérer de leur part, surtout de celle de leurs enfants, cette gratitude que vous escomptez...

Ils veulent arriver un jour à vous faire sentir que la situation s'est renversée. Ils veulent un jour, eux, vous admettre à cette civilisation que vous leur envierez...

C'est pourquoi cette civilisation future de nos États-Unis dans laquelle nous serions leurs égaux ne pourrait être inventée que par eux...

Ah, gens du Nord, envers ces Noirs, il n'est vraiment plus temps d'être gentils !...

Ils attendent, ces Noirs, ils n'ont même pas besoin de parler entre eux, il leur suffit de voir leur couleur, une goutte de leur couleur dans tout le lait d'une peau blanche suffit à leur faire un allié...

Bien sûr qu'il y a des traîtres chez eux, et cela devrait nous donner bon espoir, dites-vous ; bien sûr, vous les aidez, ces traîtres, et nous avons bien tort au Sud de ne pas les encourager dans l'ombre, dites-vous, tout en hurlant, le jour, le soir, avec les loups ; mais ne vous fiez point à ces traîtres...

C'est qu'ils sont si profondément traîtres, ces Noirs qui font les innocents, ces Noirs qui font les corrompus, les dociles ou les scandalisés selon l'interlocuteur qu'ils séduisent ; c'est qu'ils sont si sûrs de leur puissance quand ils s'assemblent dans la tombée de la nuit sur leurs porches qui se délabrent, si sûrs du feu de leurs regards, si sûrs de l'attrait de leur peau...

Avouez-le donc, gens du Nord, que vous aussi, dans la tombée de la nuit, vous commencez à les trouver beaux, qu'il y a des moments où vous êtes moins sûrs de la supériorité de votre peau blanche, où votre regard ne peut s'empêcher de suivre leur démarche, de s'attarder, avant que votre esprit se ressaisisse dans la pensée des bonnes œuvres...

Ils ne s'élèveront pas avec vous, mais contre vous, contre ce qui est maintenant, ce qu'est l'Amérique maintenant, ce qui ne les empêchera nullement de prendre tout ce que vous mettrez à leur disposition et, pensez-y, gens du Nord, tout ce que vous voudriez vous réserver...

Vous n'arrivez pas à imaginer leur règne, gens du Nord ; tous les peuples d'autre couleur, vous pensez qu'ils resteront sous votre aile blanche...

Tandis que nous, dans le Sud, nous éprouvons tous les jours cette lente force invincible ; nous ne les méprisons point, nous, ne les jugeons point faibles, nous, les voyons croître, se développer, et frémissons quand nous pensons à ce qu'il adviendra de notre Washington, de notre Capitole, de nos monuments...

Car vous vous imaginez, gens du Nord, que ce sont de bons citoyens américains, ah ! comme ils sont rusés ! ils en ont trop vu, croyez-nous, ils ne vous offriront pas la moindre prise...

S'il était possible d'arranger tout cela par la gentillesse, ne croyez-vous pas, gens du Nord, que nous aurions été bien capables d'essayer ? Que nous en aurions fait nos gendres de ces Noirs, que nous aurions eu bien plaisir à les entendre chanter le soir, que nous aurions fait sauter sur nos genoux nos petits-enfants d'or ? Mais nous les connaissons, et l'idée seule de ce sourire qu'ils auraient eu, de cette arrogance...

Bien avant d'avoir été vaincus par vous, nous étions déjà vaincus par les Noirs ; mais quand vous verrez se lever les Noirs, alors nous aurons nous aussi cet instant de vengeance qu'ils nous ont appris à attendre, et fermant les yeux nous ricanerons...

(MANHATTAN INVENTION)

25 000 Antillais,
    psst!
uuuiie!
    Les Ukrainiens qui lisent «Svoboda»,
chut!
    baby!
Pressbox, steaks,
    vous venez?
il est tard...
    Le Bistro, cuisine française,
vous entrez?
    nous rentrons...
Les avions qui vont à Paris,
    laissez-moi!
ma chérie!
    à Rome,
permettez-moi...
    je vous en prie...
WEVD, émissions yiddish,
    il n'est pas tard,
vous descendez?
    WWRL, hongroises,
je vous offre?
    non merci...
cinéma York,
    tu as vu les programmes?
rien,

      cinéma 68ᵉ rue Playhouse,
je vous ramène ?
      j'ai ma voiture...
Les bateaux qui vont au Havre,
      sois prudente,
ne traîne pas,
      à Porto Rico,
psst !
      cigarette ?
Bank of Manhattan, 71 étages,
      éteins, veux-tu ?
non, non, je vais rentrer,
      Radio Corporation of America, 70,
toute seule ?
      oui, je t'en prie...
les métros qui descendent Manhattan :
      86ᵉ rue,
tu es choquée ?
      mais non, tu ne comprends rien...
il me regarde...
      79ᵉ rue,
pourquoi me regarde-t-il comme ça ?
      72ᵉ rue,
Volez...
      Fumez...
Attention,
      attention,
un meurtre à Central Park,
      pourquoi me poursuit-il ?
Les Suédois qui lisent « Nordtjerman »,
      ne me laissez pas toute seule...
seule ce soir, baby ?
      Les Russes, « Novoye Russkoye Slovo »,
tu n'as pas soif ?
      horriblement soif !
Three Crowns, cuisine suédoise,
      tu les connais ?
je n'arrive plus à retrouver leur nom...
      Al Schacht's, steaks,

excellent!
    pas mal...
Les avions qui viennent de Londres,
    pas trop fatiguée?
oh! c'est encore loin...
    de Stockholm,
j'ai fait retenir une chambre,
    il doit y avoir une erreur,
WHOM, émissions ukrainiennes,
    ferme ça!
tu as entendu?
    WWRL, lituaniennes,
elle n'est pas encore rentrée,
    que peut-elle faire?
Cinéma Loews 72e rue,
    je me suis rarement autant ennuyé,
vous trouvez?
    Cinéma Trans-Lux, 72e rue,
nous n'allons pas nous quitter comme ça,
    un instant seulement,
Les bateaux qui viennent de Brême,
    il y a longtemps que vous êtes là?
j'étais en retard,
    de Rotterdam,
vous partez quand?
    un dernier verre?
Flatiron building,
    je n'en puis plus,
nous arrivons,
    Woolworth building,
et qu'est-ce que vous pensez de...
    je n'aurais jamais cru...
Les métros qui remontent Manhattan:
    Rond-point de Christophe Colomb,
vraiment?
    vous n'en avez pas l'air...
et qu'a dit votre médecin?
    66e rue,
je crois que je vais tomber sur place,
    72e rue,

ce n'est pas loin,
    vous me plaisez,
Buvez...
    Mangez...
Danger,
    Prudence,
je t'avais dit,
    je t'avais bien dit,
j'ai peur,
    si seulement il y avait un agent!
il va de plus en plus vite...
    hep!
volez...
    Mademoiselle!
fumez...
    ce n'est pas à vous?
buvez...
    oh, merci...
mangez...
    vous vous sentez mal?
rentrer,
    rentrez,
dormez,
    dormir,
Avez-vous pensé à acheter vos kleenex?
    Si vous pensez que toutes les soupes concentrées...
avez-vous pensé...
    si vous pensez...
uiiie,
    uuiiie,
vez-vous pensé,
    vous pensé,
olez,
    umez,
cacola,
    sicola,
clic,
    clac,
qu'est-ce que c'est?
    ce n'est rien,

vraiment rien,
        rien,
uvez,
        angez,
mal ?
        merci,
c'est là,
        bonsoir,
je t'aime,
        entrez,
ormez,
        ormir,
respirer,
        respirez,
spirez,
        pirez,
irez,
        les bruits de la nuit.

RÉSEAU AÉRIEN

(L'AVION NUMÉRO 8)

BANGKOK

f   S'enfonce derrière nous avec toutes ses pointes d'or.
      g   Avec ses toits de tuiles d'or.
Avec ses monstres émaillés.
    Leurs ongles verts.
Leurs ailes d'or.
    Leurs yeux de rubis, saphir, foudre.

L'eau.
    Outremer.
Nous n'aurons plus cette couleur en Europe.
    Quand j'étais petite, le golfe du Bengale.
Cela te faisait penser aux feux.
    J'imaginais qu'on les voyait fuser sur la mer.

Au fond tu n'as personne à Paris.
    Ma famille.
Tu ne connais personne à Paris.
    Tu veux dire : je n'ai pas d'amis hommes à Paris ?
Il n'y a pas d'homme à Paris que tu vas regarder ou éviter de regarder comme certains jeunes gens de Bangkok.
    Je ne les connais pas encore.

Du thé.
    Du thé de Ceylan.
Il ne vaudra pas celui que nous avions à Bangkok.
    Nous allons retrouver le pain français.
L'Inde passe.
    Le soleil qui baisse sur l'Inde.

La journée dure.
    L'Inde passe.
Ces étoffes indiennes.
    Saris.
Ces soies changeantes, transparentes.
    Ces soies épaisses, lourdes, ces cachemires.

KARACHI

L'Inde est passée.
    Le delta de l'Indus s'enfonce.
Nous suivons une côte basse avec de grandes grèves.
    Nous nous enfonçons dans les terres.
Adieu rajahs, cornacs, brahmines !
    Je ne pense plus qu'à Paris.

D   Ton Paris.
  j   Mon Paris.
J'y suis toujours dépaysé.
    Tu es chez toi partout ailleurs.
Tous tes amis, toute ta famille.
    Et mon bel Oriental d'Île-de-France que toutes m'envient.

f   ça ne te dirait rien, toi, la Perse ?
  g   Garder encore des enfants...
Ce n'est pas si désagréable.
    Le tour du monde en quatre-vingts familles.
J'imagine des palais aux tentures de perles.

J'imagine beaucoup de poussière.
D   Le thé.
 j   Le soleil baisse.
Les montagnes couleur de thé.
   Les ombres des montagnes couleur d'héliotrope.
Les neiges des montagnes couleur de femme blanche.
   Que le soleil commence à dorer.

f   Doucement, doucement, le soleil qui touche doucement l'horizon, remonte et qui retombe doucement.
 g   Un ciel de paon, sol de faisans, un lointain d'ailes de pintades.
Douce fournaise, douce terre tendue de peaux, douce fourrure de poussières.
   Un ciel d'agate, un ciel d'opales, teintes de roses.
Tout est braise, tout est adoration du feu, tout est lèvres, lèvres qui t'attendent.
   Avec les yeux verts, avec les yeux d'or vert, avec les yeux d'or calciné qui vous épient.
D   Tes longues lèvres, tes douces lèvres, tes chaudes lèvres.
 j   Ta peau de sable, ta peau d'argile, ta peau de douces tuiles d'or.
Le vert de tes yeux, vivier de tes yeux, les roses vertes de tes yeux.
   L'île de tes yeux, la ville de tes yeux, les rues ombreuses de tes yeux.
Perdus au milieu d'oiseaux criards, d'oiseaux parleurs, d'oiseaux chanteurs et murmurants, d'oiseaux fourmillant dans le soir,
   qui pleurent et se calment et se délivrent d'une dernière note dans le soir qui tombe doucement rapidement qui envahit, qui charme Téhéran.

TÉHÉRAN

f   *Sombre paon persan.*
   g   *Lueur encore.*
       Une aile d'insecte, transparente, d'une grande mante.
         L'impression qu'elle va se refermer.
       L'outremer monte.
         Et s'infiltre dans les nervures de cette aile qui disparaît.
D   *L'hôtesse apporte les plateaux.*
   j   *Imaginez tout cela persan.*
       D'argent.
         Ciselé.
       Incrusté.
         Avec inscriptions et oiseaux.
E   *Quand reviendrons-nous dîner au Darbend?*
   i   *Au Firdousi.*
       Au Moonlight.
         Les couverts bien enveloppés dans leur cellophane.
       Une tasse de bouillon.
         Buvons à nos derniers regards sur Téhéran.

f   *S'installer pour dormir?*
   g   *Déjà?*
       Après ce si long jour...
         S'étendre mais garder les yeux ouverts.
       Pour la Méditerranée, pour Athènes?
         Tu pourras dormir à Paris.
D   *Sombre doucement de plus en plus je sombre.*
   j   *Dors.*
       Je dors.
         T'endors.
       Je sombre sombre.
         M'endors.
E   *Lorsque l'Espagnol Clavijo,*
   i   *Ambassadeur auprès de Tamerlan,*

> *Visita la ville,*
>> *Que Karim Khan Zend,*
> *Se fit construire un pavillon de chasse,*
>> *Dans le style des palais de Chiraz...*

f
    g

> *Tourne.*
>> *Vertige ?*
> *Non, je sens la Terre qui tourne.*
>> *Dors. Sur les trottoirs de Paris, dans les salons de Paris,*
> *Dans les cinémas de Paris, dans les restaurants, dans les cafés de Paris.*
>> *Des hommes avec qui nous pourrons parler.*

D
    j

> *Je te parle, ma chérie, je te parle dans un sommeil constellé d'oiseaux cramoisis.*
>> *Je t'entends, mon chéri, je t'écoute dans un jardin tout chantant de fontaines et de rossignols.*
> *Je rencontre une grille, ma chérie, une grille d'argent ciselé, toute constellée de fleurs de nacre.*
>> *Je t'attends au milieu des narcisses, mon chéri, en feuilletant un livre aux pages toutes constellées.*
> *Il suffit du chant d'un rossignol pour que les spirales d'argent s'élargissent en tintant.*
>> *Et les allées de mon jardin s'aplanissent devant tes pas, et les fleurs peintes sur mon livre s'ouvrent au toucher de mes doigts.*

E
    i

> *À la fin du XVIII siècle, quand Aga Mohammed Qadjar,*
>> *Une haute muraille entourant son palais,*
> *Sous l'escalier duquel, dit-on,*
>> *Il fit enterrer le cadavre de Loft Ali Khan,*
> *Afin d'avoir la satisfaction de fouler aux pieds*
> *La tête de son ennemi.*

f
    g

> *Tu es belle, ils vont te trouver belle.*
>> *Ils vont m'inviter à danser.*
> *Ils vont rester avec toi longuement sans parler.*

       Ils vont se troubler, bégayer.
Ils vont attendre, attendre, attendre.
       Et ma gorge sera toute sèche de cette attente.

D   *Tu me parles, ma chérie, tu me parles dans ton sommeil hanté de sables.*
    j   *Des pavillons de chasse s'élèvent au bruit de tes pas.*
Est-ce le matin ou le soir ? Toutes les fleurs tremblent.
       C'est la nuit, le plus clair de la nuit ; tu ne connais pas mes hêtres phosphorescents, mes ormes de braise.
Des enluminures de ton livre s'envolent des plumes et des flammes
       Qui viennent se coller sur ta poitrine, brûler tes vêtements européens, te faire une cuirasse d'or.

E   *Ispahan.*
    i   *Tchéher-Bagh.*
Les quatre jardins.
       Après le pont aux trente-trois arches.
Un petit canal d'eau courante
       Reliait les viviers.

f   *Cyclades la nuit.*
    g   *Lampes de Naxos.*
Veilleuses.
       Cierges de Paros.
Flambeaux de procession.
       Brocarts de popes sous la lune.

D   *Tu m'accueilles, tu chantes pour moi.*
    j   *C'est toi qui fais chanter les pages de mon livre.*
Toute une ville murmurante cachée dans les jardins autour de nous.
       Milliers de maisons doucement grises qui s'élèvent pierre par pierre.
Le long des rues toutes bruyantes d'arbres en fleurs et de fontaines.
       Paris transparaît dans mon rêve.

E   *Le Hacht Behecht à Ispahan, huit paradis.*
   i   *« Quand on se promène dans cet endroit,*
      Fait exprès pour les délices de l'amour,
         Et qu'on passe par ces cabinets et toutes ces niches,
      On a le cœur si attendri que, pour parler ingénument,
         on sort toujours de là malgré soi. »

ATHÈNES

f   *Après Bangkok et le Siam,*
   g   *Après Karachi et le Pakistan,*
    Après la Perse et Téhéran,
      Voici Athènes qui s'enfonce avec la Grèce.
    Plus aucun arrêt jusqu'à notre Orly.
      Nous ne pensons plus qu'à notre Paris.
D   *Nous dormions, nous n'allons plus pouvoir nous rendormir jusqu'à Paris.*
   j   *Rêvions.*
    Rêvais de toi.
      Je rêvais toi.
    C'était une Perse et une Inde.
      Où transparaissait peu à peu Paris.
E   *Le Tchehel-Sotoun d'Ispahan, pavillon aux quarante colonnes.*
   i   *Peintures.*
    Des princes et de jeunes seigneurs aux allures un peu équivoques.
      Des princesses et des courtisanes.
    Qui leur servent du vin.
      Ou qui leur jouent de la guitare.
f   *Les garçons de café de Paris.*
   h   *Les joueurs de guitare à Paris.*
    Les étudiants en conversations animées.
      Autour de quelques verres de bière.

    Les étudiants très indolents du Luxembourg.
      Qui rêvent de pays plus chauds.

f   *Nous retournerons dans la nuit des Halles,*
  g   *Pour sentir l'odeur du cresson.*
    Nous retournerons dans les Tuileries,
      Pour entendre les cris des enfants au Gui-
       gnol.
    Nous retournerons dans les halls des gares,
      Pour entendre les soupirs de la vapeur.
D   *Au Jardin des Plantes,*
  j   *Nous irons reconnaître les oiseaux de l'Inde.*
    Dans le soir, dans la soie du soir, la moire du soir.
      Dans l'eau ruisselante d'un soir de lune.
    Dans l'odeur d'essence, dans la lassitude de toute
     la foule du soir,
      À hauteur de mes yeux tu feras éclore toutes
       les fleurs dont nous a donné à rêver l'Inde.
E   *Le roi revêtu de brocarts rehaussés d'or,*
  i   *Accroupi devant une nappe.*
    Verres et flacons.
      Liqueurs, parfums.
    Musicien jouant du santour.
      Danseuses aux gestes précieux.
f   *Les restaurants, boutiques hors taxes.*
  h   *Liqueurs, parfums, articles de Paris.*
    Horlogerie, appareils de photographie, coiffeurs.
      Librairies, journaux, commerces divers.
    Bureaux de change, hôtesses de l'aéroport de Paris.
      Nous approchons.

ORLY

(L'AVION NUMÉRO 9)

HONOLULU

D   *Cet océan de jais.*
  E   *Cette fonte qui tremble.*
Cette lune immobile, presque immobile, qui baisse un peu.
      Nous venons de traverser le tropique du Cancer.
Un bateau tout illuminé tout seul avec un grand sillage lamé de lune.
      Le Pacifique noir va durer encore des heures.

Tu dors?
      Je rêve des îles.
Des îles d'autrefois?
      L'Européen qui le premier vint dans ces îles…
Le capitaine Cook?
      Qui vit ces beaux sauvages.

La lune tourne.
      Terre tourne.
L'heure de minuit balaie doucement les États-Unis.
      J'ai encore en tête l'odeur des fleurs.
La lune doit étinceler sur les criques.

> *La mer remue encore au-dessous de nous toute noire avec ses traînées de neige de lune.*

L'eau.
> *Le noir de l'eau, je dors, je rêve.*
Nous avons dépassé minuit.
> *Tout le continent qui sommeille.*
Les heures de mardi touchent l'une après l'autre toutes les villes des États-Unis.
> *Dans tant de lits de toutes ces villes tant de jeunes gens qui rêvent des îles, qui rêvent au Pacifique et aux beaux sauvages pour toujours perdus.*

Nous allons arriver à Los Angeles bien avant l'aube.
> *Mais l'aube, l'aube, l'eau blanche de l'aube...*
Des milliers d'yeux qui s'entrouvrent les uns après les autres.
> *Mes yeux qui s'entrouvrent mais le lait de l'aube...*
Je vois les lumières de Los Angeles de l'autre côté du noir de la mer.
> *Les aubes des anges tachées de pétrole.*

LOS ANGELES

S'enfonce.
> *Brume d'enseignes.*
Réseau de phares.
> *Les anges, les fantômes qui s'affaissent et se dégonflent.*
Leurs suaires, toutes leurs aubes, toutes leurs ailes, leurs plumes qui se déposent.
> *Sur les bungalows surchargés de fleurs.*

A *Les fleurs des anges qui se fanent.*
g *Une odeur de roses malades.*
Un mouvement de palmes doucement fiévreux.
La rosée de la sueur des anges.
Le fard des anges qui déteint.
Dans un moisissement de noirceur juste avant l'aube.

D L'aube.
E Le Grand Canyon cette ravine toute noire où descend l'aube.
Violette et mauve et rose.
Soleil qui perle.
Monte.
Énorme flaque de lumière qui coule sur tout.
A Comme une lessive d'or.
g Sur tout ce cuivre.
Sur ces tourelles de rubis.
Fonds de grenat.
Profondeurs d'améthyste.
Où descend cette rosée d'or.

D Jour.
E Le grand jour.
Les déserts.
Mesa Verde.
La table verte.
Le plateau vert.
A Thé?
g Oui, toujours thé.
Les ruines des pueblos sous les falaises.
Le parc national de Mesa Verde.
L'Amérique fantôme.
Avant l'invasion des Blancs.

D Nuages.
E Sur la plaine quadrillée les ombres des nuages.
Un peu plus loin la pluie.

        Un arc-en-ciel.
     La pluie qui passe.
          Les flaques qui sèchent.

A   Un carré vert.
    g   Un carré brun.
     Un autre carré vert plus sombre.
        Au croisement de deux routes quelques maisons.
    Un lac.
        Où passe l'ombre d'un nuage.

D   Gorge de nuages.
    E   Torse de nuages.
    Tous les métaux dans les nuages.
        Casques d'acier.
    Coulées de plomb.
        Flaque de mercure.

A   Par une lucarne, un hublot de nuages, les gratte-ciel de Chicago.
    g   Fumées du port.
    Lac Michigan.
        Traînées de pluie.
    Un arc-en-ciel.
        Une tache noire sur l'eau.

D   Soleil qui baisse.
    E   Dessus les nuages.
    Métaux de nuages.
        Limaille de fer.
    Sphères de fonte.
        Lames de tôle.

A   Par un regard, par un oculus de ces nuages, les grues et les usines de Detroit.
    g   Fumées de houille.
    Le lac Saint-Clair.
        Le lac Érié.
    Windsor au Canada.
        Une traînée de pluie.

D		Le soleil.
	E	Baisse sur nuages.
		Métaux en nuages.
		Poudre d'étain.
		Fils de platine.
		Filons de zinc.
A		Par un voyant, par une trappe des nuages les quais et les bassins de Montréal.
	g	Gares et parcs.
		Traînées de pluie.
		Virage.
		L'aérodrome.
		Pistes luisantes.

MONTRÉAL

D		Soleil qui baisse dans les nuages.
	E	Cuves d'alliages.
		Chœurs de métaux.
		Bulles de chrome.
		Billes d'aluminium.
		Boules de nickel.
A		Par un viseur de ces nuages, la péninsule de Gaspé.
	g	Falaises de pierre.
		Falaises de nuages.
		Toutes les pierres dans les nuages.
		Pans de calcaire.
		Parois de craie.
B		À Paris, nous déjeunerons sur la tour Eiffel.
	f	Nous irons un soir de ballets à l'Opéra.
		Nous découvrirons les Folies-Bergère.
		Le Printemps, les Trois-Quartiers, les Galeries Lafayette.
		Aux petites heures nous irons aux Halles y goûter enfin
		La vraie soupe à l'oignon.

D   Soleil.
  E   Bas nuages.
      Lourds métaux.
        Filaments de tungstène.
      Traces de manganèse.
        Copeaux de sodium.
A   Par un pertuis de ces nuages, Terre-Neuve.
  g   Nues neuves de neiges.
      Névés de nuages.
        Nuées de glaces sur les rives.
      Glaciers dérivant dans le ciel.
        Avec des flaques et des crevasses et des bassins dans les cavernes bleues comme le ciel.
B   Bleu sur les toits.
  f   Bleu sur les ponts.
      Sur les paratonnerres et leurs girouettes.
        Les tours, les clochers et les dômes.
      Bleu et blanc, bleu et gris-bleu, à peine bleu, doucement bleu.
        Lavé de blanc, lavé de gris, lavé de lait lavant les toits, lavant les bruits.

D   Le soleil.
  E   Effondré.
      Débâcle de métaux.
        Paille de cuivre.
      Haillons d'argent.
        Rognures d'or.
A   Par une fissure de ces nuages.
  g   Le vert.
      Qui file et fonce, la mer de verre.
        Déjà plus verte, l'huile de la mer.
      Qui devient noire, verte et noire, violette et noire, et opaque.
        Et luisante comme une peau.
B   Ils disent d'Orly...
  f   Dis-moi Orly.
      Ils disent qu'il y a une chapelle-oratoire.

        Mais quel genre de chapelle, dis-moi Orly.
Ouverte à tous les cultes, disent-ils.
        Le jour et la nuit ?

D   Le soleil qui s'est enfoncé dans les nuages.
  E   Dans la mer au-dessous des nuages.
     Toutes les scories des hauts fourneaux dans les nuages.
        Roulant fumeuses noires obscurcissantes.
     Et des gouttes de métal clair soudain se figeant parmi les nuages.
        Autour de la lune roulant sur ces monceaux de cendres.

A   L'hôtesse.
  g   Les plateaux.
     Tous les vins coulaient parmi les nuages.
        Après les chablis, les sauternes.
     Rosés, médocs, nuits et portos. Pas seulement les vins, les bières.
        La mer de Guinness et de café noir.

B   Ils disent qu'il y a une nursery.
  f   Ce n'est pas pour nous. Orly, ah ! Orly !
     Salle d'oxygénothérapie.
        Mange, tout en lisant Orly !
     Talon-minute pour les dames.
        Nous approchons, nous approchons d'Orly, Orly !

D   *Sur la mer, sur le noir de la mer, dans les nuages.*
  E   *Dans la pluie de nuit.*
     Nous approchons du restaurant de luxe les trois soleils, Orly !
        Hors-d'œuvre, les vins et les viandes.
     Les fruits de mer et le gibier.
        Les fromages, alcools et cigares.

A   *Dans le noir, dans la mer du noir, sous les nuages.*
  g   *Les fouets de pluie.*
     Nous approchons des sommeliers,
        Des restaurateurs et des rôtisseurs,

Des serviettes amidonnées plissées en éventails
    ronds dans leurs verres à pied,
    Des belles nappes damassées, brodées.
B *Dans les nuages, dans la mer de nuages, au milieu*
    du noir.
  f   *Croulant de pluie.*
  Nous approchons des antiquaires,
    Fleuristes et maroquiniers,
Des modistes et confiseurs,
    Des bijoutiers, des visagistes.

D *Nues.*
  E   *Nuées.*
Noire nuit.
    Âpre noire.
Frôle nuit.
    Pleine pluie.
A *Bave lave.*
  g   *Roche noire.*
Dors, endors.
    D'heure en heure
Proche terre.
    Luit en nuit.
B *Proches lueurs.*
  f   *Nous en nuées.*
En dormeurs, en noirs dormants.
    En nuées endormies.
Nageurs.
    Nous approchons la nuit d'Orly.

D *Vertige.*
  E   *Virage.*
Virent.
    Villages.
Banlieues.
    La ville.
A *Tiens-moi.*
  g   *Ce n'est rien.*
Nous approchons.
    Nous arrivons.

B
   f
...rivons.
    Virons.
Proche.
    Volte.
Approche.
    Vire.
Terre luit d'or vert et rouge luit d'or.
    Luit.

ORLY

1963

DESCRIPTION DE SAN MARCO

L'HISTOIRE DE JOSEPH

(I)

Mais un nouveau développement s'amorce avec la décoration du bras nord, dont le thème essentiel sera l'Égypte.

Voici les trois coupoles de Joseph, dont la première peut être datée des environs de 1240, car on en retrouve la main dans les figures de saint Paul Martyr et saint Paul Ermite à l'intérieur, dont les cendres furent transportées à Venise entre 1220 et 1240 :

« Or Joseph eut un songe : ... lier des herbes dans les champs... J'ai fait encore un rêve : il me paraissait que le Soleil, la Lune, et onze étoiles... »

Joseph dans son nid de couvertures sur le champ d'or.

« Qu'il raconta à ses frères. »

Onze frères et quatre moutons. Les longues manches de Joseph, les manches courtes de ses frères.

« Son père le gronda et lui dit : en voilà un rêve que tu as fait ! »

Les bandes molletières des frères, les sandales fines de Joseph semblables à celles de son père.

« Un homme le rencontra errant dans la campagne, et cet homme lui demanda : que cherches-tu ? »

Il répondit : « Je cherche mes frères. »

Le panier accroché à son bâton.

« Voici l'homme aux songes qui arrive ! Maintenant venez, tuons-le ! »

Reconnaissable à sa moustache, l'aîné Ruben.

Dix frères seulement ; Benjamin est resté près de Jacob.

« Le jetèrent dans la citerne... Puis ils s'assirent pour manger. Comme ils levaient les yeux, voici qu'ils aperçurent une caravane. »

Joseph nu. La courbe du paysage, détour, montagne sommée de rocs, les deux longs cous des dromadaires, une lézarde fêlant leurs têtes, les marchands armés de leurs lances, la nappe rayée frangée pour le repas, le grand plateau rond, les pains, le poisson. Neuf frères seulement car Ruben s'est absenté pour pouvoir délivrer Joseph.

« Ils retirèrent Joseph de la citerne. »

Des agrafes pour empêcher la mosaïque de se décoller.

« Ils vendirent Joseph aux Ismaélites pour vingt pièces d'argent. »

Point la tunique aux longues manches, un simple pagne. Torses nus des marchands, leur teint sombre.

« Et ceux-ci le conduisirent en Égypte. »

Joseph, marchandise précieuse, assis sur l'un des dromadaires, tenant sa bride.

« Lorsque Ruben retourna à la citerne, voici que Joseph n'y était plus ! »

Une danse de lamentation.

« Avec ces mots : voilà ce que nous avons trouvé ! Regarde... Et son père le pleura. »

Architectures et trône. Jacob les deux mains levées. Sa femme effacée, celle qui a succédé à Rachel. Les deux messagers tenant la tunique à longues manches, à longues taches de sang.

« Israël aimait Joseph plus que tous ses autres enfants, car il était le fils de sa vieillesse, et il lui fit faire une tunique à longues manches. »

L'or de la coupole devenant vibration du ciel nocturne.

« Ses frères virent que son père l'aimait plus que tous ses autres fils et ils le prirent en haine. »

L'or de la coupole devenant moissons.

« Allons-nous donc, moi, ta mère, et tes frères venir nous prosterner à terre devant toi ? »

L'or de la coupole devenant tentures.

« Ils l'aperçurent de loin, et avant qu'il n'arrivât près d'eux, ils complotèrent... »

L'or de la coupole devenant lointains.

« Mais Ruben l'entendit et il le sauva de leurs mains. »

L'or de la coupole devenant fourmillement menaçant des prés.

« Ismaélites qui venaient de Galaad. Leurs chameaux étaient chargés de gomme adragante, de baume, de laudanum, qu'ils allaient livrer en Égypte. »

L'or de la coupole devenant roches pailletées.

« Vide où il n'y avait pas d'eau » (Joseph remplaçant l'eau dans la citerne).

L'or de la coupole devenant fascinant scintillement de pièces d'or.

« Ils prirent la tunique de Joseph... »

L'or de la coupole devenant rayonnement fabuleux de l'Égypte.

« Et ayant égorgé un bouc, ils trempèrent la tunique dans le sang... »

L'or de la coupole devenant sables du désert.

« L'enfant n'est plus là ! Et moi où vais-je aller ? »

L'or de la coupole devenant larmes.

« Ils envoyèrent la tunique à longues manches, ils la firent porter à leur père. »

L'or de la coupole devenant peau de fauves, remuement de fauves autour du palais.

(II)

Les coupoles suivantes sont du même style que la niche du portail d'extrême gauche sur la façade, certainement terminée en 1275.

Arcs et colonnes au centre. Un pavage vert clair et vert sombre court tout autour.

« Putiphar, eunuque de Pharaon et commandant des gardes, un Égyptien, l'acheta des Ismaélites qui l'avaient amené là-bas. »

Le turban du premier marchand, les boucliers et les casques des gardes.

« Qui l'institua majordome et lui confia tout ce qui lui appartenait. »

Joseph tout jeune encore prenant les clefs. Ouvrant les portes marquetées d'un pavillon à terrasse, la femme de Putiphar, somptueuse, son manteau formant ceinture sous sa poitrine, faisant ressortir un beau sein, et ses cheveux dénoués retenus par un cercle d'or.

« La femme de son maître jeta les yeux sur Joseph et lui dit : couchez avec moi ! »

Seuls dans une galerie à colonnes. Joseph a maintenant un superbe manteau bleu.

« Mais il abandonna le vêtement entre ses mains, prit la fuite et sortit. »

Luxueuse maison vide : colonnes de marbre gris, base, anneaux et chapiteau d'or, petits créneaux sur la terrasse, étage, fenêtre sous un arc, toit bleu, belvédère, lambris de pierre mauve, portes teintes d'écarlate. Le sein rond sous la robe bleue. Le pantalon collant de Joseph, vert, brodé de soie rouge et or.

« Voyant qu'il avait laissé son vêtement entre ses mains et qu'il s'était enfui dehors, elle appela ses domestiques et leur dit... »

Les servantes au bandeau blanc bleuté rayé d'or et de rouge, le serviteur aux jambes nues, chaussettes roulées sur ses sandales ; la galerie dont on ne voit qu'une travée, couverte de tuiles roses.

« Le maître de Joseph le fit saisir et mettre en geôle. »

La cuirasse à l'antique du garde qui saisit Joseph.

« Pharaon s'irrita contre ses deux eunuques, le grand échanson et le grand panetier, et il les mit aux arrêts chez le commandant des gardes. »

Le palais du pharaon, ses tours, ses coupoles.

« Or une même nuit, tous deux eurent un songe. »

Dans les nids de leurs couvertures, vert pour l'échanson qui, les yeux fermés, voit le cep de vigne à trois sarments chargés de grappes dont il presse la plus épaisse dans la coupe de Pharaon, rose pour le panetier qui, les yeux fermés, voit trois corbeilles au-dessus de sa tête contenant tout ce que mange Pharaon en fait de pâtisseries, un oiseau bleu, un oiseau noir, et un vautour les dévorant.

« Joseph lui dit : voici ce que cela signifie... »

Le mur de la prison et la porte qui va s'ouvrir.

« Égypte… »

L'or de la coupole devenant agitation de marché.

« Joseph avait une belle prestance et un beau visage. »

L'or de la coupole devenant réverbération du Nil.

« Or, ce jour-là, Joseph vint à la maison pour faire son service, et il n'y avait là, dans la maison, aucun des domestiques. »

L'or de la coupole devenant poussière étincelante tourbillonnante au soleil de l'après-midi.

« Bien qu'elle parlât à Joseph chaque jour… »

L'or de la coupole devenant torpeur de jardin irrigué à l'heure de la sieste.

« Voyez cela ! Il nous a amené un Hébreu pour badiner avec nous ! Il m'a approchée pour coucher avec moi, mais j'ai poussé un grand cri, et en entendant que j'élevais la voix et que j'appelais, il a laissé son vêtement près de moi, il a pris la fuite et il est sorti… »

L'or de la coupole devenant silence ruisselant dans lequel se serait noyé le cri de la femme.

« Où étaient détenus les prisonniers du roi. »

L'or de la coupole devenant cliquetis d'armes, nielles, ciselures de boucliers, écailles et plaques.

« Le commandant des gardes leur adjoignit Joseph pour qu'il les servît. »

L'or de la coupole devenant splendeur de la maison du roi.

« J'ai rêvé, dit-il… » (de songe en songes).

L'or de la coupole devenant respiration des dormeurs et communication des songes.

« Moi aussi, j'ai rêvé… »

L'or de la coupole devenant espoir de libération, miroitement de la faveur.

(III)

La bordure de la coupole.
Les quatre pendentifs :

« Il rétablit le grand échanson dans son échansonnerie, et celui-ci mit la coupe dans la main de Pharaon. »

La rose gothique, les colonnes torses.

« Quant au grand panetier, il le pendit comme Joseph l'avait expliqué. »

Sur une croix, les bras passant derrière la barre, plus becqueté d'oiseaux que dés à coudre.

« Il advint que Pharaon eut un songe : sept vaches de belle apparence et grasses de chair… »

L'oreiller à coins brodés.

« Et les vaches laides d'apparence et maigres de chair dévorèrent les sept vaches grasses et belles d'apparence. »

Les joncs. Les bandes verticales du Nil avec les rides horizontales qui viennent y jouer.

« Dans trois jours… »

Luxe.

« Le troisième jour, qui était la fête de la naissance de Pharaon… »

Charogne.

« Il me semblait que je me tenais sur la rive du Nil… »

De songe en songes.

« Je n'en avais jamais vu d'aussi laides dans tout le pays d'Égypte. »

La porte qu'entrouvrent les songes. Sous l'arc, sur le mur de la nef :

« Un second rêve : sept épis montant d'une même tige, gros et beaux. Mais voici que sept épis grêles… »

Le drap blanc sur lequel il repose.

« Pharaon fit appeler tous les devins et tous les sages d'Égypte et il leur raconta son rêve. »

Les plumets sur les casques des gardes. L'agrafe du manteau royal incrustée de nacre. La perplexité des trois sages.

« Alors le grand échanson adressa la parole à Pharaon : ... un jeune Hébreu. Nous lui avons raconté nos songes... »

Le roi sur le même trône, mais dans l'intimité, le manteau noué, sceptre posé, plein d'espoir.

« Brûlés par le vent d'est... »

Cascade de songes.

« Au matin, l'esprit troublé... »

Murmures.

« Maintenant que Pharaon discerne un homme intelligent et sage et qu'il l'établisse sur le pays d'Égypte... »

Le vent de la faveur et la roue de fortune. Et voici comment se finit l'histoire de Joseph. Au centre, une roue d'entrelacs végétaux.

« Joseph emmagasina le blé comme le sable de la mer. »

Les trois grandes pyramides, greniers avec lucarnes ; derrière, deux pyramides à degrés.

« Il naquit à Joseph deux fils que lui donna Asnat... Quant au second il l'appela Éphraïm. »

L'abside avec sa coquille à fines rainures. La table basse avec la bouteille de vin.

« Et le peuple demanda à grands cris du pain à Pharaon, mais Pharaon dit à tous les Égyptiens : allez à Joseph. »

Un tapis sous les pieds de Joseph, collier de barbe, moustaches, au milieu de ses gardes, casques à pointe, gorgerins, grands boucliers bombés.

« Alors Joseph ouvrit tous les magasins à blé et vendit du grain aux Égyptiens. »

Les trois grandes pyramides, les deux pyramides à degrés. Les deux grands boucliers derrière le trône de Joseph. Celui qui tient le sac ouvert avec ses dents, tandis qu'un autre soulève avec peine le boisseau qu'il va y vider.

« Du grain à vendre en Égypte. Descendez-y et achetez-nous du grain là-bas. »

La feuille d'acanthe au coin du palais de Joseph. Les chaussures de voyage des fils.

« Dès que Joseph vit ses frères, il les reconnut, mais... leur parla durement... et il les mit en prison pour trois jours. »

Celui qui croise les bras dans son affliction.

« Ils se dirent l'un à l'autre : en vérité nous expions ce que nous avons fait à notre frère... Joseph s'écarta d'eux et pleura. »

Un rideau sépare le pavillon où Joseph essuie ses larmes, de la cour où sont ses frères avec le petit interprète.

« Il prit d'entre eux Siméon et le fit lier sous leurs yeux. »

Les variations sur le pavillon de Joseph, le même et pas tout à fait le même chaque fois, une architecture que l'on ne peut dessiner telle quelle, dont il faut donner une suite d'approximations : colonnes torses, colonnes à cannelures droites, colonnes torses de nouveau, coquille.

« Il le revêtit d'habits de lin fin et lui passa au cou un collier d'or. » (Ici le texte s'écarte de celui de la Vulgate pour reprendre le mot *manipulos*, gerbes, et faire de cette scène la réalisation du premier rêve.)

L'or de la coupole devenant profusion de grains de blé.

« Asnat, fille de Putiphar, prêtre d'On. »

L'or de la coupole devenant luxueuses réjouissances de noces et nativités.

« Joseph donna à l'aîné le nom de Manassé, car, dit-il, Dieu m'a fait oublier toute ma peine et toute la famille de mon père. »

L'or de la coupole devenant houle de foule dans la sécheresse et dans la chaleur.

« Quant au second, il l'appela Éphraïm, car, dit-il, Dieu m'a rendu fécond au pays de mon malheur. »

L'or de la coupole devenant promesse de pain.

« Car la famine s'aggravait sur toute la Terre. »

L'or de la coupole devenant sol brûlé.

« Joseph se souvint des songes qu'il avait eus à leur sujet, et il leur dit : vous êtes des espions ! »

L'or de la coupole devenant souvenir et projet de tout le vain chemin sec éblouissant à reparcourir.

« Ils ne savaient pas que Joseph les écoutait, car, entre lui et eux, il y avait un interprète. »

L'or de la coupole devenant souvenir des pâturages, des paysages d'autrefois, des songes de Joseph pleins de grains de blé et d'étoiles, du chemin sec éblouissant parcouru par lui autrefois.

« Ils chargèrent le grain sur leurs ânes et s'en allèrent. Mais lorsque l'un d'eux, au campement pour la nuit, ouvrit son sac... »

L'or de la coupole devenant hantise du blé, terreur devant l'or, foudre envahissant tout le ciel.

Sur le mur de la nef, le retour des frères avec Benjamin.

1964

ILLUSTRATIONS

RENCONTRE

1)

Les draps entre lesquels je dormais se sont amenuisés comme une gaze dévoilant le rivage d'un grand lac sur lequel il neigeait. Le vent s'est mis à siffler depuis le lointain sans horizon, apportant des tourbillons de cendres, car il y avait des villes cachées au-delà de ces vagues et de ces brumes — et faisant dériver jusqu'à mon voisinage un énorme glaçon d'une incomparable blancheur nacrée.

Je frissonnais alors, je frissonnais dans ma solitude, rêvant de fourrures et de cheveux, mais comme de mes mains engourdies je tentais d'approcher, d'apprivoiser, de frôler et de caresser cet îlot de moire et de verre, en moi n'est-il pas né une aveugle chaleur ? N'a-t-il pas fusé une très aveuglante et très intermittente lueur découvrant à l'intérieur de mon propre corps tout un paysage de lacs et de tourbillons, toute une aventure de gués, de toisons et de gémissements, tout un âpre appel d'air m'obligeant à quitter ce lit à la recherche d'un feu de bois sur la toundra, qui pût fondre mes os de glace, ouvrir en cet îlot des lèvres ? Mais le voile de la neige s'est épaissi, et les draps se sont refermés sur moi comme un suaire.

2)

Empêtré par toute cette étoffe humide qui non seulement collait, mais s'amalgamait à ma peau, assailli par une crépitante armada de grêlons, car dès que je m'étais levé, tous les flocons s'étaient durcis — certains s'agrégeaient en grappes de la grosseur d'un poing, frappant mes tempes et mes paupières, s'agglutinant à mes cheveux, me hérissant de tout un casque de cornes tremblantes ; et soudain j'étais comme flagellé par une longue liane de suie qui faisait ruisseler son noir le long des plis que je traînais — ah! la brume dans laquelle j'avançais péniblement, mes pieds enfonçant à chaque pas dans la terre craquelée, laissant derrière moi une traînée de flaques sombres, n'était plus celle du grand lac, mais d'un faubourg poisseux d'usines dont on entendait les sirènes et le crissement des tramways.

Dans l'épaisseur du gris, la peau de mes genoux tendus paraissait marbre moucheté, rugueux mais phosphorescent, inondé des rayons d'une invisible maudite Lune. Tournant autour de moi mes yeux de taupe aux abois, pourchassé par une rafale, par une avalanche de plâtre, mes yeux battus, gelés, salis, j'ai vu que non seulement je projetais une ombre, une ombre volumineuse dans cet espace d'où toute paroi sûre était absente, dans cet espace de frôlements, de frottements et de gifles, non seulement une ombre, mais deux, mais non, plus incroyable encore, qu'il y avait une autre ombre à côté de moi, hantée d'une phosphorescence tout autre, une autre ombre se déployant autour d'os de glace, mais si pure, un tel satin de verre, cet îlot de tout à l'heure aurait-il été capable lui aussi de se mettre en marche? Ah! certes aussi misérable, aussi harassé, aussi tendu et grelottant que moi.

3)

Quelle détente alors, quelle accalmie et quel soupir! Tout bruit s'est éloigné, toute grêle s'est dissipée, la Terre entière s'est adoucie. Une brise, à peine une brise, un souffle, à peine un souffle, tout au plus une haleine, mais chargée des parfums les plus aigus (était-ce la menthe ou le santal?), a soulevé couche après couche, derme après derme, tous les niveaux de suie, de brumes et de toiles, en les faisant vibrer, voleter dans leur adieu qui se prolongeait en s'affaiblissant vers un horizon tout jeune et fragile où courait maintenant au ras des vaguelettes réveillées, au-delà des roseaux et des poreuses rives de ce grand lac, une lueur d'argent timide, un tendre hululement de chouettes ou de hulottes au plumage de perle.

Tout en moi est devenu laine et cuir, tout, autour de moi, fragrance et frisson, tout, autour de nous, écho et attente, méfiance et chuchotement. J'écartais lentement les jambes, incapable de faire un pas, et il me semblait qu'un tel mouvement aurait pu se poursuivre une année entière de matins de mars, une année entière de soleils noyés, avant que mon pied n'atteignît le sol; et tandis qu'une fissure se déchirait silencieusement dans la chape de sombre loutre ou d'astrakan, j'ai osé envoyer mes doigts à la recherche de sa hanche, et dès que j'eus pris le creux dans ma paume, dès que j'eus commencé à modeler ce corps, comme il s'est élancé, galbé, insinué; un poignard de glace qu'elle tenait dans une réserve inconnue d'elle-même, séparant les deux longues jambes d'une entaille brodée de cils, tout auréolée de sombres nervures, elle tout entière semblable à une main montrant de son index un but ou un exemple.

4)

C'était l'aurore, c'étaient les flammes de la ville, des milliers de fenêtres palpitant d'un éveil cuivré, des trébuchements du travail ; c'était le grondement de toutes les anciennes bêtes. Alors le sol, comme j'ai su y prendre appui pour la charmer, pour l'emporter, pour la presser, pour la lancer avec moi-même dans un envol qui nous rendait semblable aux dieux des anciennes cérémonies, des anciens temples de l'Inde.

Nus, enfin nus, bien plus nus qu'au jour de notre naissance, toute notre peau se faisant tympan, se faisant filtre et miroir, nos quatre jambes faisant des figures si souples et si sûres qu'enfin nous comprenions les raisons de leurs courbes, enfin nos muscles deux à deux trouvaient leurs tendons et leurs répondants, et nos os dans le prolongement les uns des autres épelaient enfin leur délicieuse géométrie, nos bras perdus bien au-delà des nuages, dans les ténèbres foudroyantes, toutes bombardées de rayons, que nous cache le bleu du ciel.

5)

Une vague, mais plus qu'une vague, chargée d'écume et gorgée d'algues, mais plus que l'écume une mousse bourgeonnante, et plus que des algues des caillots de frai, des bancs d'alevins, des hordes de truites, une vague semblable au débarquement d'une armée de délivreurs, a roulé sur toute la surface du lac, a fait ployer tous les roseaux, fait gémir toutes les forêts, fait ruisseler toutes les chaussées de la ville, tous les dallages de ses ateliers, les zincs de ses bars, les bas de soie dans ses vitrines, les quartiers de bœuf dans ses boucheries. Partout des ocelles, des yeux et des pousses.

Lavés les rochers du rivage ont multiplié leurs lichens, et nous, portés par nos immenses ailes, planant en tournoyant sous le ciel d'étain qui se gravait de frondaisons, de migrations et d'édifices, nous descendions lentement lèvre à lèvres, plongeant au travers de la vague qui refluait, pour nous retourner et retourner entre nos draps.

1965

6 810 000 LITRES D'EAU
PAR SECONDE

(LE VOILE DE LA MARIÉE)

Du terminus de l'ascenseur sort une troupe hilare ruisselante de pèlerins jaune d'or.
On entre dans un autre bâtiment tout proche.
On paie.
Les hommes et les femmes se séparent.
On remet à chacun pour y renfermer papiers et monnaies, les clefs de la voiture, de l'hôtel et de la maison, une petite cassette en métal dont vous devez suspendre à votre cou la menue clef par un collier de chanvre.

On vous amène dans une cabine individuelle où l'on vous prie de vous déshabiller entièrement.
À la rigueur vous pouvez garder votre slip.
Puis vous revêtez un pyjama grossier, déteint, reprisé.
Vous enfilez et lacez des chaussons de toile épaisse.
Et vous passez enfin le grand capuchon ciré jaune d'or.

Légèrement inquiet,
vous confiez la cassette au bureau,
vous sortez au soleil,
et vous vous asseyez sur un banc parmi le groupe qui commence à se former pour attendre le prochain guide.

Le froid du ciré sur la peau
vous fait sentir
que vous êtes nu,

sans poches,
sans pièces d'identité,
en pyjama au milieu de ces hommes normaux qui passent avec leurs vestons et chaussures.

Les gens se regardent avec un sourire troublé.
Le guide vient chercher les pèlerins, goguenard.
Le guide ferme les portes de l'ascenseur qui descend dans un puits du roc.
Tous les cirés jaunes frottent les uns contre les autres.
On tâte sa clé sur sa poitrine.
Les portes s'ouvrent sur un long corridor en pente douce
qui débouche au loin sur le jour éclatant mouillé ;

puis, longeant la falaise au-dessus des éboulis, sous les assises de pierrailles,
on atteint un complexe système d'escaliers et de terrasses en bois moussu formant un circuit autour d'une énorme roche tombée de la paroi il y a des siècles.
L'un derrière l'autre on grimpe dans des régions de plus en plus mouillées ; la douche est de plus en plus violente.

Des pancartes humoristiques ont été disposées parmi les cailloux et la végétation ruisselante :
« Méfiez-vous des pickpockets ! »
Alors on prend conscience du fait qu'on n'a pas de poches,
qu'on est en pyjama,
que tous ces gens sont en pyjama sous leurs cirés jaunes.
On les voit rire, mais on ne peut pas les entendre.

Cela devient de plus en plus glissant.
Une toison de mousse plaquée ondoie sur les rampes et les marches.
Il faut lutter pour avancer.
Une extraordinaire odeur d'ozone se dégage, monte à la tête.

Les plus courageux présentent leur visage à la mitraille de l'eau.

La chute dont on reçoit ainsi les ricochets en pleine figure, s'appelle « le voile de la mariée ».

En remontant de la caverne des vents, chacun retrouve ses papiers et ses dollars dans sa cassette,

renfile sa chemise et ses chaussettes, noue sa cravate, ou enfile sa gaine et tire ses bas,

s'essuie encore le visage.

Un peu de rouge peut-être.

Tout à fait silencieux, les couples se retrouvent habillés tout à l'ordinaire, regardent les pèlerins jaunes encore secs qui attendent assis devant la porte,

de nouveaux pèlerins trempés qui reviennent,

et s'en vont jeter un coup d'œil sur les comptoirs à souvenirs qui s'étendent dans l'autre partie du bâtiment.

(L'ORAGE)

Septembre.
Encore très chaud.
Lourd.
Orageux.
Nuées
avec les reflets des illuminations.

De plus en plus de nuages
qui courent.
Des nuages de plus en plus bas
masquent la Lune.
Des nuées de plus en plus rapides
au-dessus des ultimes rayons des projecteurs, des ultimes nuances dans l'eau.

Tout s'est éteint.
Un éclair peut-être...
Le spectacle terminé, reflue vers les hôtels toute la foule.
Les réverbères sont rallumés sur les massifs.
Un nouvel éclair sur le fleuve qui luit,
rongé de nuages.

Les lumières des chambres d'hôtel s'allument des deux côtés.
Les lumières des autres maisons sont déjà toutes éteintes.

Les enseignes lumineuses s'éteignent une à une.
Nuages.
La foule sort des cinémas,
regarde avec inquiétude le ciel noir.
À peine une trace de Lune au milieu de la course des nuages.

Coussins, cartes postales, tentures...
Voici la pluie.
Les grilles des cinémas se ferment.
Les derniers magasins de souvenirs ferment.
La pluie sur les fenêtres de toutes les chambres.
Seuls fonctionnent encore quelques dancings et quelques bars.

Une déchirure dans les nuages pour un instant.
Les portes claquent dans les corridors des hôtels.
Toutes les douches dans les salles de bains des hôtels.
Tous les conditionneurs d'air qui bourdonnent comme des essaims d'énormes mouches, d'énormes oiseaux, yeux injectés, becs acérés, serres tranchantes.
Sur les vitres cent mille torrents qui ruissellent.
Tout ce qui ruisselle sur les fronts dans les hôtels à bon marché.

Dans chaque table de nuit une traduction de la Bible.
Un éclair, à travers toutes les vitres ruisselantes, jette sa lueur sur les draps,
  dans la nuit noire,
  dans la pluie noire.

Sang,
  pluie de sang,
  pluie de sang noir,
  pluie de vieux sang noir dans la nuit,
  le sang des massacrés revenant mugissant dans la nuit noire ;
  et par les fenêtres ouvertes se glisse une bouffée d'air frais.

Calme, se calme un peu l'orage s'éloigne un peu ; les nuages dégagent peu à peu la Lune, la flagellent encore, la caressent encore.

Moins de pluie.

Pluie très douce maintenant de plus en plus douce qui s'en va, un chant de pluie de sueur de sang de douces larmes de nuit perles noires et de Lune.

Dans quelques chambres, les glaçons remuent encore au fond des verres.

Toutes les branches ruisselantes lavées.

Doucement les feuilles dans la nuit remuant au bout de leurs branches, perdant leurs gouttes, recevant les gouttes des autres feuilles et les transmettant à d'autres encore, une cascade de rosée.

Des ombres.
Hantise
qui tourne
dans la nuit mugissante.
Les gémissements dans la nuit.
Larmes dans la nuit.
La nuit.

(INVOCATION
DU CÉLIBATAIRE)

La nuit déserte, les remuements des animaux dans les parcs; par les allées lavées marche un solitaire,

    Ô vous tous dans vos chambres enlacés deux à deux,

dessine en son insomnie un très long chemin qui se courbe,

    ô vous tous enchaînés nu à nu, nuit à nuit,

dans la brume se balançant tandis que respirent les fantômes,

    derrière toutes ces vitres noires attisant le vice ou l'amour,

et tend l'oreille dans la nuit à travers le mugissement,

    tous vos cœurs battants, toutes vos respirations mêlées, toutes vos humeurs, salives et larmes,

la nuit mugissante

    double chœur d'eaux,

imperturbablement impétueuse dans la nuit,

j'écoute l'oracle,

dans la nuit où se dispersent les nuages,

lares du continent, plaie prophétique dans l'irruption de la bave,

nuit à nuit, enlaçant, enserrant,

où je me tiens seul aux aguets, ivre d'eau ;

lavant la nuit de tous ses nuages, lavant toute l'ordure de la rive,

et vous aussi frissons des arbres, délivrez-moi !

à pleine nuit,

seul, mais fuyant ma solitude, seul, mais pourchassé par le démon de ma solitude,

halètement de nuit,

dites, qui me délivrera de mon exil,

balbutiement de nuit, déclaration de nuit, longue inscription de nuit, long enregistrement,

dites, quelles lèvres dénoueront enfin ces liens de vide,

à l'embarquement dans la nuit,

m'introduiront enfin à ce secret d'humidité, à ce malheur plus précieux que tout, à cette chaleur comme les autres hommes...

dans la nuit.

1969

ILLUSTRATIONS 2

OMBRES D'UNE ÎLE

Il y avait au long des côtes de l'Europe une île où s'était formée une cité considérable, pendant quelque temps la plus importante de toute la Terre,
 sur les rives d'un fleuve large et lent,
 avec ses places et ses fontaines,
 ses grilles, ses balcons, ses stores,
 ses fenêtres qu'il fallait lever pour les ouvrir, ses épais rideaux aux fins cordons, ses hautaines servantes au corsage rayé, col serré de dentelles, tablier blanc frais repassé, coiffe impeccable tuyautée,
 ses enfilades de maisons monotonement élégantes avec leurs chaînes de pierre et briques alternées,
 et les habitants mâles se coiffaient souvent de chapeaux cylindriques blancs, gris, mais le plus souvent noirs, pour aller à leurs divertissements, même les enfants parfois,
 et les riches petites filles y promenaient dans les jardins publics les voitures de leurs poupées, accompagnées de vieilles femmes en vestons à col de velours ;

Des femmes en robes à carreaux et grands chapeaux souples grimpaient sur des voitures vernies pour apercevoir des chevaux courir, leurs maris braquant leurs jumelles,
 d'autres attendaient les résultats affalés sur des pelouses jonchées de vieux papiers,
 tandis que des hommes à col dur et chapeau noir en forme de marmite se rongeaient les ongles et fronçaient

le sourcil, s'appuyaient aux barrières inlassablement repeintes en blanc, ou sombraient épuisés à leur pied parmi les ordures ;

et certains se juchaient sur des caisses, les pans de leurs vestons croisés claquant au vent, signalaient à des associés par cris et gestes de leurs mains déployées les progrès de la course et des paris ;

Les autobus y avaient deux étages, passaient dans la brume sur les longs ponts devant les cheminées d'usine, au-dessus des barques échouées sur les rives charbonneuses,

pour mener vers des faubourgs aux minuscules jardins, où des bouchers à large face sérieuse aiguisaient leurs coutelas, canotier en tête, où le long des murs de brique noircie passaient de vieilles vendeuses de bleuets, les débris d'un paradisier noir sur leur chapeau, et à chaque carrefour on voyait, suspendues sur quelques façade, les trois boules cuivrées du prêteur sur gages,

des dames au diadème de tweed, renard au col, arpentaient les rues mouillées pour visiter les cimetières ;

Et plus loin vers d'autres faubourgs où les enfilades de maisons lépreuses se réfléchissaient sur les canaux huileux ;

les jeunes filles lessivant leur seuil y avaient une grâce d'autres siècles, les enfants par les soupiraux espéraient une éclaircie dans le ciel semblable à leurs haillons,

une éclaircie qui leur permît de singer dans la rue les dames et les reines, car il y avait des reines,

mais pendant des heures et des heures, des jours et des jours, la pluie fine serrée ne cessait de tomber sur ces innombrables toits semblables, ces innombrables cheminées ;

Tandis que les bonnes lisaient des histoires sous la lampe aux riches petites filles mordillant leur doigt, près de leur cheval à crinière de vrai crin, harnais de vrai cuir encadrant l'œil de verre, que leurs grand-mères, un rang de perles sur la gorge, se faisaient servir leur thé ;

et quand le temps s'éclaircissait, l'été, les favorisés à cape d'hermine buvaient du sherry dans des jardins verts où des oiseaux exotiques se prélassaient,

— maisons vernies, rondes comme leurs visages, où leurs servantes en souliers noirs à talons semblables aux pieds de la baignoire, vérifiaient la température de l'eau pour leur toilette (une poire pendant à son fil pour les appeler au moindre désir),

où leurs maîtres d'hôtel, sur des tapis du Caucase, faisaient savamment retentir des gongs d'Asie pour rappeler l'heure à laquelle ils avaient demandé que fût prêt le dîner ;

— mais le fils ne se hâtait nullement de rentrer, accompagnant une de ses voisines amies dans une voiture de louage capitonnée de cuir noir, dont le cocher, haut perché derrière, les moustaches blondes effilées à l'horizontale, laissait muser les chevaux dans la douceur d'un beau soir sec ;

Et quand il pleuvait, pleuvait, pleuvait les soirs d'automne dans les faubourgs, le seul refuge n'était-ce pas ce bar bruissant, brillant, où la patronne au corsage de velours vous tendait un verre de bière sombre de sa main baguée, derrière son comptoir à l'évier de zinc sur lequel pleurait le robinet rafistolé d'une ficelle ?

dehors, dans la ruelle aveugle, l'agent de police attendait l'heure où fermeraient tous ces lieux de rencontre, où se disperseraient lentement les couples ou les groupes éméchés sous la pluie, ou les solitaires,

après l'alcool, le bal, le spectacle,

et certains se retrouveraient au sec dans une cellule ;

Tandis que chez les plus riches la servante et son assistante jetaient un dernier coup d'œil tendu sur le couvert du grand dîner — n'avait-on pas encore oublié les ciseaux à raisin ?

plus tard on passerait au salon pour jouer aux cartes,

ou au jacquet peut-être, la robe de satin étalée sur le tapis de Perse devant le feu ?

et dans la cuisine, au sous-sol, la cuisinière-chef aurait installé sur la grande table un hortensia, pour l'égayer, et l'assistante cuisinière écrirait à sa famille dans le Nord ;

Chez les plus pauvres, les enfants seraient déjà endormis dans le grand lit, en attendant le retour du père, les vieux très propres feraient leur toilette de nuit, les jeunes prolongeraient leur conversation sur le seuil, encore quelques instants, quelques instants seulement,

avant que toutes les portes de la rue se fussent fermées, toutes les portes de ce quartier, de presque tous les quartiers sauf au centre où il y avait encore des théâtres, des hôtels, des promeneurs, des racoleurs,

petites chambres où goûter un époux d'une nuit (bel Indien perdu dans notre île, as-tu jamais été caressé par des mains si blanches et si longues ?),

où les taxis après le dernier film ramenaient vers leur lit les derniers éveillés,

tous les autres rangés, ronflant, geignant, se retournant, rêvant, soupirant dans leurs cases ;

la ville vide,

une mouette au petit matin ;

coule doucement, délicieuse Tamise, jusqu'à la fin de mon élégie...

Une longue île qui s'étendait vers un Nord de villes noires, de villes bien plus noires et pluvieuses, bien plus misérables et gluantes,

villes de fumées,

villes de glissements,

du fer, du mâchefer, du coke et de la suie,

de villes et de campagnes avec des montagnes de cendre et de gravats parmi lesquels on avait l'espoir de découvrir en cas de froid et de détresse quelque pierre noire chauffeuse égarée,

villes de cheminées, sifflets et coups ;

Villes de la lessive qui n'en finit pas de sécher, qu'on n'en finit pas de relaver,

des enfants qu'on n'en finit pas de relaver,

cours si étroites, rues si étroites, chambres et lits si étroits,

et la confiture qui tombe sur l'édredon crevé,

et comment faire suffisamment attention pour ne pas essuyer sa main au papier peint,

en revenant d'un jeu,

en revenant de passer le pont ou sous le pont,

de se faufiler dans ces rues sans fenêtres, entre ces bouteilles fumantes de briques noires,

et lorsqu'on se lave dans l'unique chambre, comment ne pas éclabousser encore le linoléum qui se moisit, comment des gouttes ne gicleraient-elles pas dans les cendres ?

le cache-pot qui vient de ta mère, le napperon cadeau de noces qui est devenu si mince à force d'être frotté,

villes bien plus tôt vides,

grelottantes, calfeutrées autour de leurs rares braises ;

coulez doucement, sinistres rivières du Nord, jusqu'à la fin de ma lamentation...

Une île plus nocturne que toutes les îles, et que la guerre fit descendre d'un degré dans sa connaissance de la nuit,

car la Lune lui découvrit alors l'envers de ses solitudes, les réverbères qui jadis lui donnaient une lumière d'heure en heure moins peuplée, ne projetant plus qu'une ombre déserte,

et tous les habitants de la grande ville (depuis bien des années déjà elle n'était plus la première du monde) menacée par les bombardiers qui déferlaient du continent, organisant leurs nuits sous la terre, descendaient sans s'en douter tous les échelons des sommeils d'antan, quartier par quartier,

toute cette ville était retournée comme un vêtement, et les habitants de toutes les poches se retrouvaient ensemble aux trous les plus profonds,

toute cette vie si bien compartimentée, si bien enve-

loppée dans ses boîtes, dont on apercevait si peu à l'extérieur,
 elle se dénudait dans les souterrains, chacun y apportant quelques objets, ses gestes de nuit, sa beauté de nuit, son abandon,
 et sur la surface de la Terre, vidée des lumières humaines, et presque vidée d'habitants
 (seuls quelques audacieux ou bien chargés de surveillance ou possédés par le démon de voir, mais tous invisibles dans les ténèbres de leurs recoins...),
 la Lune dessinait des ombres d'une netteté oubliée ; sous les vrombissements et les explosions, la plus fine musique s'exposait ;
 coule doucement, noire Tamise, jusqu'à la fin de mon thrène...

Et dans cette île étaient des yeux, des voix, des mains,
 des ironies, des fantaisies, des attitudes,
 des ivresses, des délicatesses, des virulences,
 rides,
 moustaches,
 nervosités,
 agacements,
 des mains souples et sensuelles,
 des lèvres serrées et coupantes,
 des grains de beauté près de lèvres entrouvertes,
 des flots de cheveux sur des poitrines légères,
 des genoux développant d'immenses grèves,
 les bras de la Lune même ;

Et pour montrer quels pouvaient être les sourcils de cette île, ses ongles, ses narines, ses écharpes ou ses chapeaux,
 ses paupières, iris, cils, pupilles et replis,
 le mieux est parfois d'aller en retrouver des exemplaires frappants sur quelque continent ailleurs, ainsi que l'on peut étudier dans les musées de l'île même les statuettes ou tableaux fabriqués au-delà des mers,
 les objets mêmes ou leurs copies, leurs enfants, leurs très lointains très indirects descendants, chez qui res-

surgit, après des siècles de latence (ou des années), après d'innombrables relais et détours, en quelque aspect, quelque détail, l'air indubitable ;

l'œil, cet œil si allemand, si espagnol, vous savez bien qu'il n'aurait pas les mêmes ombres, s'il n'y avait pas eu l'île et dans l'île...

ainsi les pierres...

coulez doucement, sueurs et larmes, jusqu'à la fin de ma célébration...

Et dans cette île étaient de grandes ondulations de terre, d'herbes, cailloux et sables,

de longs rouleaux de brumes loin des villes, de brumes incroyablement blanches et dorées,

des passages d'un horizon à un autre et encore un autre horizon,

des arbres dénudés, des lacs de brumes, des creux de brumes, des épaisseurs, des passages d'un creusement à une découpure et une transparence,

lichens et reflets,

pierres levées lavées hantées charmées,

pierres de siècles de brumes,

île d'arbres, désert d'herbe,

yeux de branches, flots de pierres,

galets de chair,

pieds de roc,

bras d'écume,

dos de sable,

lobe de falaise,

le sein de l'air, nombril de l'eau, le fil des brumes,

les ondulations, les herbes, cailloux et sables de la peau,

de longs rouleaux de brumes, de longs passages d'un horizon à l'autre de la peau à un autre et encore un autre horizon de peau de brumes incroyablement blanches et dorées,

doigts levés lavés,

de pierres dénudées, de lacs d'yeux de pierres, des creux de brumes au sein des pierres, une découpure,

des passages d'un creusement à des épaisseurs et une fissure,
 l'envers des plages,
 la peau du fer,
 de grandes ondulations de pierres, d'ossements, de métal, de peaux, de brumes et de Lune ;
 coulez doucement, vagues de la mer, jusqu'à la fin non plus de mon chant, mais de celui qui charme toujours cette île...

1972
OÙ
(Le génie du lieu 2)

J'AI FUI PARIS (1)

J'ai mis entre Paris et moi toute une épaisseur de campagne : haies, chemins creux, boucles de Seine, affluents de Loire, saules, vergers, bois et villages où les toits commencent à peine à se hérisser d'antennes de télévision,
 puis le ruban des plages avec leur garde d'îles, falaises, rochers, galets, dunes, marais et ports,
 l'océan Atlantique où les grands paquebots de plus en plus rares ne changent d'heure que tous les soirs,

(les couples d'Américains partant pour se délivrer une bonne fois pour toutes de leur hantise du pays des ancêtres, côtoyant les couples d'Européens au retour d'une exploration à la fois fascinée et un peu affolée pour savoir si vraiment on pourrait vivre sur l'autre rive,
 dans l'étirement des heures sans rien à l'horizon, le loisir un peu nauséeux où l'on contemple indéfiniment les vagues, entre deux séances de cinéma, dans l'attente des repas où l'on sait qu'on ne mangera guère malgré l'abondance des plats,
 tout étonnés de ce silence qui s'épaissit à l'intérieur d'eux-mêmes, comme une brume blanche acide les lavant un peu du misérable tourment de leurs préoccupations habituelles,

de ce talisman de silence à peine entamé par les cris des mouettes, les hurlements du vent, les rafales de gouttes, les battements des câbles métalliques, les grondements, les tremblements des machines, qui les pénètrent par les pieds, les heurts de vaisselle dans les cuisines, les sonneries, les lambeaux de musique de danse écrasés par les haut-parleurs,

et les traînées de ronflements que laissent pendre les avions très élevés, de l'autre côté des nuages en général,

où les plus pressés, la plupart maintenant, serrent les poignées de leur fauteuil avec un peu d'angoisse, après avoir exprimé tout le jus qu'ils ont pu d'un magazine ou d'un roman glissé maintenant dans la poche ouverte au milieu du dossier de la rangée précédente, regardent leur montre, supputent difficultueusement le nombre d'heures qui leur reste avant l'atterrissage),

l'Océan traversé de son fleuve d'eaux chaudes où les bancs de poissons rencontrent les chaluts,

— les archipels de glace viennent fondre dans leurs dérives —,

et un autre ruban de ports, d'énormes villes, d'estuaires marécageux et de sables,

sonnant d'autres cris d'hommes ou d'oiseaux,

puis une autre campagne à pommiers et granges rouges, villages de bois, imposantes voitures,

des forêts se relevant peu à peu en un long plissement de terrains fendu par les fleurets des autoroutes,

vallées enjambées par leurs arcs de métal,

et les plaines quadrillées, immensités de blé, maïs, coton, couvertes en ce moment de neiges et de brume,

drainées par de grands fleuves tortueux,

et des taches de déserts enfin, roux et fauves, s'élargissant de plus en plus, grimpant lentement en plateaux ravinés jusqu'à des montagnes déchiquetées parmi lesquelles le Sandia que je contemple de ma fenêtre ;

je suis dans la ville d'Albuquerque en Amérique, au milieu de l'État du Nouveau-Mexique, dans la vallée du Rio Grande, au milieu des cow-boys et des Indiens, et ma maison est à 1 800 mètres d'altitude,

le ciel est presque toujours clair ;

sur l'autre horizon se dressent les cônes de cinq volcans éteints,

bien au-delà le mont Taylor couvert de neige bleue,

je sais que les déserts et montagnes continuent longtemps avant de s'effondrer parmi les vignes et brouillards de Californie jusqu'aux vagues du Pacifique,

demi-sphère liquide presque entière, piquetée d'innombrables atolls,

puis quelle monstrueuse épaisseur d'Asie chinoise et russe, quelle concentration de haines et d'Histoire au Moyen-Orient, en Europe centrale, avant de retrouver les tuiles de Bourgogne, les ardoises de l'Île-de-France et les premiers faubourgs de Paris qui s'étale !

J'ai fui.

Je respire.

Je me sens un peu en sécurité parmi les épines, les éboulis, les canyons, malgré ce grésillement dans ma tête, malgré tout ce qui me remonte à la gorge,

en sécurité pour un peu de temps, très peu de temps.

Je vais essayer de vous expliquer.

Il y a très longtemps que j'avais envie d'en parler.

Ce n'est pas ici que j'ai commencé à en parler. C'est tout près de Paris, en secret, dans un des replis de Paris.

Ce n'est pas du tout cela que l'on m'avait demandé. Ce n'est pas du tout cela que je croyais avoir à dire.

Voilà ce que j'ai essayé de vous expliquer :

JE HAIS PARIS

Je hais Paris. Je suis obligé de vivre à côté, d'y aller plusieurs fois par semaine, par le train, en car, en voiture; je fais partie de ces innombrables globules du sang banlieusard que pompe sans répit le cœur urbain.

Il y a quelques années encore, je n'aurais pu imaginer vivre ailleurs qu'au centre, et plus précisément rive gauche. Voyager, certes, voyager le plus possible, le plus loin possible et longtemps, mais comment avoir ailleurs son port d'attache?

(Vous êtes dans le quartier des fabricants de meubles; la rue du Faubourg-Saint-Antoine, d'abord assez monotone, se charge et s'intensifie à mesure que vous approchez de la Bastille. Regardez donc à droite et à gauche: chaque porte cochère donne sur d'étroits passages tortueux, des suites de cours à l'intérieur desquelles tout un commerce se poursuit, et où l'on craint un peu de s'aventurer.)

— *je me souviens...*

Je hais Paris. J'en rentre fourbu; dès que j'y pars, une chape de lassitude me tombe sur les épaules. Il va falloir encore se précipiter dans le métro, le portillon automatique se refermera juste avant mon passage; il y aura tant de monde sur le quai dans la même hâte que moi, à compter comme moi les minutes de retard qui s'accumulent; il faudra se creuser un trou dans la foule compacte pour parvenir à se glisser à l'intérieur du wagon, laisser les portes se refermer pour que le train se puisse ébranler...

> Dès que j'étais loin, Paris m'était comme une blessure; je languissais après le retour, après mes chères gares, chers quais, chères églises, mes librairies, galeries, bistrots, et l'allure des dames, et les nuages. Quand le train ou l'avion s'en approchait, quelle émotion!

>> (Porte de la Villette, suivre le canal Saint-Denis, puis celui de l'Ourcq jusqu'au bassin avec ses ponts, grues et péniches. Place Stalingrad, ancienne barrière Saint-Martin du mur des Fermiers Généraux, la ligne 2 du métropolitain, NATION-DAUPHINE, aérienne à cet endroit, s'incurve sur ses austères colonnes doriques de métal pour respecter la ruine du noble pavillon de Ledoux, au milieu d'un paysage de cheminées et de grands immeubles tristes.)

— *au départ du* CHÂTEAU DE VINCENNES...

Je hais Paris. Je sais qu'il n'y aura pas de taxis aux stations lorsque j'en aurai le plus grand besoin, que les autobus seront complets, que les feux de circulation s'obstineront à rester verts pour les voitures lorsque piéton je voudrai traverser, que je serai toujours à contresens de la foule sur les trottoirs, entrant sortant des ateliers, bureaux et magasins. Je sais que je vais manquer un rendez-vous sur quatre.

> Oui, souviens-toi: à l'arrivée tu te baignais dans le mouvement de ces avenues, le ronflement du trafic t'emplissait comme une brise. Oui, cela existait encore, tu vérifiais, tu n'avais donc pas fait une

trop grande imprudence en partant, cela n'avait pas profité de ton absence pour disparaître comme un mirage, comme un prestige d'enchanteur.

(L'eau passe sous la place Stalingrad, et c'est là que commence le canal Saint-Martin. Au milieu des pâtés de masures et d'ateliers, on a creusé quelques trous pour y loger des écoles ou des maternités. Série d'écluses ; la dernière fois que j'y suis allé, la plupart des bassins étaient vides pour la récure, et des égoutiers en bottes s'y promenaient.)

— la délicate, je me souviens, et un autre jour entre NATION *et* AVRON...

Paris la cligneuse

la précise aux yeux bleus, et aussi...

Paris la vantée
Paris la chantée

entre le PONT DE LEVALLOIS *et* ANATOLE FRANCE, *je me souviens...*

Maintenant je hais ses rodomontades, son bruit de basse-cour, ses relents de gargote ;

... la tendre aux cheveux bruns — LOUISE MICHEL *passe...*

Paris gueuse la charmeuse
la menteuse la hargneuse
la baveuse bavasseuse

Maintenant je commence à me délivrer de cet attachement infantile. Je n'ai plus ce creusement quand je vis dans une autre ville, mon cœur ne bat plus aussi fort au retour, je ne suis plus obligé de réprimer comme avant cette espèce de chant ridicule qui voulait absolument jaillir, je n'affiche plus sur mon visage cet air béat qui surprenait mes camarades et faisait se poser des questions aux passants. Ah, comme il m'a fallu apprendre à te haïr, Paris !

    (Rue du Caire une ouverture vous fait entrer dans un silencieux passage ; verrière supportée par des arcades de plâtre fort délabrées, avec des trous qui laissent filer le vent ; c'est le domaine des imprimeurs pour cartes de visite ou papier à en-tête et des marchands de fournitures pour vitrines : mannequins, présentoirs, étiquettes surtout dont on peut apprécier ici toute la gamme : « soldes, fin de série, article exceptionnel, nouveauté... »)

— *teint de Suédoise, l'approcher, et un autre jour...*

    Paris paresse
    purin purée
    carie caresse
    caveau curée

entre la PORTE D'ORLÉANS *et* ALÉSIA, *je me souviens, l'empressée...*

ville méchante, avinée, éreintée, tricheuse,

... au regard d'Anglaise, aux chaussures blanches, la mieux détailler...

    La voleuse venimeuse
    la cagneuse caqueteuse
    la véreuse vaniteuse !

Tu m'as aidé,

(Il a certainement été fort difficile d'installer l'électricité dans les immeubles de ce bloc; il y a un enchevêtrement de fils et un nombre de boîtes de fusibles extravagants.)

— *yeux verts, elle est seule, et un autre jour...*

> *des cliques des claques*
> *du fric des flaques*
> *des briques qui craquent*
> *les ploucs qui plaquent*
> *la trique la traque*

entre l'ÉGLISE DE PANTIN et HOCHE, je me souviens, la douce au foulard jaune...

> *Paris fumeuse râleuse*
> *la crâneuse doucereuse*
> *la lépreuse la poisseuse*

son teint d'Australienne, l'admirer, cheveux châtains, passe la PORTE, elle est avec une amie, une voix de rose, que lit-elle? Et un autre jour...

— je fuis au fond de ces ravins que sont tes rues tous ces regards qui me disent coupable —

entre ÉTOILE et KLÉBER, je me souviens, la bavarde au rire de muguet, BOISSIÈRE passe...

fuis —

tu m'aides chaque jour,

(la maison du 2 place du Caire, où aboutit le passage, est probablement le monument le plus curieux de cet engouement pour l'Égypte ancienne auquel nous devons aussi la fontaine de la rue de Sèvres et le porche de l'hôtel Beauharnais; on est tout de suite frappé par les trois énormes visages au milieu de la façade, inspirés par ceux des chapiteaux hathoriques.)

— *yeux marrons, l'entendre, son regard d'Égyptienne, elle est avec sa mère, les chaussures rouges, à quoi pense-t-elle? Un sac de rabane, la frôler, et un autre jour...*

— toutes ces rancœurs et menaces

> *Paris chérie*
> *crassie rancie*
> *marrie tarie*
> *Paris pourrie*

entre la MAIRIE D'ISSY *et* PIERRE CURIE, *la fière au manteau d'orlon, cheveux noirs, pouvoir m'excuser auprès d'elle...*

vite vite —

impitoyable maîtresse,

> (L'artiste français s'est appliqué à rendre avec le plus grand soin les oreilles bovines de la déesse; sur chacune de ces têtes, un petit temple carré avec deux personnages en bas relief de chaque côté d'une porte où apparaît un animal sacré; je n'ai jamais pu distinguer s'il s'agit d'un singe ou d'un serpent.)

— *teint de Tahitienne, foulard vert, elle est avec son père, une voix de sel, où descendra-t-elle? Des bagues d'émail...*

> *Paris plaisirs*
> *tapeurs tapirs*
> *lécheurs vampires*
> *visons vizirs*

— je nage péniblement dans ces fleuves de poison gluant —

> *Paris mangeaille*
> *mitrons mitraille*
> *rupins ripaille*
> *frichti flicaille*

obtenir un de ses regards, obtenir un de ses sourires, et un autre jour, entre CHARENTON ÉCOLES *et* LIBERTÉ...

vite vite —

mais tes leçons m'ont bien profité,

> (Le plus étrange de l'ensemble est sans doute la corniche qui surmonte le tout, décorée de dessins gravés, thèmes égyptiens mais sur le mode caricatural, en particulier la tête-charge au centre.)

— *l'élégante au sac de lézard, passe la* PORTE, *yeux noirs, obtenir quelques mots d'elle, regard d'Iranienne, des chaussures bleues...*

> *Paris beaux-arts*
> *chicards roublards*
> *gueulards tocards*
> *cafards vantards*

— je n'en finis pas d'écarter ces algues —

> *Paris palace*
> *velours vinasse*
> *mamours mélasse*
> *virus vivaces*

elle est avec un ami, un rire de sable, où vit-elle? Des ongles de porto, obtenir un geste d'adieu, la voir s'en aller, et un autre jour...

fuis —

j'ai constaté qu'il y a des cieux de nuages et des gris et des cils ailleurs,

> (Les vitraux du charnier de Saint-Eustache, datés de 1631, dans lesquels une architecture imaginaire redouble la réelle, suscitant une autre église bien plus vaste, lumineuse, une église céleste au centre de laquelle se creuse la nôtre, et les saints, grands personnages drapés, se penchent au bord de cette fosse pour accueillir l'encens et les chants qui vont en monter.)

— entre le PONT DE SÈVRES *et* BILLANCOURT, *je me souviens, la vive à la voix de cuivre,* MARCEL SEMBAT *passe, cheveux roux, la voir se retourner, teint de Brésilienne...*

> *Paris folies*
> *chairs amollies*
> *ville avilie*
> *Paris jolie.*

Il y a des jours où je me dis : ce n'est pas possible, ils ne boitent pas tous, ils ne sont pas tous couverts de dartres, il doit bien y en avoir quelques-uns parmi eux dont le sourire n'est pas sinistre, dont les yeux brasillent d'autre chose que de hargne,

— elle doit être avec son frère, un foulard violet, comment vit-elle ? un manteau de tweed, la voir hésiter...

> *la moqueuse sérieuse*
> *la morveuse artificieuse*
> *la farceuse chatouilleuse*

— je suis maintenant tout à fait capable de m'installer loin de toi —

(Sortant par la grande façade, vous tournerez autour de la Bourse du commerce — à la fin de l'après-midi, c'est un paysage noir et désert —, et vous verrez se dresser la colonne astrologique, seul vestige de l'hôtel de la Reine construit par Catherine de Médicis à la place du couvent des Filles repenties pour lequel les postulantes devaient fournir des preuves de leur libertinage passé.)

— *et un autre jour, entre la* GARE D'AUSTERLITZ *et* JUSSIEU, *je me souviens, la timide aux chaussures noires,* CARDINAL LEMOINE *passe, yeux dorés...*

> *Rose de fatuité miroir des parlotes*
> *porte d'incompétence tour du bâclé*
> *étoile de prétention arche d'insuffisance*
> *échelle des hâbleurs vase des aigris*
> *dame des faux bruits reine des nuées*
> *impératrice d'exploitation papesse du toc*

la suivre un instant dans la foule, regard de Mexicaine, elle est avec un enfant, un rire de nacre, de quoi vit-elle? Et un autre jour...

> *Paris pouilleuse galeuse*
> *la rieuse soucieuse*
> *malicieuse malheureuse*

entre la MAIRIE DES LILAS *et la* PORTE, *je me souviens, la violente au teint d'Éthiopienne,* TÉLÉGRAPHE *passe, cheveux gris, la retrouver...*

— et je m'aperçois soudain dans la glace d'une pharmacie, boiteux, boursouflé,

— *un foulard à grandes fleurs, comment est-elle quand elle dort?*

*Paris la nuit
la rue la glu
Paris la pluie
la suie le pus*

— loin de toi, et de venir te voir seulement de temps en temps

(Parmi les vitraux de Saint-Étienne-du-Mont, s'enchanter à loisir de ceux du charnier.)

— *et un autre jour, entre la* PORTE DE LA CHAPELLE *et* MARX DORMOY, *je me souviens...*

*la brumeuse ténébreuse
la rêveuse merveilleuse
la dormeuse matineuse*

la furieuse aux yeux de fleuves, MARCADET POISSONNIERS *passe...*

— ne me serais-je pas rasé ce matin ?

Loin de toi. Alors la pioche des démolisseurs fera peut-être retentir dans mes os des échos moins aigus ; le fantôme de l'ancienne gare Montparnasse ne viendra plus hanter de son ricanement mes songes ; chaque arbre abattu sur un boulevard ne me poursuivra plus de ses bouquets d'échardes.

(Le premier rappelle un miracle. À l'endroit où s'élève aujourd'hui, rue des Archives, l'église évangélique des Billettes, un juif, Jonathas, en 1290, obligea une pauvre femme, qui lui avait laissé ses meilleurs habits en gage et désirait les porter pour les fêtes de Pâques, à lui livrer, puisqu'elle ne pouvait le payer, l'hostie qu'elle recevrait à la communion. Il la prit, la perça de coups de canif ; il en coula du sang ; il appela sa femme et ses enfants pour la leur montrer ; il la jeta dans le feu qui ne la consuma point,

voulut la faire bouillir, l'eau devint rouge et
l'hostie s'éleva au-dessus. Les cris de la famille
ameutèrent les gens du quartier. Le juif fut
condamné à être brûlé vif.)

— *regard de Sénégalaise, en rêver, et aussi, entre* SAINT
LAZARE *et* LIÈGE…

> *Paris l'usée*
> *Paris rusée*

la sinueuse aux cheveux blonds, et un autre jour, je me souviens…

> *Paris la mélancolieuse.)*

J'ai dû recevoir deux coups de poing sur mes paupières ; une haine que j'ignorais se lève du fond de mes pupilles.

> Loin de toi. Alors, quand je reviendrai, secrètement, les jours les plus crus et les plus criards seront comme une douce nuit de temps détendu, et tout me sera enfin rendu de Paris. Je pourrai me désaltérer de nouveau à ses pierres ; les mains, les épaules, les iris, les chevelures, les genoux croisés, les arcs-en-ciel de lèvres glisseront lentement le long de mes sourcils.

> (Le quatrième est presque effacé. Au premier plan, des malheureux qui se tordent sous les morsures.)

— *en arrivant aux* INVALIDES *la fabuleuse…)*

Et le fouet de l'heure qui passe me cingle, et j'y vais,

— alors je goûterai à toi comme si j'étais un étranger, comme si je te découvrais tout d'un coup venant de l'autre côté de la Terre, et que je me disais : dans une autre existence j'ai dû vivre ici, j'ai connu tout cela, le moindre heurtoir, le moindre géranium, la moindre cheminée, la moindre flaque d'eau ou de sang

> (afin de vaincre les serpents, Moïse a dressé le simulacre de l'un d'eux sur le fond d'une Égypte fantasque

— *je me souviens...)*

— je repars au milieu des sifflets ; le baume de quelque bière sur un zinc atténuera bien ces brûlures.

Je hais Paris, parce qu'elle m'empêche de voir Paris, d'être à Paris, de m'y étendre.

> (Quant à la place du Panthéon, chacun sait qu'elle n'est jamais si belle qu'une nuit de pleine lune en hiver, couverte de neige avec une ou deux automobiles y marquant leurs traces.)

Je hais Paris parce qu'elle m'interdit Paris.

J'AI FUI PARIS (2)

J'ai fui.
Il fallait fuir.
À chaque instant que je passe ici le paysage me répète : il fallait fuir.
Il fallait mettre entre elle et moi ce mont Sandia déchiqueté, ces gradins de plateaux déserts, ces lents fleuves boueux dans le quadrillage des cultures,
ces bois, ces ravins et ces plages,
cette écume, ces courants et ces migrations,
ces changements d'heure et ces récifs,
ces quais, ces jardins, ces étangs.
Mais je vais revenir, ce n'est pas la peine d'insister, je sais bien que je vais revenir, tu sais bien que je n'arriverais pas à te résister bien longtemps.

Je suis comme un plongeur qui reprend une respiration.
Il ne me reste plus que quelques mois d'espace.
Ô mont Sandia !
Ô laves, pueblos et pistes, comme je serai dévoré d'impatience de vous revoir, comme de revoir tant de lieux cloutés en moi !
Et pourtant, air que je bois à grandes goulées qui m'enivrent,
délicieusement épicé par la fumée des feux de pin pignon,
rien, pas même toi, élixir, or respirable, rien,

je le sais, je m'en lamente, je m'y résigne, rien
ne sera capable de me retenir, je reviens.

Avec une sorte de honte et de dégoût d'avance je reviens.
Et je sais bien qu'un immense plaisir trompeur va m'envahir, et que je n'essaierai même pas de lutter contre
(pas entièrement trompeur, bien sûr, je disais cela dans un dernier sursaut d'indépendance),
et que l'exaspération s'amassant peu à peu, j'aurai bientôt toutes les veines chargées de ton poison, Paris, et qu'il me faudra te fuir, Paris, et je fuirai.

Mais je reviendrai.
C'est pour te faire boire que je reviendrai.
Tous les voyages que je fais dessinent ta palpitation.
Et c'est pour toi, pour toi que je respire ici.
Et c'est pour toi, pour toi que je te fuis ici.
Et c'est pour toi, pour toi que je te hais ici.

1973
ILLUSTRATIONS 3

MÉDITATION EXPLOSÉE

1) *L'oiseau*

Fendant l'air glacé, relevant l'aile, il tourne au-dessus des villages, aspire un peu d'humidité, redescend en tourbillonnant, se calme, hésite entre divers bosquets, choisit enfin une branche pour se fixer, roucoule en attendant quelque amie, écoute les mille murmures, se cache au passage des hommes, reprend sa respiration, lisse ses plumes, tord doucement le cou, cligne de sa triple paupière, se gonfle, s'ébouriffe, s'agite avec lenteur, prend appui sur le vent, remonte au-delà des cimes, aperçoit la mer, y développe un grand virage à la poursuite d'une mouche, plane, s'endort presque sur sa vitesse, reconnaît la fourche de son nid, repart.

2) *La déclaration*

J'agite mes mots dans mes paragraphes comme un pinceau dans un godet. J'ai mis en branle autour de ces images une agitation irradiante, et chacune appelle ses voisines à l'aide pour retrouver mieux leur énergie commune ; ainsi *le miroir* déclare à *la braise* : « Venez vous dédoubler dans mes illusions, venez vous rafraîchir aux apparences de flammes que j'ai su vous emprunter » ; et celle-ci de lui répondre : « Venez vous ternir en sigles d'haleine, cher diseur d'aventure, venez palper votre avenir dans ma nuit rouge »; ainsi cette *déclaration* murmure au *baiser*: « Venez m'accomplir », et celui-ci dans son silence la supplie de se renouveler.

3) *Les roseaux*

Oscillant sans lassitude, au milieu de l'argent qui les enlace, leurs massues inscrivent sur les brumes leurs calculs, parmi les commentaires des cygnes. Une barque tire après sa corde emmêlée de prêles, comme pour arracher le crochet de rouille fiché dans la vase. Les brindilles flottantes se rassemblent autour d'une pierre noire immergée. La lune vient d'apparaître sur l'autre rive. C'est un cor maintenant qui hante le bruissement. Quelques éclats du dernier crépuscule. Un couteau abandonné sur le sentier; quelques brins de laine accrochés aux épines; un morceau de soie indigo à rayures blanches flotte dépenaillé à la légère brise qui se lève.

4) *La chaleur*

Graine d'un emblème que j'arrose et greffe; après avoir inscrit *la falaise*, je grave comme devise: « mûrir et siffler », pour *les amants*: « languir et cueillir », pour *l'insecte*: « nouer et dénouer », pour *le sommeil*: « jouer et déjouer », pour *la clef*: « trembler et oser », pour *la meule*: « veiller et précipiter », pour *le conseil*: « fouiller et démêler », pour *les hampes*: « biffer et saccager », pour *le glissement*: « ébranler et transporter », pour *le nu descendant un escalier*: « effleurer et saluer », pour cette *chaleur*: « gonfler et planer ».

5) *Le conciliabule*

Ils observent. Rien ne leur échappe des clignements d'yeux, des soupirs. Ils enregistrent. Ils essaient de trouver l'issue. Depuis longtemps ils avaient senti qu'un changement se préparait, que la nuit tombait de plus en plus tôt, que le revirement du solstice d'hiver n'avait pas eu lieu comme prévu. Ils savent qu'on leur fait confiance, qu'on attend leur conseil au petit jour tardif demain. Faut-il partir? Mais dans quelle direction, et combien de temps durera le voyage? Que faut-il emporter avec soi? Que faut-il cacher ou détruire? Si seulement les émissaires pouvaient revenir, si seulement le téléphone pouvait se remettre à sonner, quelque avion entre deux zones de fumée pour inscrire quelque message! Leurs regards mélancoliques se mêlent, et ils continuent à murmurer dans la nuit qui devient plus froide.

6) *La craie*

J'y vois un crustacé, mais pour un autre ce sera une bague avec le sceau de l'Empire, ou un turban, ou le sigle de la force, ou les bras du pétrisseur, ou le masque de fer, ou l'interdiction de chercher plus loin, ou l'excommunication d'un astronome, ou une nébuleuse obscure dans une galaxie lointaine, ou l'acte de se suspendre, ou l'ombre d'un messager, ou l'échelle de Roméo, ou le soupirail des ateliers secrets.

7) *Le nuage*

Méditation en 59 tableaux, 59 empreintes; pèlerinage sur la page blanche dont j'égaie les stations par mon batelage. Comprenne qui pourra mes figures, je tire de ces hiéroglyphes une instruction oblique. Vitrail de vapeurs celui-ci, animal provisoire dont le cadavre, après des journées de migration, sera la pluie engraissant les oliviers et les vignes. Pelage céleste, tentures dans un palais de nacre, aux âtres d'orage; chaque matin on allumait les fanfares, chaque midi on déployait l'argenterie, chaque soir on déployait les mascarades, chaque clair de lune on organisait des fêtes sur l'eau. Ses escaliers perdaient leurs marches, ses toits abandonnaient leurs girouettes et cheminées, ses croisées effeuillaient leurs vitres, ses bibliothèques lançaient aux vitrages leurs reliures de parchemins. Dans ses écuries piaffaient des chevaux d'aventure, dans ses chenils aboyaient des lévriers d'errance, dans ses viviers glissaient des anguilles de soulagement. Tout cela déchaîné devient gouttes d'eau et d'encre.

8) *Le toit*

Sur le sable je dessine une maison complexe et retirée, une chambre pour mon amie, notre projet de société, des ailes pour nous emporter, une forêt pour nous cacher, un rocher pour nous instruire, une rampe pour nous diriger, une terrasse pour nous y bercer, une cave pour nous désaltérer, un jardin pour nous enivrer, ses regards pour me décider, sa poitrine pour me transporter, son ventre pour m'y enfoncer, ses lèvres pour me secourir, ses paumes pour me guérir, ses ongles pour me labourer, son silence pour m'ensemencer, ses paroles pour me moissonner, son calme pour m'y rajeunir.

9) *Le foyer*

À l'intérieur de cette marmite, j'ai mis une vigne, une ville, un fleuve. Il s'agit d'obtenir l'élixir de paysage selon une recette qu'ont perdue mes parents, mais dont mes grands-parents avaient encore quelque souvenir. Certains prétendent qu'il faut absolument de l'eau de mer, d'autres des ruines de l'Antiquité, d'autres des instruments de musique, et c'est bien possible ; mais je n'en ai pas pour l'instant sous la main, et le temps presse dans ce donjon. J'espère que les substituts que j'ai imaginés feront leur office et que j'obtiendrai enfin cette goutte d'encre que je cherche depuis mon enfance, laquelle tombant d'un pinceau sur une feuille de papier, rendra soudain celle-ci toute blanche autour d'une lettre qui remplacera un mot qui remplacera un discours, qui me fera respirer enfin, me rendra la parole enfin, une parole qui instaurera le silence dans la bastille, la transformera en espace où s'étirer les bras en regardant le paysage enfin, le paysage où l'on se tait.

10) *Le mur*

Je l'ai longé pendant des années d'enfance pour parvenir à ce lycée où je rêvais de l'Amérique et des alizés, le frôlant de la main gauche pour aller, droite pour revenir ; et j'avais l'impression que chaque jour il s'élevait quelque peu et s'allongeait, comme si le frôlement de ma main le nourrissait, comme si peu à peu je me vidais en lui. Et tout le pain que je mangeais, toute l'eau que je buvais, tous les livres que je lisais, j'avais l'impression que tout cela m'était dérobé par ce mur vampire ; et chaque soir en me couchant je jurais de ne plus le toucher, de passer sur l'autre trottoir, et chaque matin, après le petit déjeuner, irrésistiblement je traversais la rue, et j'enfonçais mes mains dans mes poches tout en sachant que cela ne durerait que quelques pas ; et désespéré je me sentais tout d'un coup l'effleurant, maigrissant, oubliant ; la faim, la soif et l'ignorance ricanant à mes oreilles.

11) *La pioche*

Un laboureur appelle à son chevet ses trois fils : « Voici mon heure dernière ; il est temps que je vous partage mon bien. L'aîné aura ma maison et les champs, le cadet les animaux et les récoltes engrangées, quant au troisième, je ne puis lui donner que cet outil. » Imaginez la déception de celui-ci. Une fois rendus les désolants devoirs, il s'enfonce dans la forêt qu'il fait retentir de ses gémissements ; car il aimait tendrement son vieux père, s'en était cru aimé, s'interrogeait sur ce qui avait pu produire cet éloignement apparent. Sa marraine qui était fée, sans que ses parents s'en fussent jamais doutés, vient aussitôt le consoler par ces paroles : « L'héritage qui vous échoit montre bien au contraire que vous étiez le préféré ; ce n'est point une pioche ordinaire. Après un adieu rapide à vos frères, partez sur les routes, et lorsque vous verrez une surface unie de la plus grande blancheur possible, attaquez-la avec cet instrument ; vous en verrez jaillir non point des sources d'eau commune, mais des jardins liquides et chanteurs qui enivreront ceux qui les verront. Les rois s'arracheront vos services, et quand le vent des connaissances nouvelles aura renversé les trônes avec l'ancien ordre des choses, ce qui arrivera peu après votre premier tour de la Terre, les peuples régleront leurs fêtes sur vos passages. »

12) *Les hampes*

J'imaginais une fête de village sur laquelle s'était abattu un désastre dont je ne parvenais pas à préciser la nature : orage ou émeute. Les drapeaux étaient en loques. Des bribes de guirlandes pendaient encore çà et là. Les instruments de musique dans leurs étuis entrouverts flottaient sur des flaques d'eau sale ; la pluie avait effacé les notes sur les partitions ; les chaises pêle-mêle jonchaient le sol défoncé. Des lampes brisées se balançaient au bout de leurs fils. Tout le théâtre était à reconstruire ; à peine si l'on pourrait réutiliser quelques planches. Les invités étaient tous repartis pour leurs domiciles lointains sans dire un mot. Quant aux habitants, ils se croisaient sans se regarder, cuvant leur honte, tandis que les employés municipaux commençaient à balayer les débris.

13) *La hâte*

Plier, replier, retourner, ficeler, rabattre, nouer, renfoncer, serrer, reprendre, étendre, étirer, tourner, ployer, envelopper, emballer, empaqueter, timbrer, expédier, réceptionner, trancher, déchirer, ouvrir, déballer, déplier, sortir, défaire, refaire, arranger, réintroduire, réemballer, réexpédier, déchirer, briser, brûler, recommencer, reconstituer sur l'établi, sur le chevalet, sur l'écritoire, fondre, forger, rager, désespérer, se calmer, se reprendre, s'y remettre, plier, barrer, corriger, nouer, dénouer, serrer, aérer, étendre, couper, tourner, redresser, développer, se hâter de persévérer.

14) *Le sommeil*

Allongé sur le sable, son poids augmente, il s'enfonce ; des fentes se creusent entre ses côtes, par lesquelles il aspire les minéraux ; il s'enfonce encore, ses mains deviennent plates et tranchantes, il a disparu sous le sable ; les passants voient encore pendant un certain temps une dépression, comme si quelqu'un avait creusé là quelque bassin à marée haute, dont l'eau se serait retirée depuis des heures ; puis le vent se met à souffler et égalise tout cela, tandis que ses yeux ont pris une consistance cristalline, et que son système respiratoire s'est entièrement transformé, sa peau muée en carapace, son tube digestif en broyeurs pour lui permettre de vivre à l'intérieur de la masse terrestre où il s'enfonce, nageant très lentement entre filons et strates, buvant aux nappes phréatiques, à la recherche d'une femme de lave douce à qui donner enfin des enfants de granit.

15) *Le couperet*

Après avoir tranché la tête du dernier descendant de la famille royale, le bourreau essuie sa lame avec un foulard de velours mordoré, puis, tandis que les ci-devant nobles emportent le cadavre avec des lamentations pour l'ensevelir dans le mausolée près de ses parents, il plante le manche de son couperet dans un trou prévu à cet effet au centre de la place des exécutions depuis des siècles, par le fondateur de la dynastie. La foule aimait le prince ;

elle estimait les gentilshommes qui avaient su maintenir au milieu des troubles une tradition de courtoisie; mais il faut bien que s'accomplissent les prophéties, que tourne la roue de fortune, que s'instaure le nouveau pacte, et que, pour fournir aux fêtes prochaines la qualité de noir capable de mettre en valeur les costumes éclatants des corporations d'inventeurs, les anciens puissants prennent pour la vie un deuil suffisamment solennel.

16) *Le joug*

Pour atteler ces buffles-dragons, seuls capables de tirer les chariots de pierre sur lesquels tournoient les idoles pour les fêtes du nouvel an, il est nécessaire de faire couler des jougs de lave par les volcans mêmes. Il convient par conséquent de prévoir non seulement la date des éruptions, mais la direction générale de leurs débordements. On creuse des rigoles et des moules à une grande profondeur, que l'on tapisse de briques réfractaires. La difficulté, c'est d'arracher la pièce à ces entrailles de la Terre une fois le calme revenu. Il y faut des buffles-dragons attelés par des jougs de lave, si bien que si une fois, par malheur, ceux-ci venaient à être fêlés tous ensemble, il serait certes possible d'en fabriquer d'autres, mais nullement d'en profiter. Les idoles s'immobiliseraient alors, bonnes à vendre aux Occidentaux pour les mettre dans leurs musées, et la race des buffles-dragons s'éteindrait comme celles du mammouth ou de l'hipparion.

17) *L'insecte*

Sur ses élytres les éleveurs, par leurs mutations contrôlées, ont réussi à obtenir le dessin des rues de la ville; et c'est pourquoi chaque famille en chérit un nid dans son jardin. Pour toute promenade on se fait accompagner par un de ces guides voletants, parfaitement apprivoisés, qui reviennent à la moindre ouverture de la capsule de pollen à laquelle ils sont habitués; mais il y en a tant qui bourdonnent par les rues, les galeries, les corridors à trottoirs roulants qu'il n'y a plus aujourd'hui le moindre risque de s'égarer. C'est un ornement et un jeu. Les éleveurs des autres villes travaillent jour et nuit pour parvenir à des résultats aussi spectaculaires ; mais la plupart du temps, à l'éclosion des chrysalides, ils ne trouvent que des dessins, harmonieux sans doute, mais sans rapport avec leur cité. Un des chercheurs les plus ingénieux a pourtant établi qu'une variété obtenue en Sibérie arborait le plan d'un village d'Afrique du Sud à une impasse près ; et l'on raconte que dans une région de la Perse un urbaniste, émerveillé par une autre qu'il s'efforce d'acclimater, lui a emprunté le schéma directeur de toute sa province.

18) *Le refus*

Le solliciteur s'incline devant l'empereur des îles d'Extrême-Orient qui lui signifie sa réponse sur un rouleau de soie. Il n'ose regarder, s'incline et rentre en son hôtel. Après avoir fermé toutes les issues, il déroule l'auguste ordonnance, s'aperçoit que c'est un refus, mais si superbement tracé qu'il est clair que sa majesté non seulement lui conserve toute son amitié, que les raisons les plus avantageuses ont dû motiver son attitude, mais qu'elle lui sait gré de lui avoir manifesté sa confiance en lui présentant sa demande. Alors il suspend ce calligramme dans la niche d'honneur, le célèbre d'un bouquet de trois chrysanthèmes qu'il renouvelle chaque jour en modifiant chaque fois les relations qu'entretiennent leurs nuances, la longueur, la courbure de leurs pétales, le nombre des feuilles et la hauteur des tiges, et le fait admirer à tous ses amis qui n'osent plus présenter au palais la moindre requête de peur d'avoir l'humiliation de la voir acceptée.

19) *Le conseil*

Je ne puis me fier qu'à vous; ce que j'ai à dire est si tranchant, si vertigineux, nul autre sans doute ne pourrait le supporter sans circonvolutions ni enjolivures; mais vous avez dans le regard tant de lassitude, malgré la gaieté qui y surnage comme une mouette au-dessus de la barre océane, dans votre voix tant d'ancienneté, malgré cette jeunesse railleuse qui y éclate de temps en temps, dans vos récits une telle mémoire, malgré votre avidité de nouvelles, que vous saurez peut-être sinon me comprendre, du moins trouver un précédent à mon aventure et quelque échappatoire à ma honte; oui, tout autre que vous croirait que je l'insulte si j'essayais un instant de lui faire admettre ce que je voudrais tant que vous m'aidiez à essayer de vous raconter longuement.

20) *La foule*

Serrées les unes contre les autres dans leurs étroites capes noires, se balançant comme des roseaux agités par le vent, les femmes marchent lentement, se détachant sur le ciel du soir, glissant sur le sol sans que l'on voie le mouvement de leurs jambes; elles parlent des malades et de ceux qui font leurs études au chef-lieu, des touristes de l'été dernier, et de la visite du député, de l'arrivée du jeune curé qu'il faudra bien nourrir et délasser une fois qu'il aura célébré par acquit de conscience ses cérémonies dans l'église déserte et croulante, beaucoup trop récente pourtant pour que les monuments historiques ou même l'évêque puissent jamais s'y intéresser, où seuls les enterrements désormais apportent quelque animation, les pompes funèbres de la ville voisine étant vraiment par trop compassées; et aussi des aventures amoureuses de l'instituteur, des programmes de la télé, de la tempête de la semaine dernière avec l'incendie de cette ferme dans l'intérieur des terres et la grande épave qui s'est échouée comme autrefois, corne d'abondance, et de la folie du gardien du phare. De chaque maison, quand elles passent, sort une complice, lampe à la main puisque maintenant la nuit tombe, avec sa provision de médisance, pour engraisser leur nuage de rancœurs, de supputations et d'envoûtements.

21) *La bourrasque*

Il tombe du ciel par rafales une fine suie humide. L'électricité s'est arrêtée. Le mères bercent les nouveau-nés et les pères s'efforcent de rassurer les enfants tremblant dans leurs draps, qui deviennent dans les ténèbres des serpents aux langues dardées. Le temps s'apaise à l'aurore qui se lève sur une campagne entièrement noircie. Seules les ombres des arbres sont plus claires, avec les traces des pas et des pneus. Et cette poudre ne fond point. Pendant quelques jours on s'efforce de déblayer ; de grands crassiers s'élèvent aux alentours de tous les villages. Mais cette suie est si fine que le moindre coup de vent la disperse à nouveau. L'eau devient noire. La peau des blancs devient plus noire que celle des noirs, et bientôt même les ombres deviennent noires.

22) *La fleur*

Une météorite dans la neige ; c'est une graine qui a traversé le système solaire. Elle se gorge d'humidité froide, se gonfle et germe, mais non point en tige, feuilles, racines, mais en leur creux, en leur empreinte dans la couche bientôt traversée ; c'est le bitume du trottoir qui apparaît en nervures, rameaux, boutons ; et voici qu'éclôt une fleur d'absence dont les pétales vont recouvrir, absorber la plante précédente ; au cœur de cette corolle des étamines de vapeur phosphorescente, un pistil qui est une goutte d'eau claire en suspension qui explose en mille gouttelettes comme j'essaie de la cueillir et fait fleurir en dégel toute la neige de la rue.

23) *Les voiles*

Sur le sable je dessine une vague rude et fraîche, une demeure pour mon amie, notre projet de solitude, une voile pour nous emporter, un nuage pour nous encourager, une île pour nous attirer, un gouvernail pour nous incliner, un hamac pour nous embrasser, une bonbonne pour nous égayer, une lampe pour nous enivrer, son regard pour me hâler, sa poitrine pour m'éclairer, son ventre pour m'étendre, ses lèvres pour me brûler, ses paumes pour me calmer, ses ongles pour me découvrir, son silence pour m'enchanter, ses paroles pour m'orienter, son calme pour m'y perdre.

24) *La touffe*

Entre la poussière et la craie, entre le silex et le ciment, les lames qui s'écartent, les ciseaux qui déboîtent, les pieux qui déchaussent, la sève qui monte, les racines en étoile, les bourgeons qui percent, les nervures qui se ramifient, les feuilles qui s'élargissent, les tiges qui grimpent, les nœuds qui se fortifient, les boutons qui perlent, les pétales qui se déplient, les étamines qui s'ouvrent, les pistils qui s'étalent, les graines qui durcissent, les toiles d'araignée qui se compliquent, les gouttes de rosée qui s'y condensent, les mouches qui s'en méfient, les duvets qui s'y accrochent ; la semelle qui écrase tout cela ; les lames qui se redressent, les ciseaux qui se cicatrisent, les pieux qui se raffermissent, la sève qui dégouline et sèche peu à peu, les racines qui se resserrent, les bourgeons qui se racornissent, d'autres qui percent, les nervures qui reprennent leur relief, les feuilles qui se défroissent, les tiges qui pendent brisées, les nœuds qui s'orientent, les boutons qui fanent, les pétales qui tombent, les étamines qui s'envolent, les pistils qui crèvent, les graines qui éclatent, les toiles d'araignée qui se reforment, les gouttes de rosée qui s'évaporent, les mouches qui réattaquent leur bourdonnement, les duvets qui se remettent à battre.

25) *Le lac*

Dans les villas le long du quai, de vieilles personnes qui prennent leur thé : fauteuils à dentelles, napperons, porcelaine de Chine. Dans les jardinets des roses trémières, des ancolies, des pieds-d'alouette. Au coin de la rue une volière de perruches. Près de la source thermale des femmes en robes longues comparent des étoffes chez une marchande accorte et patiente qui lance de temps en temps quelque œillade à un jeune homme en pantalon de coutil blanc, veston rayé rouge et canotier, qui traîne son ennui sur le débarcadère en fouettant d'une badine ses souliers ajourés. Dans le kiosque l'harmonie municipale donne sa version des valses de Strauss. Le reflet du soleil entre les coques blanches. Les voiles transparentes légèrement gonflées, et les matelots qui polissent le laiton des rambardes et hublots. Sur tout cela un nuage pose une grosse tache, comme l'empreinte d'un pouce noirci d'encre.

26) *L'ancre*

Un alphabet de 59 caractères, et chacun me raconte une histoire, l'histoire de son inscription transposée dans un paysage ou une fable, et si vous les conjuguez, un texte énorme hantera les parois de votre chambre ou de votre laboratoire. Ainsi ces morceaux de métal rouillé enfouis à demi dans le sable de la page, rappellent à mon insomnie tout un naufrage illustre en son temps, que la neige des années a recouvert dans l'imagination de mes confrères. Non seulement la navigation avait été heureuse, non seulement ce continent supplémentaire en qui seul avait cru le jeune capitaine (tous les bourlingueurs, tous les géographes déclaraient à qui voulait les entendre que c'en était bien fini des nouveaux mondes) avait été découvert, non seulement les explorateurs avaient été reçus comme les messagers des dieux dans les palais des princes qui leur avaient adressé des harangues inintelligibles en les régalant de fruits inconnus et en les couvrant de manteaux de plumes, mais ils rapportaient dans leurs cales d'innombrables bijoux et céramiques, et surtout des échantillons de métaux imprévus dans la classification de Mendeleïev, dont les plus surprenants n'étaient pas ces mercures de toutes les couleurs du prisme dont se servaient les indigènes pour leurs sculptures liquides. Mais une lame, au large de Sète, a tout retourné d'un seul coup. Un hélicoptère a pris quelques instantanés qu'alors toute la presse a reproduits, des radio-amateurs ont enregistré quelques entretiens, mais seule cette ancre apportée au rivage par un dauphin a subsisté pour que l'on puisse dire que l'expédition a bien eu lieu, sans que personne jusqu'à présent ait jamais osé la reprendre. Pourtant l'on sait que pendant les heures les plus creuses des lycées, quelques jeunes gens gribouillent en marge de leurs manuels des continents hypothétiques.

27) *La solitude*

Germe d'une peinture et d'une lecture, chacune de ces 59 images. Aussi, après avoir produit *la pioche*, telle pousse une autre feuille qui devient «le salut de parchemin»; à *la foule* succède «la futaie des confidences», à *la barque* «la balance des désirs», au *verrou* «le tourniquet des grâces», à *la haie* «le taffetas des hirondelles», au *refus* «le nœud des intrigues», à *la barre* «l'étalement des vacances», à *l'amas* «le marteau des cœurs», au *couperet* «le coffre des oublis», au *joug* «la flaque des dangers», et à cette *solitude* «l'embrasement des magasins».

28) *La ruine*

L'incendie a duré plusieurs jours. Les poutres pendent parmi les béances. On peut reconnaître ce qui fut fenêtre, marches, un porche et même un balcon avec des colonnes. L'oiseau bleu venait se plaindre à cette tour. Dans les caves, des tonnes aujourd'hui calcinées laissaient mûrir un vin qui s'est répandu en cuisant, teignant de son ivresse l'odeur du sinistre qui envahissait les ravins. Un dragon a établi son domicile sous ces voûtes éventrées ; ceux qui se hasardent dans ces dévastations devinent ses écailles au clair de lune et ses crocs brillant entre ses babines de goudron. Un hululement pétrifié où les sorciers de ma race viennent chercher des neumes terrifiants pour intensifier les incantations dont ils entourent la distillation de leurs philtres. Quelques ossements jonchent les anciennes douves.

29) *La braise*

Après le dernier mot de *l'échange*, ajoutez : « tiré par un attelage de rennes au harnais de cuir mosaïqué » ; après le dernier du *voyage* : « les palmes et les chameliers » ; après le dernier de *la solitude* : « au milieu de la fuite et des imprécations de tout un peuple » ; après le dernier de *la chaleur* : « de rive en rive et d'île en île » ; après le dernier de *la palissade* : « ou encore les légionnaires épuisés aiguisent leurs glaives, lavant d'huile et de vin leurs blessures purulentes » ; et après le dernier mot de cette *braise*, encore une fois le mot « douceur ».

30) *Le labour*

Creuser, soulever, la terre grasse retombe de l'autre côté du sillon, ocellée de silex. Les traces du soc écrivent une histoire toujours la même sous les conseils de l'horizon. Quelques brouillards, la respiration des bœufs et des percherons. Je hume le printemps qui s'annonce derrière des mois d'attente et de germination souterraine. Au creux des vallons des fumées forestières. À l'orée des garennes les terriers des renards. Une flûte oublie le siècle où nous sommes. Le métal éclate sous le soleil mouillé; la graisse luit aux poignées; une flaque craque sous les chaussures cloutées.

31) *L'envol*

La façon dont se pose un mot sur la page. Rassemblement sur les collines, agitations des genêts et des ronces. Craquement des branches mortes, et tourbillon de cendres près des galets. Une tentative de la marée le long des rocs, retournant algues et coquilles. Les bateaux des pêcheurs reviennent en crachant. Plus loin le doigt d'un phare, quelques épaves; des tessons de bouteille dans le sable, les ressorts d'un sommier, des planches avec des traces de peinture. Le parlement des mouettes frétille et vote avec acclamations le départ vers une autre crique. Tout l'arroi se retourne au-dessus des franges d'écume; une baigneuse secoue ses orteils et s'enduit le ventre d'huile brune.

32) *Le miroir*

Dans *le toit*, après «une forêt pour nous cacher», lisez maintenant: «une clairière pour nous égarer, un cerf-volant pour nos messages...»; dans *les jarres*, après «des souterrains pour nous enfuir»: «une discothèque pour y muser...»; dans *les montagnes*, après «un observatoire pour nous exercer»: «des poneys pour nous détendre, des faisans pour leurs éclats...»; dans *le lac*, après «au coin de la rue une volière de perruches»: «près de l'antre du forgeron, des hussards en cape de soirée comparent leurs bottes chez un aubergiste rubicond et disert; près de l'officine de l'apothicaire, des ramoneurs en gants blancs unissent leurs improvisations chez un ambassadeur sensible et moribond...»; dans *le crabe*, après «le sigle de la force»: «l'aveuglement des circonstances, le progrès des chuchotements...»; et après tout cela, dans ce *miroir*: «le passage des femmes discrètes, l'ensevelissement des espérances mondaines...»

33) *Le casque*

La façon dont la phrase se replie. Enfermé derrière cette épaisseur de métal, le visage de l'errant a perdu presque toute sa peau. Depuis des années, il n'a point soulevé cette visière. Il dort avec, dit-on, et soulève seulement la partie inférieure articulée pour se nourrir hâtivement et en secret de viandes grillées et de graines, pour s'abreuver de vin qu'il arrache aux tripots, sans même descendre de son cheval étique et infatigable. Dans sa prime enfance, on a découvert sous sa peau basanée sa nature de loup-garou. C'est vrai qu'à minuit les poils jaillissaient sur toute la surface de son corps, lui faisant arracher tous vêtements humains, hurler, se précipiter dans les bois pour se frotter aux rochers et aux troncs, tandis que son museau s'allongeait et que ses dents devenaient des crocs. Tout cela est fini maintenant; il ne change plus. Nostalgie des métamorphoses. À peine s'il est capable, lorsque le soir l'apaise, de murmurer quelques mots de remerciement que les enfants traduisent à leurs parents apeurés.

34) *Le voyage*

Carrefour d'expressions: après la route à titre simple, voici la bifurcation jumelée; ainsi à droite du *théâtre* vous prenez les cygnes et les hêtres, ou, si vous préférez, les dômes et les avertissements; à gauche du *char* le cercueil et les roses, ou, si vous préférez, les enclumes et les étais; à droite du *nuage* les ménagements et les prévenances; à gauche de *la touffe* les halliers et les bouges; à droite de *l'anneau*, les poignées et les rondes, ou, si vous préférez, les insinuations et les grappes; à gauche de *l'aurore* les menaces et les indiscrétions, ou, si vous préférez, les obstacles et les résolutions; à gauche du *foyer* les épices et les aigles, ou, si vous préférez, les bouillonnements et les anfractuosités; à droite de *la fleur* les brouilles et les réconciliations, ou, si vous préférez, les redents et les crêtes ; à gauche du *pain* les rouleaux et les herses, ou, si vous préférez, les coulures et les croisillons ; à droite de *la charpente* les boisseaux et les clous, ou, si vous préférez, les rabots et heurtoirs ; à gauche de ce *voyage* les caravansérails et les embûches, ou, si vous préférez, les lamentations et les incompatibilités.

35) *Le théâtre*

La façon dont la représentation jaillit au détour d'une virgule. Un coup de pinceau, c'est le prince qui s'avance et, dans un monologue splendidement entortillé, vient nous raconter son amour contrarié pour la fille du roi des Indes. La machinerie se met en branle, un rideau descend des cintres, brodé d'esturgeons pourpres et de balistes bigarrés. Nous comprenons que la scène se passe au fond des mers. Les deux amants par conséquent ne respirent pas le même élément ; comment feront-ils pour se rejoindre ? Un monstre passe en ricanant. Un enchanteur s'active près de ses fourneaux où un feu pétrifié froid fait chauffer ses cornues sans troubler les eaux environnantes. De l'orchestre parviennent des remous de guitare, des friselis de hautbois. Une divinité descend, assise sur une coquille ; elle propose au prince de lui changer son corps ; ce sera une opération longue et difficile. Son père le roi, sa mère la reine viennent le supplier de renoncer à ce projet. Sa voix légère, sur la tresse des objurgations, fait sonner sa décision inébranlable. Pleurant, toute la cour, avec les poissons dignitaires, assiste à l'érection du lit chirurgical. Des infirmières à longues nageoires procèdent à l'anesthésie. Le prince chante une aria déchirante avant de s'endormir sous le masque. C'est la fin du premier acte ; les spectateurs s'agitent et se demandent comment tout cela va tourner.

36) *Les montagnes*

Sur le sable je dessine un cirque environné de glaciers et cascades, une piste pour mon amie, notre projet de véracité, des granges pour nos excursions, des sentiers pour nos crépuscules et nos méditations, un observatoire pour nous exercer et nous délasser, des jumelles pour nous diriger et nous renseigner, un hélicoptère pour nous bercer et nous ravitailler, un torrent pour nous désaltérer et nous éclabousser, un orgue pour nous enivrer et nous accompagner, ses regards pour me repérer et m'agiter, sa poitrine pour m'alléger et me soulever, son ventre pour m'appesantir et m'engloutir, ses lèvres pour me raffermir et m'aiguiser, ses paumes pour me huiler et me modeler, ses ongles pour m'éprouver et m'égratigner, son silence pour m'embaumer et me solliciter, ses paroles pour me ravir et m'expliquer, son calme pour m'enlever et me disséminer.

37) *L'anneau*

La façon dont la narration s'enfonce dans un détour. Il a laissé sa bicyclette appuyée sur la borne. Il est monté par le petit chemin entre les lavandes. Les tuiles romaines l'attendaient au creux du dôme roux, derrière les cyprès. Elle était en train de cueillir des cerises. La pompe gouttait dans la citerne. Quelques colombes se pavanaient sur les murets sinueux. Il a tiré de sa sacoche un écrin et l'a placé bien en vue sur le réfrigérateur, puis il a bourré sa pipe et l'a allumée. Elle a posé son panier plein sur une chaise paillée, essuyé ses mains à son tablier et l'a retiré. Sans dire un mot, sans paraître reconnaître ni même voir le messager, elle a pris l'écrin et l'a ouvert. Il était vide, mais elle n'en a pas moins poussé une exclamation de joie: «Merci, merci, c'était celui que j'attendais!» L'homme n'était plus là. Pédalant de toute la force de ses jambes, il dessinait autour de la maison en riant aux larmes la figure d'un anneau.

38) *Les roues*

Sur le sable je dessine un horizon sec et chaud, une Égypte dont je rêvais, un lit pour mon amie, nattes et coussins, notre projet de départ, itinéraires et visas, une roue pour nous emporter, rayons et jantes, le Soleil pour nous cuire, fournaise et plumes, la courbure de la Terre pour nous dérober, signaux et récifs, un volant pour nous diriger, une barque pour nous bercer, une source pour nous désaltérer, la Lune pour nous enivrer, voiles et sifflets, ses regards pour me délivrer, propositions et attentes, sa poitrine pour m'envelopper, chairs et voies, son ventre pour m'épuiser, ruelles et châsses, ses lèvres pour me rafraîchir, aigrettes et menthes, ses paumes pour me caresser, écailles et feuilles, ses ongles pour me réveiller, timbres et aubes, son silence pour me troubler, échappées et brumes, ses paroles pour me rassurer, arêtes et issues, son calme pour ne jamais revenir.

39) *Le pain*

La façon dont la surface s'incurve sous l'injonction. Pétri l'espace, levé, cuit au four, doré dans son noir et blanc, savoureux, croustillant, nourrissant, exposé sur la planche blanche, odorant dans la salle claire, dans la rue claire, la caverne claire, le gouffre clair. Il a fallu labourer les champs de l'encre, semer les grains d'encre, surveiller leur germination, leur floraison, leur maturation, moissonner les épis d'encre, les battre, moudre, et incorporer à cette farine d'encre le levain du pinceau tandis que le four des yeux chauffait de toute la braise des rencontres. Ouvriers affamés que nous sommes, voici le noir du ciel changé en pain; voici le noir du ciel changé en four pour cuire le pain que nous sommes; voici le noir du ciel changé en gouffre clair pour que nous le dévorions de nos yeux.

40) *Le nu descendant un escalier*

Une vieille connaissance toujours aussi sémillante ; je ne puis m'empêcher de le gratifier d'un haut-de-forme (moustaches sur cette Joconde). L'orchestre entame une marche brillante, tandis que le chœur, vêtu de dentelles noires et de plumes d'autruche, fait cliqueter ses castagnettes. Une locomotive entre en scène et salue d'un triple panache de fumée. Pas de deux. Une pluie de dollars descend des tringles. Ils s'enflamment au contact des boulons et des copeaux. Le nu s'enveloppe d'une cape de lamé, et s'envole aux acclamations du poulailler.

41) *La barque*

La façon dont la méditation déferle d'une figure sur l'autre. Seul au milieu d'un océan d'écume, il dort au creux des planches, bercé ; il rêve d'oser un jour ne pas rentrer le soir dans sa chère famille, de rencontrer au clair de lune une autre barque avec une femme, de lui demander si elle est perdue, de la voir sourire, de l'entendre lui répondre que c'est elle qui l'a attiré dans cette région secrète de la mer qu'elle va entrouvrir d'un coup de pinceau pour lui, où elle va le faire descendre, le doter d'un nouveau corps qui ne souffrira plus jamais du froid, avec lequel il pourra rouler parmi les glaces de l'Arctique aussi délicieusement que dans les chaudes sargasses, un nouveau corps accordé au sien pour qu'ils puissent rouler accrochés l'un à l'autre, sans barque au milieu de cette immensité d'embruns.

42) *La meule*

Un paysage de fleuves et de villes anciennes devant un horizon de montagnes céruléennes ; au premier plan des paysans qui terminent leur moisson : faux, fourches, tabliers à carreaux des femmes, gourdes à la ceinture des hommes, paniers de victuailles. De chaque côté du ciel un aigle qui se met à crier. C'est la panique. Une nuée sanglante se forme, des éclairs jaillissent, et des gouttes de poix brûlante tombent sur les châteaux et les navires. Puis c'est le vent qui se déchaîne et soulève la meule tout entière; le monde alors devient blanc tout autour comme s'il était couvert d'une épaisse neige; pire, il n'en reste plus rien, il n'en reste que cette concentration de foin enclose maintenant dans une bulle de silence à l'intérieur de laquelle un autre monde balbutie.

43) *La barre*

La façon dont le blanc s'aiguise, happé dans les tenailles de deux traits. Entre l'île et le promontoire, la vague constante que les navigateurs n'approchent qu'avec tremblement. Quelques dauphins s'y jouent au crépuscule ou à l'aube, croisant en pleine mer le jour, et revenant dormir la nuit dans le chenal; et des balises surmontées de cloches signalent aux aventureux les passes les moins périlleuses; mais une fois par mois au moins un trois-mâts se retourne et s'éventre, abandonnant ses tonneaux qui viennent rouler sur les grèves jusqu'à des lieues de là, et se fendent sur les rochers, perdant leur vin et leur miel en flaques, parfois les trésors d'une expédition archéologique, tandis que les voiles claquent en l'air avant de s'étendre sur les rouleaux, déchirées par les débris des vergues, et de s'envelopper comme des linceuls autour des noyés.

44) *Les amants*

Un peu plus petit qu'elle, il soulève ses lèvres vers les siennes. Ils n'osent pas encore se caresser; leurs bras penchent le long de leur corps comme paralysés. Il s'approche, son ventre touche le sien; alors il s'aperçoit que ce nombril qui l'éblouissait est une lentille de cristal à travers laquelle il peut admirer l'intérieur du ventre considérablement grossi. Il distingue un étang entouré de collines, au milieu duquel vogue une barque où dort un tout petit enfant. Des hardes de cerfs et de sangliers sortent des bois de la poitrine et des cuisses, pour le humer, l'honorer de bouquets d'haleines. Le Soleil se couche dans ce paysage intime. Il y fait bientôt nuit capiteuse. Il s'écarte et soupire. C'est alors que se lève le jour d'autrui.

45) *La falaise*

La façon dont l'encre s'agite, pressée entre les moraines réservées. D'effroyables pluies balaient parfois le haut plateau; c'est pourquoi les villages ont cherché refuge au pied de l'escarpement; car lorsque les lacs supérieurs débordent, c'est toujours avec une telle brusquerie que l'inondation jaillit en nappe qui retombe quelques kilomètres plus loin dans le fleuve intermittent. Pendant plusieurs jours on vit sous une voûte liquide; il arrive que cela dure un mois. Puis les vents desséchants commencent à lever leur armée de tourbillons, et l'on voit la lisière de cette chute se rabattre comme une paupière dans un clignement, sans qu'une seule goutte ait jamais atteint les maisons. Aucune mousse ne verdit sous la cascade la paroi de marbre, alors qu'un peu plus loin, dans les fentes, ce sont des algues qui pendent en grappes.

46) *L'amas*

Sur la lande, les masses de granit régulièrement alignées forment des allées jusqu'à la cuisine des géants. Vie primitive que la leur, si l'on en juge par de telles installations! Mais ce qui frappe le plus les imaginations, c'est la dimension de ces bûches carbonisées, vestige de leur dernier feu avant leur fuite vers les profondeurs de la mer, disent les uns, celles de la Terre, disent d'autres. Telle était donc leur nature! Certains charbonniers ont essayé de les attaquer avec leurs pics, d'en faire une mine pour les villages, mais les aciers les mieux trempés s'y sont ébréchés. Le secrétaire de mairie a bien proposé de les faire brûler lors d'une fête, mais il reste chez les vieilles femmes la tradition que les géants dans leur retraite inconnue n'attendent que ce signe pour revenir. Aussi le soir des groupes silencieux viennent contempler les débris de l'âtre qui se profilent devant les monts vaporeux.

47) *La clef*

La façon dont l'évocation vire, dérapant sur le grain de la feuille. Celle de la septième porte naturellement; on dirait qu'elle a séjourné pendant des siècles sous la terre, et la serrure a l'air au moins aussi vétuste; il y a bien longtemps que personne n'y a touché. Barbe-Bleue part pour la grand-ville où l'attendent des affaires urgentes : achats de chevaux, jurys littéraires, conseils d'échevins. Après avoir admiré la chambre des robes, chamarrées ou transparentes, celle des bijoux, articulés ou musicaux, celle de l'argenterie, damasquinée ou émaillée, de la porcelaine, flammée ou sablée, des oiseaux chanteurs, en trios et buissons, et des coquillages, gravés et rehaussés, elle décide de jeter un coup d'œil à la dernière. Elle fait entrer le pêne qui refuse de tourner. Elle nettoie, huile, frappe, rien n'y fait. Barbe-Bleue rentre fort satisfait des entretiens qu'il a pu avoir avec plusieurs personnages importants : l'inspecteur des viviers, le collecteur des essences, et l'ambassadeur des jardins. « J'avais oublié de vous dire de ne point essayer d'ouvrir cette dernière porte. Il nous faut la faire sauter. Vous trouverez derrière une bibliothèque de contes. »

48) *Le verrou*

Après les plaines, les montagnes, les déserts, on arrive à un mur qui bouche la totalité de l'horizon, au milieu duquel se dessine un porche fermé par deux vantaux. Un verrou les attache et nul ne peut se targuer d'avoir réussi même à l'ébranler. C'est un lieu de tourisme des plus fréquentés, par les jeunes mariés surtout ; une ville entière s'est développée devant avec ses hôtels, restaurants, dancings et magasins de souvenirs, où l'on vend des verrous de toute taille et de toute matière. Il y a aussi des cinémas spécialisés dans lesquels on projette les films tournés dans les interstices entre les planches des battants, mal jointes malgré leur solidité, qui renseignent sur le pays de l'autre côté. Des instituts se sont fondés pour leur étude. On y voit des chevaux plus petits que les nôtres, des arbres à feuilles rouges et fruits verts, et toute une ville où viennent des jeunes mariés, l'époux en blanc, la femme en noir.

49) *Le glissement*

La façon dont la figuration lorgne derrière les mailles du commentaire. Cette montagne que l'on croyait si stable, c'est en pleine nuit qu'elle a commencé à se décoller, à frémir, à s'écouler visqueusement effaçant la route, comblant le lit du torrent, formant barrage, puis se mêlant à lui, grande lèvre de boue dévorante, s'est mise à laper la vallée anéantissant vergers et bergeries. Pour l'instant elle s'est arrêtée derrière l'école, mais il est impossible de rester là ; nous chargeons toutes nos possessions sur nos camions et même nos vieux chars, car cette autre dent sur l'horizon la voici qui se déchausse et tremble ; un frisson parcourt la forêt de mélèzes d'où nous arrive un long fracas de branches brisées. Ce doit être une conséquence de la guerre dont on avait oublié la proximité.

50) *La charpente*

Ce qu'il y avait dans les greniers d'antan : les malles pleines de déguisements, les chandeliers dépareillés, les sacs de grain, les chaises cassées, les miroirs fêlés, les cadres vides, les livres moisis, rongés par les rats, les casseroles cabossées, les matelas perdant leur crin, les selles perdant leur bourre, les harnais ternis, les jougs hors d'usage, les cartons à chapeaux, les costumes d'apiculteur, les auges de maçon, les phonographes à pavillon, le rayon de soleil tourbillonnant de poussières, le nid de guêpes, les saucissons et le jambon pendus dans leurs toiles, le tilleul et la menthe pour les infusions de l'hiver, les recoins où se cacher toute la journée, les armoires branlantes à transformer en navires pour faire la traversée de l'océan Indien et la première circumnavigation, les poutres à escalader, mâture, pont de lianes dans la forêt vierge, icebergs ou Laputa.

51) *Les lampes*

La façon dont l'illustration se faufile parmi les haubans de la construction. Sœurs, elles veillent sur la place publique où ne viennent plus à cette heure que ceux qui roulent et s'écroulent en vomissant et en geignant au retour d'une soûlerie après une humiliation, pour les relever, les laver, les coucher dans un lit frais sans leur dire un mot, sans en attendre un mot, ceux qui n'ont plus d'espoir qu'en elles pour cette nuit qu'ils imaginent leur dernière; elles veillent et la neige tombe autour d'elles, reines qui dormiront tout le jour sur cette même place publique où nul de leurs lamentables amants ne les reconnaîtra.

52) *L'aurore*

Toute la famille dort encore. Un train qui passe. Au fond de la chambre obscure s'allume un coin de miroir. J'entrouvre les volets. Flaques sur les chemins, cuivre sur les murs chaulés, gong sur les champs et les vitres. Les animaux sont maîtres de la forêt. Il reste au creux des branches, au repli des seuils, quelques gouttes de nuit plus tenace, graines de la prochaine. Un coup de vent remue des cendres; l'odeur du laurier glisse parmi

les meubles. Je veux sortir. Un œil bouche toute la porte.
Il épie mes moindres gestes. Des deux mains ouvertes,
j'essaie de toucher sa surface humide, je n'ose pas. Je
referme. J'attends que ce soit le jour. Toute la famille dort
encore. Un coup de vent remue les pages d'un livre. Je
me risque. Une paupière s'est abaissée. Je regarde le
visage de la géante se dissoudre lentement ; le crâne
ombre encore quelque temps la place déserte, puis disparaît aussi. J'entre dans le matin.

53) *Les jarres*

La façon dont la défiguration se retourne parmi les
alvéoles du tracé. Sur le sable je dessine un port tranquillement affairé, un entrepôt, une réserve pour mon
amie, notre projet, notre commencement de liberté, des
jarres, des rayons pour nos provisions, des souterrains,
des poternes pour nous enfuir, une bibliothèque, un
cabinet d'Histoire Naturelle pour y puiser, une boussole, un sextant pour nous diriger, une grotte, une roseraie pour nous y bercer, un puits, une noria pour nous
désaltérer, un belvédère, un ermitage pour nous enivrer,
ses regards, ses chansons pour m'appeler, sa poitrine,
sa chevelure pour m'enfiévrer, son ventre pour me perpétuer, ses lèvres pour m'éclaircir, ses paumes pour me
polir, ses ongles, ses dents pour me rayer, son silence,
son intelligence pour me mûrir, ses paroles, ses indications pour me décanter, son calme pour m'y transformer.

54) *Le char*

La foule se presse sur les trottoirs pour voir passer le
carnaval. C'est le numéro le plus impressionnant du cortège ; a-t-on voulu représenter le triomphe de la mort ?
Tout y est deuil, majestueusement. Les roues cloutées
de cabochons neigeux sont munies de marteaux qui à
chaque tour font retentir des gongs funèbres. Sur une
estrade tendue de drap un cheval immobile supporte un

obélisque de miroirs. Des femmes vêtues de fourrures sombres répandent à profusion sur les spectateurs pétales de lys et coquilles d'œufs. Un page soulève de temps en temps le couvercle d'une cassette d'où s'échappent des papillons, et un jongleur fait virevolter au-dessus de sa tête des torches enflammées. Sur son visage attentif un sourire narquois fige tous les regards qui l'aperçoivent. Un silence houleux se répand sur son passage, et les amis brouillés se réconcilient hâtivement d'une pression de la main.

55) *L'échange*

La façon dont la vie quotidienne avec ses angoisses, et un certain comique amer, transpire dans les aisselles du corps figuré. Pivot de titres: ainsi le dessin que j'ai appelé *l'oiseau*, je puis maintenant le nommer la griffe; *le labour* deviendra les arceaux ou la multiplication; *l'envol* sera l'échafaudage; *la haie* se transformera en abside; *les roseaux* deviendront les caresses; *la ruine* se nommera l'anathème ou la vengeance ou la carcasse; *le casque* deviendra le crapaud ou l'affût ou la dénonciation ou la fureur; *l'ombre* sera la poupe ou le dénouement ou la pétrification ou les entrailles ou la perturbation; *le conciliabule* se muera en gardiens, en huis, en colonnade, en haussements d'épaules; *l'ancre* en menottes; et cet *échange* en un traîneau.

56) *L'ombre*

Elle descend du ciel brûlant comme un paquet de cordages; elle coule et recouvre les champs où les animaux se terrent; elle écrase les églises de l'ancienne religion de ce pays, casse les clochers, décroche les cloches qui vont s'enfoncer dans les cimetières. Les prêtres s'enfuient dans les souterrains qu'ils ont creusés en prévision de cette catastrophe que les journaux spécialisés annonçaient depuis des mois. Les familles se serrent autour de leurs postes de télévision où ils assistent, muets, aux progrès de l'assombrissement que leur commentent des speakerines à la voix délicate accompagnées par une improvisation mélancolique sur une des dernières orgues en état de marche. C'est la lessive noire, crient les bûcherons qui déposent leur cognée sur le seuil, et se lavent les mains dans des baquets préparés à leur intention sur les tables des cuisines; un autre règne arrive. Les puissants se lamentent devant l'explosion de leurs banques, et toute la foule silencieuse cherche son chemin dans les rues encombrées de la ville éperdue.

57) *La palissade*

La façon dont l'histoire anime sa biffure. Source de récit, non point d'un seul, mais d'un tissu; ainsi *la bourrasque* pourrait commencer: « il tombe des montagnes par avalanches un épais miel brûlant… »; *le mur*: « je l'ai traversé pendant des mois d'exil pour parvenir à cette caserne où je recopiais des comptes et des jugements… », ou bien: « je l'ai interrogé pendant des heures d'anxiété pour rédiger ce testament où j'ai rassemblé ses inscriptions et ses graffitti… »; *les lampes*: « frères, ils dorment sur le parvis secret où se rassemblent en cette saison tous ceux qui se redressent et se déchirent en chantant et en soupirant… », ou bien: « compagnons, ils s'arrêtent sur la route poussiéreuse où se déversent en cette débâcle tous ceux qui s'enfuient et saignent en gesticulant et en maudissant… »; *les roues*: « sur la craie je grave une fissure moite et fraîche, un piège pour mes ennemis, nos propositions de réforme, une tente pour nous y restaurer… », ou bien: « sur le bruissement je récite une légende récente et animée, un réconfort pour nos alliés, une possibilité de rescousse, un refuge pour nous y durcir… »; *les voiles*: « sur le papier je peins des pyramides éclatantes et funèbres, un abri pour nos insomnies, notre tentative de déchiffrement, une fouille pour nous enrichir… »; et de même cette *palissade* aurait très bien pu commencer ainsi: «les cavaliers cachés rechargent leurs fusils...»

58) *La haie*

L'aubépine et la prunelle; quelques feuilles mortes sont restées attachées aux pieux dont l'écorce craque. Dans l'épaisseur une grotte de tremblement; par les interstices la dune et le chemin penché qui continue au-delà d'un vallonnement. La couleuvre se glisse, rêve de s'enrouler autour de ces croix; divers papillons aux noms de fable viennent inspecter les étamines. Une écolière croque dans son quignon, frappe les joncs de sa gibecière bourrée de livres, redit en chantonnant les tables de multiplication. Un chasseur épaule et tire deux coups; une chèvre sursaute; quelques faines tombent des hêtres.

59) *Le baiser*

Et *la déclaration* s'enchaîne à *la braise*, *le miroir* s'enlace à *la palissade*, *la chaleur* sollicite *la solitude*, *le voyage* appelle *l'échange*, *le crabe* invite *le lac*, *les montagnes* visitent *les jarres*, *le toit* protège *les voiles*, *les roues* apaisent *les lampes*, *le mur* caresse *la bourrasque*, *le nu* effleure *le glissement*, *les hampes* s'en remettent au *conseil*, *la meule* protège *la clef*, *le sommeil* entoure *l'insecte*, *les amants* bénissent *la falaise*, *le joug* remercie *le couperet*, *l'amas* enchante *la barre*, *le refus* prévient *la hâte*, *le verrou* berce *la barque*, *la foule* découvre *la pioche*, *la charpente* couve *le pain*, *la fleur* exulte en *foyer*, *l'aurore* désire *l'anneau*, *la touffe* embrasse *le nuage*, *le char* traverse *le théâtre*, *l'ancre* écoute *le conciliabule*, *l'ombre* envahit *le casque*, *la ruine* embrase *les roseaux*, *la haie* désire *l'envol*, et *le labour* exulte en *oiseau*.

60) *Le blanc*

    Disparaît, s'agite avec lenteur, prend appui sur le vent, remonte au-delà des cimes, aperçoit la mer ; disparaît sur la craie, une fissure moite et fraîche, un piège pour nos ennemis, nos propositions de réforme, une tente pour nous y restaurer ; disparaissent les bras du pétrisseur, ou le masque de fer, ou l'interdiction de chercher plus loin ; disparaît une voile pour nous emporter, un nuage pour nous encourager, une île pour nous attirer ; disparaît le chœur vêtu de dentelles noires et de plumes d'autruche, qui fait cliqueter ses castagnettes ; disparaît l'oubli de vous dire de ne point essayer d'ouvrir cette dernière porte ; disparaît la prévision non seulement de la date des éruptions, mais de la direction générale de leurs débordements ; disparaît la brisure, la brûlure, le recommencement, la reconstitution sur l'établi, sur le chevalet, sur l'écritoire, la fusion ; disparaissent les selles perdant leur bourre, les harnais ternis, les jougs hors d'usage ; disparaît sans dire un mot, sans paraître reconnaître ni voir le messager, sans prendre l'écrin, sans l'ouvrir ; disparaissent ces morceaux de métal rouillé enfouis à demi dans le sable qui rappelaient à mon insomnie tout un naufrage ; disparaît la Lune qui venait d'apparaître sur l'autre rive ; disparaît le cor qui hantait alors le bruissement ; disparaît...

1974

ILLUSTRATIONS 4

ÉPÎTRE À GEORGES PERROS

Mon cher Georges depuis longtemps des années déjà
dans mes périples estivaux (pour quelques heures
nous sommes encore à Sainte-Geneviève-des-Bois
ce sont les derniers jours bousculés de juin
Cécile affalée sur le divan les pieds en l'air
les cheveux dans les yeux dévore un livre
rêvant aux algues sèches que tu lui as promises
le coffre de la voiture est prêt) entre les gouttes
d'eau ou de plomb je cherche un moyen de dire
sans emphase à ceux qui me lisent avec bienveillance

Que sans tes encouragements bien souvent j'aurais
renoncé devant la marée de sottises (Ronce
les pins déploient tout autour de ma chambre
leur élégance de juillet un oiseau
que je ne puis nommer vire
palpite noir presque immobile et plonge
Agnès ouvre la porte brune et sablée
les yeux furieux rattache
la courroie de sa sandale et part
avec un sourire) et j'ai bien essayé de composer à

Ton illustration quelque étude glanant
en tes écrits des citations (le gave
est moins bruyant que l'an passé mais le tumulte
des journaux bien plus fort août
les montagnes pèsent à peine derrière la brume soufrée

c'est le ciel qui est lourd comme une mamelle pendant
au milieu de ce giron de roc lentement
Irène aux doux cheveux courts arrondit son bras
enlevant la veste couleur de mélèze
de son survêtement trempé) pour en façonner la colonne

Vertébrale et développer autour de cette chaîne de galets
immergés dans ma crique d'acides respectueux quelques
    ondes
méditatives décomposant ton regard de Breton d'adoption
(les bruyères et les genêts du Forez quelquefois
par temps très clair on aperçoit les Alpes
au-delà du Rhône depuis ce matin fin août il pleut
Mathilde rampe entre les pieds des chaises et beugle
passionnément s'imaginant une de ces fabuleuses
vaches qu'elle va contempler dans leurs étables) mais
notre connivence est trop intime pour que je puisse

Avec mes pinces d'entomologue isoler ainsi
sur des pages blanches ombrées peu à peu de mes gloses
quelques-unes de tes taches d'encre iodée (septembre
les dahlias dans les jardins la rentrée des classes proche
et toutes les difficultés bourdonnantes de cette année
    d'inattendu
Marie-Jo rentre la voiture dont le coffre est déjà vidé)
semblables aux lichens jaunes et gris sur le granit
c'est pourquoi j'ai préféré te rédiger ces quelques lignes
    inégales
publiques d'un ton à peine rehaussé une sorte d'épître
un peu dans la manière du vieil Horace ton —

TOURMENTE

1)

Le sang a caillé noir aux tableaux des amphithéâtres ô
 médecins
soyez tendres à ces plaies à ces yeux saccagés soulagez
cet épuisement cette soif permettez-leur d'attendre
que l'aurore en s'embrasant enfin les enveloppe dans
 ses bras
de réjuvénation car des dizaines d'années se sont préci-
 pitées
dans le gouffre de ces quelques nuits voyez
les rides qui se sont creusées comme gravées par un acide
en ces visages encore hier enfantins en ces poings
à qui il faudra maintenant des semaines
pour parvenir à se décrisper refleurir
autour du pistil des instruments d'écriture

2)

Trois médailles d'or ont été volées paraît-il eh portez
 plainte
Messieurs il fallait bien que revînt nous empoisonner
le métal immonde que s'arrachent
de plus en plus fiévreusement nos ennemis
aux Bourses de la Suisse ou de Londres qui saura
sinon le vouer au pavage des rues leur donnant même

aux jours les plus gris une splendeur solaire infusant de rayons
les jambes de toutes les femmes et imaginez la chute de la neige
sur cet inaltérable sol mais au moins le rendre tout entier
mêlé d'émaux verts ou de perles ou de fleurs naturelles
à la célébration des chevelures poignets ou gorges

3)

Oui leur sommeil a été troublé ils n'ont pas pu
cette fois ne pas entendre le martèlement
des orteils et sabots de la guerre qu'ils croyaient si loin
seule nous concernait la négociation pensaient-ils
mais les quelques mots prononcés sur le tapis vert
répercutés sur tous les murs aujourd'hui
parviennent à peine à se faire distinguer
au milieu de cette gigantesque résonance trempez sourds
trempez les draps de votre sueur car il est temps sourds
que votre oreille se rouvre à cette douleur suraiguë sourds

4)

Bûcher de diplômes concours en lambeaux
chaque écaille de ce dragon est un livre qui reprend vie
la sottise après des années de règne n'a pu
empêcher la naissance d'un superbe monstre
qui se convulse en sa torture et son désir
d'aimer ce sont des flammes humaines
qui grimpent jusqu'aux toits phares
qui signalent aux autres grands navires urbains
les passes pour l'au-delà des villes
et les jardins enfin d'enfants des mots
l'aménagement du ciel

5)

Oui nous voulons le dévorer
ce fruit de l'arbre du savoir
il ne fallait pas nous tenter
en le faisant miroiter
derrière les grilles
tous les faux anges casqués matraqueurs
ne suffiront plus à nous en écarter
le feu de leurs glaives
s'est communiqué à nos griffes
et nous sifflons comme des brandons de bois vert
nous bouillonnons comme un cratère qui se rouvre

6)

Un mur de larmes s'est abattu dans les rues
les arbres abattus ruissellent de cette rosée
la population des mansardes amoureuses
lâchée comme un ouragan
écume et rejaillit frappant le sol
convulsives ces poitrines de pierre brûlants
ces gosiers de goudron montez carcasses
clamez suies et rouilles éventrez-vous
sommiers protestez de tous vos ressorts et de votre bourre
et si l'on veut nous transformer en bêtes nous saurons bien
riposter par un hurlement nourri de toutes nos larmes

7)

Le rouge et le noir ont pavoisé notre quartier
le ciel nous avait assuré de son bleu
jour ou nuit
quant au blanc
comme il défendait
cette immense superficie de papier
réclamant d'être vierge
sans en-têtes ni filigranes ni timbres

pour que pût s'y inscrire enfin
le pacte avec le démon qui nous habite
charte de la source et des portes

8)

Haine honte houle
de larmes
chacune de vos grenades
a fait exploser une aurore boréale humide
un sombre arc-en-ciel acide
déployé sur la dévastation des champs du savoir
où nos dents enfoncées dans les sillons rouverts
donneront naissance aux géants généreux
nos enfants qui nous épelleront la lumière
et la douceur de l'aventure en se chantant
dans la tendresse neuve nos brutaux combats primitifs

9)

La palpitation des flammes
sur les tempes des jeunes filles
il y a quelques instants encore si timides
blanches
on dirait que leur cœur s'est arrêté
muettes
et pourtant un cri sort tout d'un coup par leurs bouches
comme d'au-delà d'elles-mêmes
un baiser
vestales
creuset

10)

Et quelques jours auparavant qui
aurait pu le prévoir la coquille
de l'œuf offrait une surface tellement

lisse avant que les coups de bec du phénix
ne la fissurent faisant dégouliner
toute la pourriture qui s'amassait
dans les recoins des bibliothèques donjons
oiseaux livres essaims des brûlants caractères
votre alchimie saura de cette putréfaction
extraire l'élixir la pierre et ce dont l'or métal
n'est qu'un premier confus trompeur désavoué balbutiement

11)

Nous n'avons plus à dérober le feu du ciel
il s'offre à nous
venez crient les abîmes
venez nous habiter prendre en charge
notre fourmillement notre noir
est plus profond plus riche plus fécond plus vaste
que toutes les teintures
dont vous pouvez assombrir vos bannières
le deuil de l'univers origine de toutes les encres
vous salue en ouvrant ses vannes
l'alcool des ultra-lointains veille

(J'AI VU)

J'ai vu les voiles de Christophe Colomb
sécher au vent d'un continent tu

J'ai vu des mots-algues et méduses
lessivés par des phrases-dérives

J'ai vu des textes liquides
rouler en vagues sur eux-mêmes

J'ai vu des textes-alizés déployer
des nuages de paysages en gouttelettes

J'ai vu l'Atlantique passer
sur les pharmacies et chaudières

J'ai vu les vacances des écolières
entre l'appel de l'outre-mer
et le réveil des opérés

J'ai vu des mots-râles et plaies
déchiquetés par des phrases-bistouris

J'ai vu des courants
de textes liquides se mêler

J'ai vu le lever d'une strophe
entre les humeurs inférieures et supérieures

J'ai vu aux confluences des textes-fleuves
des radeaux de phrases brisées
enchevêtrées dans les vers-branchages

J'ai vu les bruits d'un hôpital
planer au travers du Far West

J'ai vu des mots-poussières et horizons
soulevés par des phrases-siroccos

J'ai vu les couleurs des textes solides
se réfléchir dans les nappes

J'ai vu des textes vaporeux
naître de l'échauffement des liquides
au contact des strophes brûlantes

J'ai vu la nacre plonger
dans son bain de gouttelettes verbales

J'ai vu des textes-pluies
fertiliser des textes-déserts

J'ai vu îles et constellations
dériver sur le mont Sandia

J'ai vu les rues de Paris frémir
entre le Nouveau-Mexique
et les mers de la Lune

J'ai vu des mots-graviers et coraux
lavés par des phrases-lagunes

J'ai vu les bulles tournoyer
dans l'écume des ondoiements

J'ai vu les particules de sel
se déposer sur la nacre immergée

J'ai vu les algues laver les étincelles
et les éclairs polir les brumes

J'ai vu les couches des cristaux
s'animer de microbes amoureux

J'ai vu des textes-météores
volatiliser des textes-lacs

J'ai vu l'arbre des arbres étendre
ses branches au-dessus des ruines
de Mésopotamie jonchées
de diamants célèbres

J'ai vu le calendrier des paperasses
s'effeuiller entre les couturières
aguichantes devant les sommets
de l'Himalaya et l'archipel
des Philippines accompagner
la litanie des palais de lave

J'ai vu des mots-brindilles et objets trouvés
brassés par des phrases-reflux

J'ai vu la nacre émerger ruisselante
de sa teinture de tourbillons

J'ai vu des textes gazeux absorbés
par le refroidissement des liquides
au contact des strophes glacées

J'ai vu les nappes tourmentées
reprendre leurs couleurs d'antan

J'ai vu des textes-geysers
jaillir aux rives des textes-torrents

J'ai vu les plages italiennes frissonner
sous les élégies des branches

et joindre leurs ruisseaux de sueur
aux solfatares des banlieues

J'ai vu les annonciatrices des jours heureux
distribuer leurs agréments
entre les cauchemars des pensions
et la promenade des dryades-muses

J'ai vu des mots-torpeurs et jouets
charriés par des phrases-ruisseaux

J'ai vu le coucher d'une strophe
entre les huiles inférieures et supérieures

J'ai vu des courants de textes visqueux
se désirer se baiser se démêler

J'ai vu des textes-cascades
dévaler sur des strophes-rocs

J'ai vu des mots-poutres et passerelles
emportés par des phrases-sifflets

J'ai vu les vagues apporter
les échos du port de New York
jusqu'aux jardins d'enfants furtifs

J'ai vu les textes spermatiques
déborder les horizons du livre

J'ai vu des mots-pilotis et antennes
hantés par le pétrole du vent

J'ai vu l'intérieur d'une perle
distiller son jus sur mes ombres

1975
MATIÈRE DE RÊVES

LE RÊVE DE L'AMMONITE
(L'Amérique *de William Blake*)

> *… Les vagues déferlent sur les rochers. Je t'aime. Je parviens juste à temps pour sauver pantalon, chaussures et chaussettes. Aide-moi. La grande crique est maintenant fermée par l'eau elle aussi… Mes pieds sont noirs de mazout.*

Washington, Franklin, Paine et Warren, Gates, Hancock et Green.
> *Trembler.*

Se rencontrent sur le rivage, luisant du sang du farouche prince d'Albion.
> *Transpirer.*

Washington parla: Amis d'Amérique, regardez au-dessus de la mer atlantique.
> *Mes pieds sont noirs de mazout. Rêves de théâtres. Je reforme mon paquet… » Autre lettre : « Il faut escalader. Je t'aime. J'endosse le veston trempé pour libérer mes mains… Je grelotte.*

Un arc bandé est dressé dans le ciel, et une lourde chaîne de fer.
> *Haleter.*

Descend, chaînon par chaînon, des falaises d'Albion à travers la mer pour enchaîner.
> *Souffrir.*

Les frères et les fils d'Amérique ; jusqu'à ce que nos visages pâles et jaunes.
> *Soupirer.*

Têtes déprimées, voix faibles, yeux baissés, mains écorchées par les travaux.

Je grelotte. Aime-moi. Où aller?... Derrière moi la mer lape toujours.

Pieds sanglants sur les sables brûlants, et les sillons du fouet.

Pleurer.

Descendent aux générations oublieuses dans les temps futurs.

Hurler.

La puissante voix cessa; car une terrible explosion balaya la mer dressée.

Gémir.

Les nuées orientales se déchirèrent; sur ses falaises se tenait le furieux prince d'Albion.

Râler.

Tel un dragon faisant claquer ses écailles; à minuit se leva.

Derrière moi la mer lape toujours. Rêves de cinémas. À ma gauche les avions s'envolent... » Autre lettre: « Il y a un cadenas sur la porte, je t'aime, et à travers un petit carreau vitré je devine une douce lumière, frappe.

Et enflamma des météores rouges au-dessous tout autour du pays d'Albion.

Respirer.

Sa voix, ses boucles, ses horribles épaules et ses yeux luisants.

Murmurer.

Apparaissent aux Américains par-dessus la nuit de nuages.

Souffler.

Solennelles s'élèvent les vagues atlantiques entre les graves nations.

Gronder.

Enflant, vomissant de ses profondeurs nuées rouges et furieux incendies.

Gargouiller.

Albion est malade! Amérique s'évanouit! Le zénith cnragé.

> *Frappe, insiste ; mais non, il n'y a personne ici pour l'instant. Aide-moi. L'habitant n'est pas encore rentré. Je tourne autour de la cahute.*

Comme du sang humain projetant leurs veines tout autour du ciel circulaire.

> *Sourire.*

Rouges se levèrent les nuages depuis l'Atlantique en vastes roues de sang.

> *Rêver.*

Et dans les nuages rouges s'éleva une merveille au-dessus de la mer atlantique.

> *Dormir.*

Intense ! Nu ! Un incendie humain, luisant farouche, comme le coin.

> *S'agiter.*

De fer chauffé dans la fournaise ; ses terribles membres étaient feu.

> *S'éveiller.*

Avec des myriades de terreurs nuageuses, sombres bannières et tours.

> *Crier.*

L'entourant ; chaleur mais non lumière traversait l'obscure atmosphère.

> *Je tourne autour de la cahute. Rêves de marionnettes. Il n'y a pas d'autre vitre… Je me terre derrière les arbres.*

Le roi d'Angleterre regardant vers l'ouest tremble à ce qu'il voit.

> *Regarder.*

L'ange d'Albion se tenait à côté de la pierre de nuit et vit.

> *Frôler.*

La terreur comme une comète ou plutôt la planète rouge.

> *Faire signe.*

Qui jadis enclosait les terribles planètes errantes dans sa sphère.

> *Accoucher.*

Alors Mars tu fus notre centre et les trois planètes volaient autour.

Faire signe.
De ton disque cramoisi; aussi avant que le Soleil fût arraché de ta rouge sphère.
Frôler.
Le spectre a lui, son horrible rougeur tachant longuement le temple.
Regarder.
Avec des taches de sang; et ainsi une voix sortit et ébranla le temple.
> *Je me terre derrière les arbres. Deux immenses policiers sortent...*
> *...*
> *Autre page: «Nous sommes déjà dans un shopping center tout décoré de girandoles pour Noël. Je t'aime. Le parking est à demi plein seulement, aide-moi, mais nous rôdons longtemps sans nous arrêter... Bernard comme vous.*

Se lève et regarde; ses chaînes sont détachées, les portes de la geôle ouvertes.
Souffler.
Et que sa femme et ses enfants fuient le fléau de l'oppresseur.
Murmurer.
Ils regardent derrière à chaque pas et croient que c'est un rêve.
Respirer.
Chantant: le Soleil a quitté sa noirceur et trouvé un matin plus frais.
Râler.
Et la belle Lune se réjouit dans la claire nuit sans nuages.
Gémir.
Car l'Empire n'est plus; maintenant le lion et le loup vont cesser.
Hurler.
En tonnerres finit la voix. Alors l'ange d'Albion furieux brûlé.
Pleurer.
Près de la pierre nuit, et comme le lion éternel hurle.
Soupirer.

En famine et guerre, répondit : n'es-tu pas Orc semblable au serpent.

> *Souffrir.*

Qui te tiens à la porte d'Enitharmon pour dévorer ses enfants ?

> *Haleter.*

Démon blasphémateur, antéchrist, haïsseur des dignités.

> *Bernard comme vous. Rêves de télévisions. Depuis longtemps…» Autre page : «Je regarde derrière le dossier. Je t'aime. Sur le plancher une boîte de carton pleine de cartes d'identité au nom de Bernard Bernard. Calmez-vous !*

Amoureux de la révolte sauvage et transgresseur de la loi de dieu.

> *Transpirer.*

Pourquoi viens-tu aux yeux de l'ange sous cette forme terrible ?

> *Trembler.*

La terreur répondit : je suis Orc, enroulé autour de l'arbre maudit.

> *Frémir.*

Les temps sont terminés ; les ombres passent, le matin commence à poindre.

> *Trembler.*

L'ardente joie qu'Urizen a pervertie dans ses dix commandements.

> *Transpirer.*

Cette nuit qu'il conduisit les armées stellaires à travers les déserts de l'espace.

> *Haleter.*

Cette loi de pierre je l'écrase en poussière et disperse la religion.

> *Souffrir.*

Aux quatre vents comme un livre déchiré, et nul n'en recueillera les feuilles.

> *Soupirer.*

Mais elles pourriront sur les sables du désert et se consumeront dans des abîmes sans fond.

> *Pleurer.*

Pour faire fleurir les déserts et les abîmes se contracter en sources.
Hurler.
Et renouveler la joie ardente, et faire exploser le toit pétrifié.
Calmez-vous! Aime-moi. Il s'agit d'attirer ici un garçon noir... Discussion.
Cette pâle débauche dévote, recherchant la virginité.
Gémir.
Peut la trouver dans une putain et dans la rustique honnêteté.
Râler.
L'intacte bien que violée dans son berceau nuit et matin.
Respirer.
Car tout ce qui vit est saint, la vie fait ses délices de la vie.
Murmurer.
Car l'âme des délices ne peut jamais être souillée.
Souffler.
Incendies enserrent le globe terrestre, homme pourtant n'est consumé.
Gronder.
Parmi les incendies luxuriants il marche ; ses pieds deviennent bronze.
Gargouiller.
Ses genoux et cuisses de l'argent, sa poitrine de l'or.
Sourire.
Sonnez, sonnez, mes puissantes trompettes de guerre et alarmez mes treize anges!
Rêver.
Haut hurle le loup éternel! Que le lion éternel fouette de sa queue!
S'endormir.
Amérique est dans les ténèbres ; et mes démons punisseurs terrifiés.
S'agiter.
Rampent hurlant dans leurs cavernes profondes, comme des peaux séchées dans le vent.
Discussion. Radiodiffusion de rêves. Marchan-

> dage... » C'est au milieu du vitrail un livre sur lequel sont calligraphiés mes souvenirs. « Bourgeonne à l'endroit du cadavre où se trouvait jadis le cœur, pompe à sa place. » Je suis tout un cimetière en gésine. Autre vitrail: «Je ronge et des larmes coulent dans mes yeux. Je t'aime. J'en suis à ronger le visage, délicieux charbon, je gobe les yeux. Aidez-moi. Il ne reste maintenant qu'un cœur noir qui gonfle en palpitant... Et les filles?

Ils ne peuvent frapper le blé ni tarir la fécondité de la terre.

S'éveiller.

Ils ne peuvent frapper de tristesse, ni soumettre bêche ou charrue.

Crier.

Ils ne peuvent encercler de murs la cité, ni de douves le château des princes.

Regarder.

Ils ne peuvent obtenir du chêne noueux qu'il recouvre les collines.

Frôler.

Car des hommes terribles se tiennent sur les rives et dans leurs robes je vois.

Faire signe.

Les enfants s'abriter des éclairs; voici Washington.

Accoucher.

Et Paine et Warren avec leurs fronts tournés vers l'est.

Faire signe.

Mais les nuages obscurcissent ma vue vieillie. Vision lointaine.

Frôler.

Sonnez, sonnez, mes puissantes trompettes de guerre et alarmez mes treize anges!

Regarder.

Ah, vision lointaine, ah, forme rebelle qui déchire les anciens.

Crier.

Cieux! Éternelle vipère qui te renouvelles roulant dans les nuages.

S'éveiller.
Je te vois en épais nuages et ténèbres sur la rive d'Amérique.
S'agiter.
Te tordant dans les douleurs d'une naissance abhorrée; rouge flamboie la crête rebelle.

Et les filles? Journaux de rêves. Elles dorment paisiblement.
…
Sonnerie. Le téléphone reprend: «Je réussis à m'emparer de la chemise, cours dans les broussailles jusqu'à la route, nouant les manches autour de mon cou. Je t'aime. Une automobile s'arrête... Une cravate rouge à raies grises m'étrangle.

Et les yeux de mort; le ventre prostitué souvent ouvert en vain.
S'endormir.
Se soulève en énormes cercles: maintenant les temps sont retournés contre toi.
Rêver.
Dévoreur de ton père, maintenant tes inexprimables tourments reviennent.
Sourire.
Sonnez, sonnez, mes puissantes trompettes guerrières, alarmez mes treize anges!
Gargouiller.
Ah, terrible naissance! Un jeune qui jaillit! Où est la bouche qui pleure?
Gronder.
Et où le lait maternel? Au lieu, ces mâchoires toujours sifflantes.
Souffler.
Et ces lèvres parcheminées dégouttent de sang à peine séché; maintenant roule-toi dans les nuages.
Murmurer.
Ta mère étend sa longueur sur la rive inférieure.
Respirer.
Sonnez, sonnez, mes puissantes trompettes guerrières et alarmez mes treize anges!

Râler.

Haut hurle le loup éternel ! Que le lion éternel fouette de sa queue !

Gémir.

Ainsi pleurait la voix de l'ange et comme il pleurait, les terribles sonneries.

Hurler.

Des trompettes soufflaient une haute alarme à travers l'abîme atlantique.

Pleurer.

Nulles trompettes pour répondre, ni clairons, ni fifres.

Soupirer.

Silencieuses demeurent les colonies et refusent la haute alarme.

> *Une cravate rouge à raies grises qui m'étrangle ; textes lacérés ; je fouille dans la poche de ma salopette pour chercher ma carte d'identité actuelle ; elle est au nom de Bernard Noir, Cécile. Un énorme camion veut nous doubler...* » Je raccroche.

LE RÊVE DU DÉMÉNAGEMENT

*(*L'Amérique *de William Blake, suite)*

> ... *Une tapisserie dans laquelle est tissée ma destinée : « Je bave encore, je t'aime, je flotte bientôt dans ma bave qui monte jusqu'au sommet de la cuve, textes mâchés, gargouille à travers l'orifice, Mathilde, se répand jusqu'aux cuves de mes frères qu'elle rafraîchit... Désolé, Monsieur l'Académicien, nous ne pouvons le garder ici, il va pervertir tous ses frères. Je rêve pour vous.*

Sur les vastes collines ombreuses entre Amérique et la rive d'Albion.

Sourire d'Atala.

Interdites maintenant par la mer atlantique, appelées collines atlantéennes.

Souffrir.

Parce que de leurs clairs sommets on peut passer au monde d'or.

Je rêve de vous.

Un ancien palais, archétype des puissants empires.

Sourire d'Ellénore.

Élève ses tours immortelles, bâties dans la forêt de Dieu.

Haleter.

Par Ariston, le roi de beauté, pour sa fiancée volée.

Je rêve sur vous.

Sur leur trône magique y siégeaient les treize anges troublés.

Sourire d'Amélie.

Car des nuages venus d'Atlantique rôdaient au-dessus du toit solennel.
Transpirer.
Ardents se levèrent les anges, tandis qu'un profond tonnerre roulait.
Je rêve sans vous.
Autour de leurs rivages indignés, brûlant des incendies d'Orc.

Sourire de Chactas. Il va pervertir tous ses frères! Je t'aime. Ne pouvez-vous pas les noyer? Textes ruminés. Ce sont des criminels insubmersibles, nous avons déjà essayé, Cécile. Il faut appeler l'hôpital à l'aide. Les gardes viennent nous sortir et nous enfermer dans une ambulance cellulaire. » Un autre panneau: «Incapable! Je t'aime. On m'étend sur un lit d'hôpital dans un grand dortoir de gémissements. Textes recuits. On me donne à boire tant que je veux, Agnès; un beau visage d'infirmière noire se penche vers moi. Je t'aime. On me roule jusqu'à une salle d'opération. Textes grillés. Des médecins noirs m'examinent, soucieux, Irène; impossible de l'endormir... On approche la meule sous l'éblouissante lampe bleue. » Nous avions bien des meubles autrefois. Sur un coin de tapisserie une broderie sur laquelle sont entrelacées nos avanies: «Me yeux sont de plus en plus fatigués; je t'aime; des ruisseaux de sang coulent sur mes joues, dégoulinent sur les lambeaux de mon imperméable. Aimez-moi. Pour rien au monde je ne voudrais révéler à mon compagnon ce qu'il faudrait faire pour me ranimer si jamais je m'évanouissais. Affiches de rêves. Il suffit de tenir jusqu'à l'opticien qui saura sûrement agir, décidera à ma place... Il s'en va dans la nuit neigeuse. » Un coin de la broderie représente une mosaïque dans laquelle sont pétrifiées mes hantises: «C'est alors que le grand verdâtre, je t'aime, épouvantail histrion, aime-moi, nonchalante organisation de glaires, rêves d'affiches, se coule en se dandinant parmi

> *les rochers enfouis sous la neige souillée... Seins sous le suaire, champignons en symbiose.» Autre mosaïque : «Paraît la belle à sa poursuite. Je t'aime. Ou à la mienne... Il n'en reste déjà plus grand-chose. Trembler.*

Et l'ange de Boston cria puissamment tandis qu'ils volaient à travers la nuit sombre.

> *Je rêve avec vous.*

Il cria ; pourquoi tremble l'honnêteté ; et comme un meurtrier.

> *Sourire de la Esmeralda.*

Pourquoi cherche-t-elle un refuge devant les sévérités de son immortelle station ?

> *Frémir.*

Le généreux doit-il trembler, laisser sa joie au paresseux, à la pestilence ?

> *Je rêve malgré vous.*

Qui le nargue ? Qui a commandé cela ? Quel dieu ? Quel ange ?

> *Sourire de Quasimodo.*

Garder les généreux de l'expérience au point que les non-généreux.

> *Trembler.*

Soient les profiteurs sans contrôle des énergies de la nature.

> *Je rêve au long de vous.*

Au point que la pitié devienne un commerce et la générosité un calcul.

> *Sourire de Djali.*

Pour s'enrichir ; et que le désert de sable soit donné au fort ?

> *Transpirer. Il n'en reste déjà plus grand-chose. Aide-moi. La tête est absorbée. Rêve de conférences. La poitrine s'affaisse encore... Mon cas est pendable. Je transpire dans le froid. Autre mosaïque : «La prétention, je t'aime, la prévention, la prévarication. Je rêve avant vous.*

Quel est ce dieu qui écrit des lois de paix et se vêt de tempête ?

> *Sourire de Delphine.*

Cet ange de pitié qui recherche les pleurs et s'évente avec des soupirs ?

Haleter.

Rampant coquin qui prêche l'abstinence et s'enrobe.

Je rêve à côté de vous.

Dans la graisse des agneaux? Je ne le suivrai plus, ne paierai plus obéissance.

Sourire de la vicomtesse.

Ainsi cria-t-il, déchirant sa robe et jetant son sceptre.

Souffrir.

Au visage du gardien d'Albion; et tous les treize anges.

Je rêve au-devant de vous.

Déchirèrent leurs robes au vent affamé, lancèrent leur sceptre d'or.

Sourire de Vautrin.

Sur la terre d'Amérique; indignés descendirent.

Je rêve pour vous. La prévarication. Aime-moi. La précaution, la présentation. Sourire de la nonpareille des Florides.

De leurs célestes hauteurs descendirent avec la rapidité des incendies.

Soupirer.

Sur la terre; on voit leurs traits nus et flamboyants.

Je rêve de vous.

Dans la profonde ténèbre; se tenaient auprès de Washington, Penn et Warren.

Sourire de l'anguille.

Et la flamme se repliait rugissant farouche dans la nuit de poix.

Pleurer.

Devant le démon rouge qui brûlait vers l'Amérique.

Je rêve sur vous.

En noire fumée, tonnerres et vents bruyants, se réjouissant de la terreur qu'il inspire.

Sourire de la colombe.

Jaillissant en tourbillons de fumée de la profondeur sauvage et se rassemblant.

Hurler.

En flammes épaisses comme celles d'une fournaise sur le pays du nord au sud.

> *Je rêve sans vous. La présentation. Rêves de sermons. La prédication, la présomption. » Hantises pétrifiées dans la mosaïque représentée sur un coin de la broderie. Des méprisés dont nous étions les seuls à pouvoir apprécier les qualités. « Il s'enfuit dans la nuit neigeuse. » Autre broderie : « Veuillez électriser immédiatement Monseigneur ! Je t'aime. Ne craignez rien... Grand remue-ménage de l'autre côté de la porte ; j'entends une voix caverneuse crier. Sourire du saumon.*

Lorsque les treize gouverneurs qu'Angleterre envoya se rassemblèrent.

> *Gémir. Dans la maison de Bernard.*

Les flammes couvrirent le pays ; ils se levèrent, crièrent.

> *Je rêve avec vous.*

Secouant leurs chaînes mentales, se précipitèrent en furie vers la mer.

> *Sourire de la salamandre.*

Pour apaiser leur angoisse ; tombés aux pieds de Washington.

> *Râler.*

Ils rampent sur le sol et se tordent couchés, tandis que tous.

> *Je rêve malgré vous.*

Les soldats britanniques à travers les treize États envoyaient un hurlement.

> *Sourire de l'hippogriffe. J'entends une voix caverneuse crier : aimez-moi, pourquoi m'avez-vous tiré de ma nuit, affiches de rêves, pourquoi m'avez-vous fait ressentir cette horrible faim... Il referme son clavier, me salue, sort par la porte qu'il referme derrière lui. » Autre broderie : « Je suis à l'intérieur d'un des piliers ; je t'aime ; il faut que je réussisse à desceller quelques pierres. Aidez-moi. Manque d'outils. Conférences de rêves. Une de mes dents se met à branler... Tout le chœur de la cathédrale est occupé par un immense sein de*

> *femme qui palpite ; de temps en temps il émet des jets de lait lumineux. » Nos avanies entrelacées dans une broderie sur un coin de la tapisserie. « On approche la meule sous l'éblouissante lampe bleue. » Un autre panneau : « Les médecins maoris m'attendent, je t'aime, nus sous leurs longs manteaux de plumes, textes martelés, admirablement tatoués des pieds à la tête, ne disent rien, savent que je ne comprendrais pas leur langage. Respirer.*

D'angoisse, jetaient leurs épées et mousquets par terre, et fuyaient.

> *Je rêve au long de vous.*

De leurs campements et sombres châteaux cherchant à s'abriter.

> *Sourire de la princesse.*

Devant les sinistres flammes et les visions d'Orc, à la vue.

> *Murmurer.*

De l'ange d'Albion, qui, enragé, ouvrit ses nuées secrètes.

> *Je rêve avant vous.*

Du nord au sud, et brûla étendu sur ses ailes de colère.

> *Sourire de sauterelles. Je ne comprendrai pas leur langage, Mathilde ; ils m'emmènent dans une ambulance toute moderne, je t'aime, à travers les fougères arborescentes vers leur hôpital qui flotte sur un lac. Souffler.*

Le ciel oriental, étendant ses ailes horribles à travers l'empyrée.

> *Je rêve à côté de vous.*

Sous lui roulaient ses armées nombreuses, tous les anges d'Albion campés.

> *Je rêve pour vous.*

Obscurcissaient les monts atlantiques, et les trompettes ébranlaient les vallées.

> *Sourire du bison.*

Équipées des maladies de la Terre à jeter sur l'abîme.

> *Gronder. Leur hôpital qui flotte sur un lac, textes*

> *pulvérisés : dans la salle d'opération, Cécile, c'est la même lampe bleue éblouissante, mais il n'y a pas de table, ils m'étendent sur le sol carrelé et s'accroupissent autour de moi.* » Un autre panneau : « *Me pendent par les pieds, accrochent mes poignets à des anneaux fixés dans le sol, textes lessivés, puis incisent chacun de mes doigts dans toute sa longueur, Agnès, et les introduisent dans des jarres où suinte douloureusement tout le pus de mon corps. Je rêve de vous.*

Leur nombre quarante millions rassemblés dans le ciel oriental.

Caresse d'Atala.

Dans les flammes se tenaient, regardaient les armées rassemblées dans le ciel.

Gargouiller.

Washington, Franklin, Paine et Warren, Allen, Gates et Lee.

> *Je rêve sur vous. Suinte douloureusement tout le pus de mon corps dans lequel nagent d'innombrables araignées, je t'aime, lesquelles quittent bientôt cet épais liquide qui devient noir, textes essorés, et commencent à tisser leurs fils tout autour de moi, Irène ; lorsque j'en suis entièrement recouvert, les médecins me détachent et m'étendent sur le sol.* » Un autre panneau : « *Un creux s'est fait en moi, je t'aime, pour l'instant rempli d'air qui siffle à travers la plaie, textes pétris ; peu à peu je reprends mon volume, Mathilde. Les Maoris s'immobilisent accroupis et regardent les abeilles sortir des jarres et s'introduire en moi par tous les orifices naturels même les yeux ; toutes les plaies secondaires sont suturées, textes craquelés, cicatrisées, Cécile, détails du dessin général.* » C'est une tapisserie dans laquelle est tissée ma destinée...

1976
SECOND SOUS-SOL
(Matière de rêves 2)

(CHANSONS DE L'OMBRE)

1)

Je me surprends à chanter l'air des huissiers :

Après les fantômes sur la terrasse
des ibis brûlés voici
l'ombre et le givre des orgues
mordant la suie du Gouffre

Je m'empêtre dans un rouleau de fil de fer barbelé.

Et bientôt les nageurs anguilles
dans la piscine claire l'ombre
avant le gypse et les pupilles
baisant les violons de la Captivante

Alors j'entends
vilebrequins d'ossements
pour la première fois
connexions de charbon
le son de leurs voix
cordages de gypse
dans le cliquetis
essuie-glaces de neige :

C'EST L'ANTICHAMBRE DE MERCURE

2)

Je me surprends à gazouiller la rengaine des nageurs :

Après les huissiers dans l'antichambre
des langoustes noires voici
l'ombre et les ossements des clavecins
mordant le charbon de l'Ingénieux

Au sol savonneux, glissant lentement sous toute cette soupe scientifique vers je ne sais quel égout inoxydable, n'apercevant la hauteur, l'astre des mouches, que par les tourbillons qui se creusent de temps à autre, je subis les coups de leurs pieds cuirassés enveloppés de mousse huileuse.

Et bientôt les grimpeurs fourmis
dans le grenier pâle l'ombre
avant la neige et le goudron
baisant les bassons de la Terre

Alors j'entends
volants de nacre
pour la seconde fois
transistors de pupilles
le son de leurs voix
chaudières de sel
dans le clapotis
pédales de sucre :

C'EST LA PISCINE DE LA REINE

3)

Je me surprends à murmurer la comptine des grimpeurs :

Après les nageurs dans la piscine
des anguilles sombres voici

*l'ombre et le gypse des violons
mordant les pupilles de Vénus*

Je sens très bien maintenant qu'à travers mes nerfs passent des informations concernant mon prédécesseur, et celles qui ont passé à travers lui concernant son prédécesseur, et celles qui ont passé à travers eux concernant leurs prédécesseurs, et non seulement les ordres en réponse qui me sont adressés, mais ceux qui les dirigent eux aussi malgré toutes leurs velléités de résistance, leurs soubresauts, leurs frissons, comment! justement dans l'intention de les étudier ces frissons, ces soubresauts, ces velléités de résistance, de les inscrire là-haut sur les tableaux silencieux en courbes délicieuses dont se repaîtront leurs yeux, s'ils ont des yeux, leurs yeux d'aveugles, les circonvolutions de leurs cerveaux de maîtres et de juges, tandis que nous nous épuisons à grimper sans pouvoir nous aider de nos bras qui n'existent presque plus, réduits à des pointillés de souffrance, à grimper rampant dans nos escaliers de cruelles villes en hélices de décrépitudes, ruisselant de la sueur de nos prédécesseurs que nous suçons et rongeons jusqu'à leurs os, mâchant leur viande en la salant de nos larmes, tandis qu'à travers ce qui reste de nos intestins passe leur défécation, ruisselant de sueurs sur nos successeurs qui nous rongent et à travers le ventre desquels passent tous les déchets de notre souffrance.

*Et bientôt les chandeliers castors
dans la glacière livide l'ombre
avant la nacre et le jais
baisant les cors de chasse du Soldat*

Alors j'entends
tubes de porcelaine
pour la troisième fois
hélices de goudron
le son de leurs voix
freins de plâtre

dans les grincements
décodeurs de papier :

C'EST LE GRENIER DE LA FIDÈLE

4)

Je me surprends à nasiller la complainte des chandeliers :

Après les grimpeurs dans les greniers
des fourmis obscures voici
l'ombre et la neige des bassons
mordant le goudron de la Mère

Nos crocs sont des meules, nos poumons des cylindres, nos cœurs des sabliers, nos fémurs des tiges de métal avec des articulations de vinyle, et nous baignons dans l'huile qui suinte des icebergs de Dité dans la grande toundra verticale où se tortille notre chaîne.

Et bientôt les tricoteurs corbeaux
dans l'atelier lumineux l'ombre
avant le sel et l'ébène
baisant la harpe des Multipliés

Alors j'entends
coursives de givre
pour la quatrième fois
carburateurs de jais
le son de leurs voix
antennes d'ossements
dans les crépitements
conditionneurs de gypse :

C'EST LA GLACIÈRE DE MARS

5)

Je me surprends à braire l'air des tricoteurs :

*Après les chandeliers dans la glacière
des castors ténébreux voici
l'ombre et la nacre des cors
mordant le jais du Séducteur*

Disparition des Poissons. Ira ouvrir le capot de son moteur, rangera le bras derrière le radiateur, m'engagera à descendre. Coucher du Poisson Austral de serrures. La voiture se roulera en boule, soupirera, me roulera saisi par ses bielles ; c'est moi qui tournerai dans la voiture ; désespérément j'essaierai d'agripper ce bras vert qui m'irait si bien ; le pétrole, l'huile et l'eau bouillante ruisselleront. Les Pléiades récitent : *Les Cors de Chasse du Soldat*, *Les Harpes des Multipliés*. Cahots. La Poupe me confie le bébé du Coffre ; je le caresse, et le donne à ma sœur Colette. La vitesse ralentira, le bruit diminuera, tout rouillera. Le bébé. Des accrocs se formeront dans la carrosserie. Disparition. La vie de la petite Marie ne tient plus qu'à un souffle. Coucher des Pléiades d'étoiles. Le petit Pierre baisse. La Poupe récite : *Les Harpes des Multipliés*, *Les Violoncelles de Jupiter*. Les nouvelles d'Emma Bovary ne sont pas brillantes. Le Coffre me confie le bébé du Filet ; je le couche, et le donne à ma sœur Marthe. Marie-Jo se rendort. Le bébé du Filet. Tu n'en peux plus. Tant pis, les lambeaux de ton vieil imperméable vert cachent en partie ta honte, ignorant. Tu cours. À la frontière du sommeil tes souvenirs de Saint-Étienne. Rebroussement. Gockel avait une femme qui s'appelait Hinkel. Douleurs. Cornelius Nepos accouche. Dehors une conversation. J'entraîne le jeune Charles Quint à l'écart. Il me caresse. Bulles. Marie-Jo se réveille . . . .
. . . . . . Des accrocs se formeront dans la carrosserie. Ne pas oublier, avec la Lune : nous suivrons le bord de la mer. J'allais oublier : trous dans le tableau de commandes. J'oubliais : des deux mains j'empoignerai le

volant. Danger mortel. Des requins viendront déchiqueter les roues qu'ils emporteront vers la haute mer, désosseront le châssis. Je vous assure, Monsieur le Douanier, je n'ai même pas quelques flammèches pour mes sorcelleries, quelques philtres pour mes complices. Je suis trop timide, vous voyez, je rougis déjà, et pourtant je n'ai rien qu'une magique petite bombe, je vous assure, Monsieur le resplendissant Douanier-normalisateur vert . .
. . . . Dans l'inquiétude ligne après ligne les protocoles avec lesquels ils ligoteront nos décisions, notre indécision, notre effritement, conformément à la comptabilité de leurs télex et ordinateurs. Et le flot descend d'étage en étage recouvrant les épaules de leurs inférieurs qui sécrètent les fils d'autres chapes telles des araignées, pour leurs inférieurs semblables, s'enroulant autour de leurs clavicules assoiffées.

Et bientôt les ravaudeurs abeilles
dans le garage blanc l'ombre
avant le sucre et l'encre
baisant les violoncelles de Jupiter

Alors j'entends
radiateurs de neige
pour la cinquième fois
diodes d'ébène
le son de leurs voix
mâts de nacre
dans les froissements
batteries de sel :

C'EST L'ATELIER DES ENFANTS

6)

Je me surprends à aboyer la marche des ravaudeurs :

Après les tricoteurs dans l'atelier
des corbeaux brûlés voici

l'ombre et le sel des harpes
mordant l'ébène des Astéroïdes

Élégance grouillante.

Et bientôt les tisserands huîtres
dans le théâtre clair l'ombre
avant la porcelaine et la poix
baisant les pianos du Père

Alors j'entends
haut-parleurs de sucre
pour la sixième fois
vergues d'encre
le son de leurs voix
solénoïdes de porcelaine
dans les gargouillements
cadrans de plâtre :

C'EST LE GARAGE DE L'ÉQUITABLE

7)

Je me surprends à grincer le cantique des tisserands :

Après les ravaudeurs dans le garage
des abeilles noires voici
l'ombre et le sucre des violoncelles
mordant l'encre du Roi

Ce n'est que l'usure de toutes nos tringles qui les amasse,
limaille liquide, manne crémeuse ou visqueuse ;

Et bientôt les magiciens mouettes
dans la serre pâle l'ombre
avant le plâtre et la fonte
baisant les flûtes de l'Immense

Alors j'entends
haubans de papier
pour la septième fois
phares de poix
le son de leurs voix
potentiomètres de givre
dans les applaudissements
traverses d'ossements:

C'EST LE THÉÂTRE DE SATURNE

8)

Je me surprends à couiner le répons des magiciens:

Après les tisserands dans le théâtre
des huîtres sombres voici
l'ombre et la porcelaine des pianos
mordant la poix du Prophétique

L'arbre à épingles se penche vers le buisson à clous.

Et bientôt les déchiffreurs taupes
dans la cave livide l'ombre
avant le papier et la laque
baisant les contrebasses de Neptune

Alors j'entends
avertisseurs de gypse
pour la huitième fois
bobinages de fonte
le son de leurs voix
échelles de neige
dans les bouillonnements
cardans de nacre:

C'EST LA SERRE DU CIEL

9)

Je me surprends à meugler le quadrille des déchiffreurs :

*Après les magiciens dans la serre
des mouettes obscures voici
l'ombre et le plâtre des flûtes
mordant la fonte d'Uranus*

Le frai niche sous nos aisselles.

*Et bientôt les fantômes ibis
sur la terrasse lumineuse l'ombre
avant le givre et la suie
baisant les orgues du Généreux*

Alors j'entends
condensateurs de sel
pour la neuvième fois
filets de laque
le son de leurs voix
différentiels de sucre
dans les écoulements
connexions de porcelaine :

C'EST LA CAVE DE L'OCÉAN

10)

Je me surprends à bramer la valse des fantômes :

*Après les déchiffreurs dans la cave
des taupes ténébreuses voici
l'ombre et le papier des contrebasses
mordant la laque du Voyageur*

Je prononce des paroles de silence.

Et bientôt les huissiers langoustes
dans l'antichambre blanche l'ombre
avec les ossements et les charbons
baisant les clavecins du Messager

Alors j'entends
quilles de plâtre
pour la dixième fois
tambours de suie
le son de leurs voix
transistors de papier
dans les bombardements
étraves de givre :

C'EST LA TERRASSE DE PLUTON

1977

TROISIÈME DESSOUS
(Matière de rêves 3)

(DANS LES CLOÎTRES DU VENT)

Dans les cloîtres du vent les Boeing 747
tissent leurs cocons de torpeur ne dites rien
la gare Saint-Lazare de Claude Monet fait signe
aux lointains de la Vierge aux Rochers et hop
et hop chut ralentir des grues édifient
des maisons de feutre tourbillonnaire
les sauterelles enseignent aux varechs
le quadrille des homards aériens dont elles
ont rapporté les pas et les accents
d'un voyage automnal en Irlande attention

Jeter l'encre la girafe discrète déguste
une glace à la banane entre deux tasses
de thé au rhum où flottent des pétales
de jasmin bleu pst pstt gazouillis
et gargouillis les archivistes nomades
compulsent les annales de la rouille
lever l'encre un carré bleu entre deux blancs
se réfugie à l'ombre d'une cheminée de dentelle
rugueuse dans les cloîtres du vent

Le crépi des murs de Nantes étend
ses tentacules vermiculés jusqu'aux quais
de Honfleur ne dites rien ralentir chut
et hop et hop tourbillonnaire un éventail
de lait séduit la brise poilue attention
les papillons retournent leurs ailes jeter

*l'encre les portes des granges battent
comme des gorges de foin gratouillis
et chatouillis prst prstt le cuisinier
aquafortiste ajoute un pistil d'agave*

*À son potage mordoré lever l'encre les larmes
diluent les griffures les gouttes de sang
se coagulent sur les épines des visages
dans les cloîtres du vent ralentir
ne dites rien chut tourbillonnaire et hop
et hop attention une barre bleue
entre deux mauves descend les marches
de l'air de l'ère au détour de chaque abaque
une source thermale rassemble un chapitre*

*De lièvres jeter l'encre les meules
des silences broient l'avoine
des préoccupations plrst plrstt
gribouillis et frotouillis le centipède
organiste palpe son pédalier de moire
lever l'encre le rideau de roses s'ouvre
sur la scène des chaumes quelques cirrus
musardent avant d'enlacer les colombes
affolées ralentir dans les cloîtres du vent
tourbillonnaire chut ne dites rien*

*Attention et hop et hop les éphémères
collectionnent les grains de poivre
un chemin de fer dans un ouragan
de velours jeter l'encre les anguilles
polissent leurs coupelles de plâtre
au fond des viviers alanguis patemouillis
et dévergouillis pglrst pglrstt les exilés
de la mosaïque organisent une ronde
entre les colonnes de suie lever l'encre*

*Opaneil caresse Hépérile Ocraneil
tresse pour Synego un collier
de crinanes jaunes ralentir Virgile
sous la vigne dévide les écheveaux*

*de pressentiments tourbillonnaires
dans les cloîtres du vent chut attention
ne dites rien dans le buisson de cobalt
les fusées de sperme supputent
la part du feu des rasoirs et hop
et hop la nacelle blanche du funiculaire*

*Croise le wagon d'émail brique
du tramway nommé délivrance jeter l'encre
des laboureurs sans têtes ni bras
piétinent le dallage oscillant
avec un sourire au nombril plgrst plgrstt
crachouillis et farfouillis les agents
du réel clandestin parlent aux embrasures
des vitraux vibreurs lever l'encre ralentir
une fission rose entre deux lèvres de tweed*

*Tourbillonnaire l'univers de gris
vire au grès de Lune l'hiver envers
et contre les grumelures de la nuit annulaire
au vu au su au nu des nues de plumes
de vair de l'uniterre des fruits replie ses plis
sur les bulles de bruit de l'aube attention
chut dans les cloîtres du vent
se tailler un sentier au coupe-couleurs
dans la jungle des évocations marquetées
de voies de fées de voix de miel*

*De voiles de marée ne dites rien les
délicates pinces vermillon sous leur bonnet
blanc l'œil aux aguets vont agripper
les pois d'haleines et hop et hop jeter l'encre
les phases du désert prennent au piège
les crinières philosophiques plglwrst
plglwrstt trifouillis et miaulouillis mousses
de la raison lichens du cœur lever l'encre
et hop et hop tourbillonnaire le poisson*

*Soleil de minuit citronne le village
de petits drapeaux attention élever*

une terrasse de douceurs chut le réduit
aux semis rayonne de seigle blet
dans les cloîtres du vent la houle
informelle vient battre au quartier
des épissures ne dites rien ralentir
jeter l'encre des bibliothèques suspendues
émettent seconde après seconde phylactères
de conjurations croassouillis et bêlouillis

Plwglwrst plwglwrstt l'éleveur
de proverbes additionne ses collages
lever l'encre tourbillonnaire et hop
et hop attention les tortues changent
leurs écailles les coquillages méditent
au plus épais de leurs parties d'échecs chut
les messagers du couchant déplient leurs télégrammes
d'ambre les taches de rousseur jouent
à la marelle dans les cloîtres du vent

Ralentir ne dites rien jeter l'encre
Mélusine oublie l'une de ses joues dans un miroir
de fougère un de ses yeux entre les ifs
et voici maintenant qu'elle a perdu son profil
au théâtre de Séraphin prlwglwrst prlwglwrstt
clapotouillis et barbouillis toute la ville
de Paris reconstituée dans un flocon
de neige qui fond à l'éclaircie lever l'encre
ne dites rien attention et hop et hop le rubis
sur l'ongle on repique les mimosas constructions

De vapeurs frémissements des dalles humides
chut une fraîcheur bouillante les cinq cents
coups d'éclat dans les passages des sept Sages
l'éventail du marchand de sable ralentir
dans les cloîtres du vent tourbillonnaire
jeter l'encre de Chine en Chine jusqu'aux nuages
de nuages en nuages jusqu'à demain défilouillis
et manifestouillis prlwgrlwrst prlwgrlwrstt
et le temps passe et s'arrête et passe et l'Histoire

*S'arrête et passe et respire et se désaltère
enfin lever l'encre attention ne dites rien
les chuchotis des sources vives les aveux
des aberrations et hop et hop grottes d'aventures
broderies de cavalcades chut l'araignée
du matin soupire sur la vitre de l'horizon
ralentir le berger des phosphènes étale
sa houppelande sur les prés rétiniens voulant
s'y réjouir avec la nymphe Halo novice
tourbillonnaire dans les cloîtres du vent*

TABLEAUX VIVANTS

1) HORS DU MONDE

Grand coucher du jour. Les doigts habiles du Soleil glissent entre les fesses des nuages. Diarrhées d'or bruni. Les couches des bébés divins sèchent au vent des prochaines grandes découvertes : nouvelles Europes de l'espace, déversez à pleines cornes l'abondance de vos singularités ! C'est bien l'orage rêvé par les jeunes gens, au foutre abondant, à la foudre longue, aux éclairs en cascade. Mais après, dites-moi, suffit-il vraiment d'attendre que cela recommence ? Ce n'est que le seuil. Modulez votre corps en architecture de saisons.

Ah, que j'aurais à vous plaindre si, tandis que la nuit s'instille doucement dans vos veines et vos nerfs, vous ne sentiez pas votre peau entière bourgeonner de petits enfants, des lèvres se dessiner sur tous vos membres, des cols s'y distendre, de fragiles crânes encore souples chercher leurs chemins entre les ligaments, pousser leur premier cri dans l'irruption de l'air nouveau, et n'éprouviez point jusqu'aux limites de l'évanouissement les douleurs distantes de l'accouchement désiré, même lorsqu'il est évité par stratégie médicale, pilules, membranes, faute de temps, ressources, courage ! Quant aux amours des hommes entre eux, ne devinez-vous point qu'au decrescendo de leurs furieuses caresses, leurs étamines gonflées qu'ils rêvent immenses deviennent les pistils palpitants de géantes qu'ils habitent, et dont ils jaillissent délicieusement-péniblement, leurs paupières luttant pour se décoller dans une autre lumière, et qu'eux-mêmes deviennent géantes accouchant d'adultes minuscules qui leur donnent leurs étamines en redevenant des bébés, emboîtement des germes dans un saisissement de générations innombrables? Quant aux amours des femmes entre elles, croyez-vous que celles-ci pourraient s'en contenter si, lorsqu'elles reviennent aux jardins publics après leurs démonstrations et protestations passionnées, leurs seins ne se gonflaient secrètement de lait même au passage des vieillards?

2) LE RÊVE PÉTRIFIÉ

Dans une forêt ruisselante, au bord d'un bras de mer murmurant, la statue de la bête couverte de mousses et de lichens. Le squelette d'une main se dresse sur son échine, quelques pièces de cuivre tintantes accrochées à ses phalanges. Le velu des oreilles est rendu par des brindilles à l'écorce déchiquetée. Une mèche de marbre vert dans sa paralysie fouette les averses boueuses. Épines de glace à l'intérieur de la poitrine transparente autour du cœur frais gonflé de cailloux polis.

Une digestion incroyablement patiente s'opère dans ce ventre de métal; des fientes de lave s'y préparent tandis que se dégagent les étincelles de jade. Une patte repliée à l'instant du saut, deux autres fragmentées dans leur vitesse interrompue. Il faudrait qu'un clignement d'yeux durât plus longtemps que le plissement tout entier des Alpes pour apercevoir la quatrième. Dans les grottes des poumons, des stalactites de verre; sur les rotules, des coquillages de bronze; à l'extrémité du groin, des tenailles de fonte. Entre les paupières de granit la ruse des érosions contrariées.

La langue de fer rouge tirée entre la barbe et les moustaches d'amiante que les sorciers viennent solliciter la nuit de leur initiation; mais ce qui les intéresse avant tout et qu'ils peuvent parfois dérober s'ils y mettent assez de lenteur, ce sont ces bulles d'haleine émaillée qui flottent sur la rouille argileuse et qui permettent de ralentir à volonté pour soi le cours du temps, de l'accélérer pour les autres, supprimant au besoin leur attente, au besoin conservant de la jeunesse ce qui vaut en elle d'être conservé.

3) LE PUR ESPRIT

Esprit de sel, venu des plus misérables réserves, pur de tout tampon, visa, passeport, esprit bienveillant dans nos aéroports d'angoisse, dans la menace de la neige grise, abaisse tes cent regards vers nous, sous leurs paupières de braise en bourgeons, approche de nous cet œuf de noces, cette coquille de festins que tes mains évasives proposent aux plus glissants!

Esprit de fer, venu des plus atroces mines, pur de tout diplôme, concours, laurier, esprit résistant dans nos terriers de hargne, dans l'acidité de la poussière molle, abaisse ton sexe de taureau vers nous, sous le cuir en fleur de nos génisses, approche de nous cette liqueur de survie, cet alcool de rires que tes jambes enveloppées proposent aux plus obstinés!

Esprit de larmes, venu des plus profondes glandes, pur de tout salaire, héritage ou poste, dans nos ruelles de famines, dans la sécheresse du ciment sale, abaisse tes sources effervescentes vers nous, sous les vagues nacrées des lèvres, approche de nous cet orgue de chuchotements, ces replis d'odeurs que tes ombres développées proposent aux plus avides!

4) TRIO

Dans les touffes de baisers, le palais des coquilles; dans les plumes des pierres, la fontaine des langues; dans l'éventail des seins, le sentier des regards.

Sur les flammes effeuillées, la paupière d'ombre; sur les ruissellements ébahis, le mot de passe; sur les chevelures en opéra, la pluie de sucs.

Un nuage de griffes arrache la peau du ciel; un geyser de frelons écorche doucement le vent; un cyclone de pétales déshabille le temps qu'il fait.

5) HANTÉE

Dans le sanctuaire de ton nombril, sous le parasol des bananes, caressé par les sombres flammes qui courent perpétuellement sous la tremblante soie de ta peau de poivre, le masque de la mort qu'il faut bien mettre au centre pour l'apprivoiser, au centre de tout baiser sur tes lèvres en éclats, de tout mot chuchoté pour les oreilles d'ambre, de tout mot écrit pour mes bouteilles à la mer, de toute peinture et de tout verre de vin, quand bien même nous réussirions à la retarder par nos médecines et précautions; plus longue la vie, plus profonde, plus dévoilée doit être cette contemplation.

Ainsi lors de chaque baiser, incruster une turquoise dans ce crâne; lors de chaque silence, insérer un grain de corail entre ces dents; lors de chaque passage à la ligne, allumer une flamme de gaz dans ces orbites; lors de chaque retour de pinceau, semer un arpège sur ces tempes; lors de chaque gorgée goûtée, métamorphoser la pourriture en nourriture. Car l'humour de la Nature est tel que ne pourra nous être accordée l'immortalité que lorsqu'elle nous sera devenue enfin indifférente.

6) PROMENADE DU PHILOSOPHE POSITIVISTE

La seule solution, c'est d'être Homère, c'est-à-dire l'aveugle voyant, donc d'être né dans plusieurs villes, et d'errer connaisseur, guide sans patrie, spécialiste des envers et des environs, chantant au passage dans un demi-sommeil Iliades et Odyssées méconnaissables-reconnaissables.

La seule solution, c'est de s'introduire à l'intérieur de la correspondance des petits copains Karl et Friedrich, de verser du miel dans leurs verres de bière, retourner à Londres avec eux, renverser sur eux les draperies de la Victoire de Samothrace, de les tatouer d'oiseaux de l'autre hémisphère.

La seule solution, c'est de griffer l'épiderme des femmes, laboureur infatigable, avec la charrue des ongles bien tempérés pour y semer les plumes des oiseaux-mouches capturés dans les jungles et savanes au cours de plongées dans les cauchemars de tous les Louvres et Sorbonnes. Qui saura crier les délices d'enfoncer les doigts dans cette moisson d'ailes à leurs épaules, de sentir leurs pointes caresser la crinière qui vous jaillit de l'échine, tandis que centaure ravisseur et ravi, on devient constellation ?

La seule solution, c'est d'habiter l'oasis d'Hermès, voleur de sables, sourcier des bitumes, bijoutier des balbutiements, s'endormir, s'éveiller dans ses taches d'huile et ratures, revenir sur ses rêves, brûler la douane, ruser d'or.

7) LÉONARD DE VINCI CONTEMPLANT UNE FUSÉE

Au long d'une autoroute vide, menant à des puits de pétrole abandonnés — çà et là pompe recouverte par les toiles des araignées noires et les nids de quelques corbeaux —, étendu à demi couvert par les épines que le vent roule vers moi, parmi les boîtes de conserve anciennes qu'il déterre, et les vieux journaux dont l'écriture est devenue indéchiffrable même aux mieux avertis, je pèle de mes yeux l'oignon du ciel, opération si exténuante que mes cheveux s'étalent en plumes blanches et noires semblables à celles de l'aigle chauve d'antan dont le dernier spécimen connu vient de mourir sans autre héritier que moi-même dans une volière de Cincinnati,

me transformant en montagne se découpant sur les muscles de l'espace, baignant dans leur huile bleue tranquille et glacée, découpant les viandes surgelées de l'espace, mâchoire déchiquetant ses fibres, aspirant le sang interplanétaire que je fais brûler en veilleuse dans ma poitrine abritée par la bure amassée brin par brin au cours de mes voyages de non-juif errant, de tribu en tribu, de cratère en cratère, en échange de mes plus surprenantes inventions, me dérobant par le miroir de l'écriture entre mes croquis turbulents et précis dès qu'ils voulaient m'emprisonner pour m'en extorquer davantage, gisant immortellement à l'agonie pour pouvoir tirer de leur fatal malentendu les premiers de nos célestes découvreurs.

1978

BOOMERANG
(Le génie du lieu 3)

COURRIER DES ANTIPODES

FANTÔMES AUSTRALIENS

Dans le district de Monaro, Nouvelles-Galles du Sud, on a vu maintes fois passer un cheval noir toujours présage de désastres.

Les habitants de Doonside, dans la banlieue de Sydney, ont vu maintes fois les fantômes d'un bagnard et de ses amis hanter Bungaribee house, bâtie par le major John Campbell en 1825, jusqu'à sa démolition en 1957.

Quant aux gens d'Innamicka Crossing dans le Centre, ils entendent le fantôme de l'explorateur Burke gémir autour du pub la nuit.

Les gens de Dilga dans l'ouest du Queensland entendent le cri d'un homme à l'agonie. Il s'agit, pensent-ils, du fantôme d'un certain Welford tué par les Aborigènes.

Le premier mai 1956, le révérend R. S. C. Blance, prêtre anglican d'Adélaïde, prit une photographie à Corroboree Rock à quelque 100 miles à l'ouest d'Alice Springs, site de cérémonies d'initiation de la tribu arunta. Le développement révéla la figure d'un homme dans une sorte de chemise de nuit, portant chapeau, les mains serrées sous le menton comme en prière.

Les gens du port de Broome, Australie Occidentale, voient passer le Chevreuil, vaisseau fantôme de William Dampier qui ne craignait ni démon ni abîme.

Les gens de Broome racontent aussi que l'évêque anglican Gérard Trower, tandis qu'il séjournait dans un bungalow surnommé aujourd'hui palais de l'évêque, s'est réveillé une nuit en frissonnant avec le sentiment que quelqu'un le regardait. «Qui est là?» Aucune réponse. Il appela de nouveau, imaginant que peut-être un de ses paroissiens voulait le voir; silence. Alors une figure spectrale est sortie de l'ombre et s'est avancée dans le clair de lune. L'étrange visiteur portait une robe de rabbin. Il demeura un instant, puis s'évanouit. Quand l'évêque au matin s'efforça de le décrire, ses ouailles reconnurent un acheteur de perles nommé Davis qui avait autrefois vécu dans ce bungalow et était l'âme de la population juive, disparu dans un naufrage.

Les gens de Devlin's Pound, Australie Occidentale, racontent que l'énorme Irlandais marchand de vin qui a donné son nom à cette localité, avait coutume de subtiliser des bœufs ou moutons pendant que les conducteurs de troupeaux se soûlaient dans son établissement au bout du monde éblouissant, et que monté sur un cheval blanchâtre il mène ses bêtes fantômes.

Frédéric Fischer, bagnard relâché au bout du monde rouge, disparut de sa petite hutte au milieu de 1826, racontent les gens de Campbelltown, Nouvelles-Galles du Sud. George Worall son copain dit à ses voisins que Frédéric était rentré en Angleterre sans espoir de retour et lui avait laissé ses biens. Mais un certain Farley, un soir d'octobre 1826, passant en voiture sur un pont, crut apercevoir Fischer assis sur la rambarde et rapporta ce fait à la police; au jour on découvrit des taches de sang à l'endroit où s'était assis le fantôme. On fit venir un pisteur aborigène qui chercha dans le lit du torrent au-dessous et annonça qu'il flairait de la graisse de Blanc. On découvrit le cadavre de Fisher au fond d'un bassin et Worall fut pendu le 5 février 1827.

Federici, la fameuse basse italienne, racontent les gens de Melbourne de l'autre côté de l'autre bout du monde sans bout, chantait Méphisto dans le *Faust* de Gounod au Princess Theatre. Au moment où il disparaît dans un nuage de soufre, il manque la marche de la trappe, se brise la colonne vertébrale et meurt dans les coulisses. Depuis on le voit se promener parmi les fauteuils vides après le spectacle.

Les gens de Fingal, Tasmanie, racontent qu'un jeune colon construisit une maison pour s'y installer avec sa fiancée encore en Angleterre. Il était si impatient de la voir qu'il s'embarqua avant d'avoir achevé sa demeure de l'autre côté de l'autre bout du monde. Apprenant qu'il avait été supplanté, il revint en Tasmanie se pendre dans la cour de son logis incomplet auquel personne n'a plus touché. Il le hante mais non plus seul, accompagné par une femme et un enfant imprudents qui sont venus chercher de l'eau dans son puits et s'y sont noyés.

Les gens de Munro, Queensland, racontent que Dick Grosvenor, Anglais de l'autre côté de l'autre bout du monde sans bout, est tombé dans un sac de 200 livres de farine et qu'il est mort étouffé ; on le voit hanter blanc la plaine rouge.

Les gens de Guyra, Nouvelles-Galles du Sud, racontent que la maison d'un ouvrier a été troublée pendant des mois. Des averses de pierres tombaient par les fenêtres, et le bâtiment entier était secoué comme par des mains géantes. La police n'a rien pu trouver. Madame Doran a disparu à cette époque à l'âge de 87 ans sans laisser la moindre trace.

Les gens de Yallourn, Victoria, racontent qu'au siècle dernier un troupeau fou déferla à travers le hameau de Moe dans les collines du Gippsland. Certains fermiers partirent à la recherche du bouvier absent, et découvrirent les traces de son campement de l'autre côté de l'autre bout caché du monde éblouissant, rien de plus. Un autre troupeau, passant plus tard par le même endroit, fut pris de la même panique. Le bouvier déclara avoir entendu un troupeau fantôme avec des claquements de fouet. La fois suivante toute une troupe accompagna les bêtes à travers ces collines ; commencement d'agitation la nuit, deux hommes furent chargés d'aller voir ce qu'il y avait de l'autre côté, revinrent blêmes de terreur sans avoir rien vu, mais les oreilles pleines encore des bruits extraordinaires qui les avaient poursuivis. Depuis nul bétail ne passe plus par là.

Les gens de Drysdale, Victoria, racontent que Miss Drysdale, sœur d'un caissier d'Edinburgh, arriva dans la région déjà assez âgée, de l'autre côté de l'autre bout du monde, et fit construire sur la péninsule de Bellarine une jolie demeure aux fenêtres armoriées qu'elle appela Coriyule. Trois ans après la fin des travaux, elle mourut et fut enterrée sous un peuplier au sommet d'une colline voisine en compagnie de son cheval favori. Le propriétaire suivant fit transporter le cercueil au cimetière public. On entend depuis un piano sépulcral dans le salon, auquel répond un hennissement ricaneur.

Les gens de Berrima, Nouvelles-Galles du Sud, racontent que le 22 octobre 1842 Lucretia Dunkley, tenancière de l'hôtel des Trois Jambes, fut pendue dans la prison construite trois ans plus tôt au bout du monde, pour avoir assassiné un riche fermier et lui avoir dérobé 500 souverains. On détacha la tête pour examen scientifique. Pendant des années la décapitée hanta les vieux pins qui ornaient la façade ; on finit par les abattre, mais depuis elle hante les ruines d'un vieux pub.

Les gens de Collector, Nouvelles-Galles du Sud, racontent que Johnny Gilbert, jeune Canadien qui faisait partie du gang de Ben Hall, avait emprunté le cheval de course d'un fermier au bout du monde, jurant solennellement de le lui rendre. La police le fusilla entre-temps. Une nuit, les gens de la ferme entendirent un hennissement sauvage dans les écuries, sortirent et virent le fantôme de Johnny refermer la barrière du ranch. Le cheval était dans son box.

Les gens de Wagga Wagga, Nouvelles-Galles du Sud, racontent qu'il y a près de 100 ans les deux frères Pollmann furent assassinés dans leur campement sur les dunes de Deep Creek, affluent du fleuve Murrumbidgee, et leurs corps brûlés. Les meurtriers fouillèrent leur charrette sans y trouver l'argent que des parents découvrirent plus tard caché dans un trou creusé dans l'un des essieux à l'autre bout du monde. Quelque temps plus tard, un enfant de dix ans, ignorant tout de cette histoire, campait dans ce coin avec son père, un grand gaillard qui avait la réputation de ne rien craindre. Comme l'enfant montait la garde à minuit, car ils accompagnaient des moutons, il descendit dans le torrent pour y relever ses lignes et entendit une charrette brinquebaler sur la piste ; il courut alors faire un passage à travers le troupeau pour les voyageurs, mais il n'y avait rien, et il n'entendait même pas les sabots des chevaux, seulement le grincement des roues qui diminua et disparut.

Les gens de Wonganilla et de Pine Ridge, Victoria, racontent que dans un village nommé Trotting Cob à l'autre bout du monde, apparaît chaque nuit un cavalier portant sa tête sous son bras.

Les gens de Queanbeyan, Nouvelles-Galles du Sud, racontent que le 28 juin 1876 un berger nommé McCarthy avait été assassiné au lieu dit Washpen près de Yeumbra sur le fleuve Murrumbidgee. La police découvrit que le corps avait été enterré juste à l'entrée de sa cabane de rondins. Très loin. On rendit un verdict de meurtre d'auteur inconnu.

Et que la police partit à la recherche du meurtrier et que dans le lit d'un torrent à sec, non loin de la hutte, ils découvrirent de curieuses empreintes laissées par quelqu'un qui avait deux bottes gauches. Très nettes elles menaient au domicile d'un colon employeur de la victime, très loin. Quand il apprit le meurtre, il suggéra immédiatement que le coupable devait être un certain Tom le soldat ou Waterloo Tom.

Et que le fermier déclara à la police que Waterloo Tom avait frappé à sa porte la veille du crime, et qu'il lui avait donné à coucher, que Tom lui avait demandé si le berger McCarthy occupait encore sa cabane et qu'il lui avait dit oui de l'autre côté de l'autre bout du monde, que le lendemain il avait été soulagé de constater qu'il était parti, en dépit du fait qu'il eût volé une couverture, une boîte contenant de la strychnine et une botte gauche, que Waterloo Tom fut arrêté.

Que la police jugea nécessaire d'ouvrir la tombe de McCarthy pour y récupérer notamment une couverture appartenant au fermier de l'autre côté de l'autre bout du monde, et qu'à deux heures de l'après-midi par beau temps, au moment où ils commençaient à creuser, un nuage d'obscurité se répandit soudain.

Que lorsqu'on eut commencé à creuser la tombe du berger McCarthy, au moment où la bêche d'un troupier heurta une bûche qui recouvrait le corps de l'homme assassiné, une terrible explosion ébranla l'atmosphère et se répercuta dans les collines environnantes de l'autre côté de l'autre bout du monde sans bout. Le sol trembla et parut s'enfoncer sous les pieds des assistants comme s'il avait été frappé d'un monstrueux coup de tonnerre.

Que lorsque le tonnerre se fut tu, lors de l'ouverture de la tombe du berger McCarthy, on entendit un rugissement dans les collines, et l'on vit se précipiter dans la demi-obscurité un grand taureau d'une blancheur immaculée de l'autre côté de l'autre bout du monde rouge inconnu sans bout. Les policiers effarés cherchèrent des abris et sortirent leurs revolvers, mais l'animal se dirigea vers la tombe où il s'arrêta pour regarder autour de lui, grattant le sol de ses sabots, puis se mit à gémir, se coucha et mourut. Les hommes vinrent l'un après l'autre constater qu'il était bien mort, puis reprirent leur exhumation et allèrent camper à plus d'un mille.

Que quatre jours après l'apparition du taureau blanc, un des policiers revint à la tombe avec le fermier dans l'intention d'enterrer de la farine empoisonnée. Plus trace de l'animal. De l'autre côté. Waterloo Tom fut condamné à mort ; gracié, il finit ses jours en prison.

Les gens de Canberra racontent qu'en 1826 un superbe diamant fut volé à un certain James Cobbity dans un obscur village du Queensland par un bagnard en fuite qui fut repris par la suite mais refusa de donner aucune information en dépit de fouets fréquents. En 1842 il passa son secret à un palefrenier aborigène avec une carte pour trouver la cache.

Que l'Aborigène qui avait avalé le diamant fut enterré dans un terrain très loin, sur lequel a été construit Yarralumla House qui devint la résidence principale provisoire du représentant de la reine lors de l'installation de la capitale fédérale.

Que lorsque Yarralumla House fut vendue au gouvernement on y découvrit une lettre racontant toute l'histoire, se terminant par ces mots : « Le diamant est parmi les ossements de l'Aborigène. Il est sans prix. Très loin. Mes mains affaiblies par l'âge m'empêchent de décrire les épreuves par lesquelles je suis passé. J'ai perdu ma vie, gaspillé mon argent, et meurs misérable à quelques pas du but. Je crois que la tombe est sous un grand déodar. Comme elle a été creusée par les Aborigènes de cette région, ce doit être un trou rond. Je lègue cette fortune qui m'échappe à qui me croira. » Sans signature.

Que le parc de Yarralumla House a été maintes fois retourné, et que malgré toutes les dénégations officielles le fantôme de l'Aborigène, son diamant brillant comme l'étoile du matin à l'intérieur de sa cage thoracique, très loin, est venu troubler toutes les nuits le sommeil du représentant de la reine.

LES BOSQUETS DE LA MORT

Quand l'un d'entre nous meurt, disent les gens d'Yrkalla, ses parents se rassemblent autour de son cadavre, gémissant de toutes leurs forces ; les femmes coupent leur cuir chevelu avec des ossements aiguisés jusqu'à ce que le sang ruisselle ;

quand l'un d'entre nous meurt, les hommes s'assemblent et chantent les hymnes et lais de son groupe ;

le lendemain matin on frotte son corps d'ocre rouge et l'on peint sur ce fond son totem ;

on fabrique deux figures en écorce que l'on glisse sous ses bras, et on lui explique que ce sont ses enfants que l'on a tués et placés près de lui pour qu'il ne se sente pas trop seul et ne désire pas revenir hanter les vivants ;

on l'emballe dans plusieurs couches d'écorce d'eucalyptus mince comme du papier, et on l'attache avec une corde d'herbe ; pendant ce temps d'autres fabriquent une plate-forme de branches et la recouvrent d'une couche de feuillage ;

on chante une nouvelle série d'hymnes et lais appartenant à son groupe, et deux d'entre nous montent sur la plate-forme et étendent le corps la face vers le ciel ;

une fois qu'il est posé sur la plate-forme, nous sonnons de la flûte basse afin d'avertir les anges des morts pour qu'ils viennent le distraire et l'empêcher de tourmenter ses parents. L'un d'entre nous monte en même temps sur un arbre élevé pour faire le cri de l'oiseau nocturne karawak, messager des anges, et dès qu'il entend la toux de ceux-ci, il se précipite à terre et s'enfuit avec nous tous, car les anges et les âmes sont dangereux pour les vivants.

Quand l'un d'entre nous meurt, disent les gens d'Yrkalla de l'autre côté de l'autre bout caché de l'éblouissant monde sans bout, pendant deux ou trois mois personne n'approche de sa plate-forme funéraire. Quand les vers qui se nourrissaient de son corps sont entrés dans le sol et se sont transformés en mouches, nous venons nettoyer ses ossements. Nous dansons en chantant longuement avec accompagnement de bâtons frappés et de flûtes basses, ce qui écarte les esprits. Le squelette est descendu, étendu sur le sol entre deux hommes assis, et un troisième enfonce sa lance entre ses côtes en disant qu'il transperce une tortue.

Quand l'un d'entre nous meurt, trois jours après avoir lavé ses ossements nos femmes les déballent, les frottent d'ocre rouge et les placent dans un cercueil temporaire en écorce sur lequel on a peint son symbole totémique ;

pendant que les femmes font passer les ossements d'un cercueil à l'autre, les hommes font la danse de l'eau. La sœur du défunt ou sa plus proche cousine creuse un trou dans le sol ; le cercueil de bois y est planté verticalement, on tasse la terre à sa base, on distribue les petits os des mains et des pieds aux parents et amis, on démolit le crâne et on en disperse les morceaux aux quatre vents ;

une fois que son cercueil de bois a été planté dans sa position définitive et que chacun est retourné chez soi, son âme est enfin démêlée de ses ossements ; et s'il appartient à la moitié Dua de notre tribu, il entre dans un canot d'écorce mené par l'âme du premier homme qui mourut et va vers Jurundi, une jungle sur la côte occidentale de la baie de Melville où il est accueilli par les anges que les archanges Wuluwait et Bunbulama ont assemblés en son honneur ;

lorsqu'il est arrivé dans la jungle des anges, il danse toute la nuit, les mains pleines de fleurs ;

une fois qu'il a dansé toute la nuit avec les anges, il part avec son batelier accompagné par des dauphins pour l'île de Dambalia où ils dansent toute la nuit suivante, les mains pleines de fleurs rouges d'ignames ;

il part avec son batelier au matin pour la lointaine île

de Purelko dans la direction du lever de Vénus. Nombreuses journées accompagnées par les dauphins. Un pluvier masqué annonce leur arrivée, et le chef des morts, Jauakubwura au pénis peint, vient les accueillir.

Quand l'un d'entre nous meurt et qu'il est arrivé dans l'île de Purelko, disent les gens d'Yrkalla de l'autre côté de l'autre bout du monde sans bout, s'il est vieux, le chef au pénis peint le rajeunit ; s'il est malade, il le guérit ; s'il est méchant, il le rend vertueux, puis lui offre festin et femmes ;

quand l'un d'entre nous meurt et qu'il a fait connaissance de ses nouvelles femmes, il retrouve ses vieux amis. À Purelko ni besoin, ni querelles, ni calamités. Abondance de nourriture, les marais et la mer sont remplis de poissons, les forêts d'émeus et de kangouroos, et il n'y fait jamais froid ;

quand il est arrivé à Purelko il n'a pas fini ses épreuves. Un jour, comme il se promène parmi les arbres, il tombe sur deux femmes qu'il effraie et qui courent avertir leurs hommes de la présence d'un étranger. Ils se disposent en ligne, lance en main, et l'attendent. Ce que voyant, il s'efforce de les distraire par des danses ; mais quand il en a terminé, les hommes-esprits de Purelko l'un après l'autre le transpercent. Les premières lances pénètrent profondément, mais à chaque coup le corps durcit et les dernières ne peuvent même plus l'égratigner. Pendant ce temps, les femmes-esprits assises sur le sol pleurent en sympathie pour ses souffrances. L'épreuve terminée, les hommes-esprits mènent leur nouveau frère dans leur camp, lui enseignent de nouveaux chants, de nouvelles danses, et le font participer à leurs divines fêtes ;

et quand c'est une femme qui meurt et qu'elle arrive à Purelko, Jaualinwura envoie un petit enfant à sa rencontre en lui disant d'aller trouver sa mère ; il la rajeunit au besoin, la guérit de toutes ses maladies et la rend enceinte si elle ne l'est pas, et au bout de quelques mois elle accouche sans douleur d'un enfant merveilleusement beau qui se mêle aux jeux des autres dans les forêts des esprits ;

et s'il appartient à la moitié Jiritja de notre tribu, une fois que le cercueil de bois a été planté dans sa position définitive et que chacun est retourné chez soi, son âme enfin démêlée de ses ossements, guidée par les cris d'oiseaux de la jungle, se dirige vers la forêt du Nord où elle rencontre les anges Wuluwulu qui le mènent jusqu'au chef des morts Nalkuma ;

celui-ci lui explique comment fabriquer un canot spécial en bois, et celui-ci terminé ils embarquent tous deux pour Nakulma munis de graines données par les anges qui serviront de passeport.

Quand l'un d'entre nous meurt et voyage vers Nakulma, disent les gens d'Yrkalla très loin, ses habitants avertis envoient une expédition abattre un dugong pour en faire festin, tandis que les autres attisent un grand feu d'herbes dont la fumée guide les voyageurs. À leur apparition sur l'horizon, ils s'assemblent au rivage et les acclament. Les meilleurs amis du nouveau l'embrassent, puis c'est l'installation, le repas, les chants et les danses qui provoquent des nuages de poussière qui s'élèvent dans le ciel en déclenchant des orages qui retombent sur nous qui savons alors qu'est clos notre deuil.

BICENTENAIRE KIT

LE DOLLAR

Dollar ô ma douleur petit chiffon de papier vert et noir petit jardin de rêves
 de tant de millions d'hommes non seulement sur le territoire des États-Unis, mais dans mon pays et presque tous les autres
 en te frottant entre mes doigts j'examine à la loupe les inscriptions qui te décorent
 papillon vert

Tout en errant à l'intérieur de tes sentiers mécanographiques la face est celle de Washington
 dont Chateaubriand nous déclare que quelque chose de silencieux environne toutes les actions
 à gauche autour d'une lettre je lis en blanc sur noir banque de la Réserve fédérale de Philadelphie Pennsylvanie
 domaine vert

Et de l'autre côté surimprimé en vert sur le mot « Un » le sceau du département du Trésor daté de 1789
 avec une balance et une clef en bas les signatures du grand argentier des États-Unis
 et du secrétaire du Trésor des branches d'olivier courent dans les marges et de l'autre côté tout vert
 talisman vert

Voici le grand sceau des États-Unis pile avec une pyramide tronquée datée 1776

que termine dans le ciel le triangle maçonnique hanté d'un œil illuminant

« il achève nos commencements » et dans la banderole « nouvel ordre des siècles »

futur vert

Face l'aigle chauve le corps recouvert d'un blason à 13 bandes brandissant d'une serre 13 flèches

et de l'autre une branche d'olivier à 13 feuilles et 13 fruits pinçant dans son bec

le ruban où court « plusieurs devenant un » sommé d'un ciel où 13 étoiles

dragon vert

À cinq branches disposées pour former un sceau de Salomon repoussant au-delà de leur azur figuré

par un rayonnement plurisolaire une couronne de nuages

et planant sur le nombre planeur « c'est dans la banque divine que nous déposons nos valeurs »

sépulcre vert ou ver ou vers

TAUREAU ASSIS

Lorsque la police en 1890 vint arrêter dans son camp celui qui se déclarait le dernier des Indiens

14 ans après sa victoire contre Custer lors du premier Centenaire

et que la fusillade éclata le cheval dressé

que lui avait donné Buffalo Bill lors de leur grande tournée en Europe

se crut à nouveau dans un cirque et se mit à faire des acrobaties

dans l'aube au-dessus du corps mutilé de son maître

les Sioux fidèles voulurent s'enfuir dans le désert
mais furent massacrés à Wounded Knee
ce fut la mort de la nation des Sioux dit-on mort qui survit

ARCHIPEL SHOPPING

LE DERNIER DES TASMANIENS

Quand les derniers survivants des Aborigènes de Tasmanie
qui avaient été déportés en totalité dans Flinders Island
et quelques autres îles du détroit de Bass parce qu'ils gênaient
les colons britanniques à qui l'on avait attribué leurs territoires
furent retransportés dans la crique aux Huîtres
parce que tout de même ils mouraient un peu trop vite
malgré la surveillance médicale dont ils bénéficiaient
eux les derniers des Tasmaniens

La dernière famille à quitter l'île avait eu la vie
particulièrement difficile parce qu'à son arrivée
après avoir passé quelque temps au bagne de Launceston
parce que ces gens-là devaient être surveillés de près
si l'on ne voulait pas qu'ils disparussent dans le paysage
ses membres non seulement ne savaient pas un mot d'anglais
mais pas un seul mot de la langue parlée par les autres
eux les derniers des Tasmaniens

Langue dont d'ailleurs on ignore tout aujourd'hui
sauf un vocabulaire d'une vingtaine de termes dressé par un missionnaire dans on ne sait quelle transcription
derniers représentants d'une tribu disparue avant les autres
qui devaient bientôt disparaître en totalité le père d'une douceur royale
la mère épuisée terrifiée un grand fils une grande fille un ou deux enfants
plus petits on ne sait plus adoraient tous le petit dernier qui devait être
le dernier de tous les Tasmaniens

C'était un enfant très docile que l'on n'envoya pas en classe
on essaya de lui apprendre le catéchisme mais ça ne l'intéressait pas
s'étant lié avec des marins il partit pêcher la baleine
sur un navire nommé Aladdin lui on l'appelait William Lanne
il était gai chéri des dames il aimait la bière et le rhum
en janvier 1868 comme le fils de la reine Victoria
venait visiter la Tasmanie on l'habilla d'un costume bleu
et d'un chapeau à galon d'or pour marcher à côté du prince
lui le dernier des Tasmaniens

Quelques mois plus tard il reprit la mer et revint malade
il alla toucher sa dernière paie de 12 livres 13 shillings et 5 pence
puis alla se coucher à l'hôtel du Chien et de la Perdrix c'était le choléra
il n'eut pas la force d'aller à l'hôpital et mourut le 27 février 1869
le dernier des derniers des Tasmaniens

CALENDRIER DE SINGAPOUR (1977)

17 janvier, Thaïpusam qui honore notre Seigneur Thaïpusam qui est vertu, valeur, jeunesse, beauté, puissance : on processionne des charpentes semi-circulaires d'acier reposant sur des pointes d'acier enfoncées dans la chair de leur porteur, décorées de fruits, fleurs, plumes de paon et pointes de lances.

Le 30, veille du nouvel an chinois : on nettoie et repeint les maisons, on colle partout des papiers rouges couverts de vœux dorés. On paie ses dettes.

Le 31, vacance légale, cette année du dragon est saluée avec une grande allégresse : prières à tous les dieux qu'on peut, visites aux amis et parents en habits neufs, échanges de mandarines.

1er février, vacance légale, cela continue avec la Chingay parade : énormes mannequins, danses du lion et du dragon, orchestres, luttes, échasses.

Les 15 et 16, anniversaire du Singe : on écrit des charmes avec le sang de sa langue ; marionnettes et processions.

12 mars, naissance de Mahomet : assemblées dans les mosquées, conférences en malais, arabe, tamoul et anglais sur les mérites du Prophète.

Le 22, anniversaire du saint des pauvres, statue portée dans un palanquin.

13 avril, fête siamoise des eaux : aspersions, rires.

Le 16, vendredi saint, vacance légale : Christ en cire, retraite aux flambeaux.

Les 6 et 7 mai, Vesak, vacance légale: des bonzes en robe safran chantent des soutras; bateaux illuminés, distribution de nourriture, lâcher d'oiseaux.

2 juin, commémoration du poète qui s'est noyé pour protester contre l'injustice de l'Empereur: échanges de beignets.

Du 27 juillet au 24 août, marché de gala, opéras dans les rues.

Le 9 août, fête nationale, vacance légale: orchestres militaires, cornemuses, pugilistes, acrobates, danses, feux d'artifice.

Le 10, fête des fantômes affamés: c'est le mois où les démons les laissent sortir du purgatoire, opéras et marionnettes.

Le 24, début du ramadan: prières spéciales dans les mosquées.

8 septembre: les gâteaux de Lune, fourrés de purée de haricot, graines de lotus, œufs de cane, bien autre chose. Lanternes de papier rouge en forme d'animaux et véhicules.

Les 9 et 10, encore l'anniversaire du Singe.

Le 20, Navarathri: pendant trois jours on célèbre l'épouse de Siva, trois autres jours celle de Vishnou, trois derniers jours celle de Brahma.

Le 25, Haria Raya Pusa, vacance légale: fin de la Lune du ramadan.

12 octobre, Thimithi en l'honneur de la déesse Droba-Devi: marche sur des charbons ardents.

Le 22, Deepavali, vacance légale: fête de la victoire de la lumière sur les ténèbres, de Rama sur Narakasura, de Krishna sur Naragusura.

Du 23 au 31, les neuf Empereurs divins: cymbales et tambours, drapeaux et bannières, opéras et macérations.

Du 23 octobre au 20 novembre, pèlerinage taoïste à l'île de Kusu.

2 décembre, Hari Raya Haji, vacance légale: ceux qui ont fait le pèlerinage de La Mecque arborent leur bonnet blanc.

Le 25, Noël, vacance légale: les chrétiens installent des sapins qu'ils décorent de bougies et guirlandes; les enfants mettent leurs souliers devant la cheminée le soir quand ils en ont une, et les retrouvent le lendemain matin pleins de cadeaux; messes de minuit, crèches.

BLUES POUR LES NEUF CHŒURS
DES ANGES

La capitale du cinéma, les stars, les grands studios, tant de films en sont sortis, d'émissions de télévision; elle nous a montré tant de fausses villes; Hollywood est un faubourg de Los Angeles, l'industrie du cinéma s'est d'ailleurs en grande partie déplacée vers d'autres régions; Clio masseuse y perd la mémoire.

Il semble que l'on devrait connaître ce lieu par cœur, qu'en arrivant on devrait tout y retrouver, les moindres carrefours, mais non, c'est comme si personne ou presque ne nous l'avait jamais montré, ne l'avait jamais regardé, et les séraphins de plexiglas filent sur le Harbor freeway, virent et saignent.

Blues.

Immense, changeante, pas moyen d'en faire le tour, se dérobe, on ne peut s'en faire une image comparable à celle de nos villes européennes, la résumer par quelques monuments; c'est que le décor et la réalité y sont toujours inextricablement mêlés; c'est une ville caméléon qui cherche à ressembler à toutes sortes d'autres villes: un quartier s'appelle Venise, un autre Florence; Euterpe hôtesse y perd son ouïe.

On n'est jamais sûr qu'il y ait quelque chose derrière les façades; les maisons se déguisent en châteaux, en chapeaux, en pâtisseries, en chaumières, tel quartier en village de pêcheurs, telle rue en rue mexicaine, et les jardins sont remplis des plus belles fleurs, mais chez les fleuristes la plupart de celles qu'on nous propose sont artificielles, merveilleusement imitées, très difficiles à première vue à distinguer des véritables; et les chérubins de néon sifflent sur le Santa Monica freeway, virent et saignent.

Blues.

Région urbaine qui comprend d'innombrables municipalités différentes, incroyable puzzle d'administrations, maintenant la seconde agglomération du continent américain, la troisième du monde après New York et Tokyo, celle qui a la croissance la plus rapide, celle qui est la plus étendue; on y rencontre les climats les plus variés: le bord de la mer, les collines, les vallées fermées, le désert — et à bien des égards la plus moderne; Thalie figurante y perd son rire.

On y dit que Khrouchtchev lors de sa visite aurait déclaré: «J'ai vu l'avenir, il ne marche pas»; les gens de Los Angeles aiment à croire qu'ils vivent dans la ville de l'avenir; c'est plutôt la ville du présent, l'emblème de notre temps, et par conséquent ce qu'imitent sans le savoir nos villes quand leurs banlieues commencent à grandir, ce à quoi ressembleront bientôt les couronnes suburbaines de Paris, Londres, Moscou, Pékin même, les problèmes qui risquent de s'y poser, ce qui nous attend, ce qui nous menace, nullement au siècle prochain, mais d'une année à l'autre ; et les trônes de chrome crissent sur le Hollywood freeway, virent et saignent.

Blues.

Laboratoire urbain, des faubourgs entiers sont construits d'un coup, d'autres détruits puis reconstruits comme s'il s'agissait de décors pour un film ; le désert primitif y est comme un tableau noir sur lequel on trace à la craie des propositions d'habitat pour les effacer quelques instants plus tard comme avec un immense chiffon ; Melpomène infirmière y perd ses larmes.

Pas seulement les murs, mais les gens qui y vivent, qui vont donc essayer ici et là des existences, puis en changer, comme des acteurs qui passent d'un rôle à l'autre, un laboratoire de population ; et les dominations de béton chantent sur le Ventura freeway, virent et saignent.

Blues.

Les individus soumis à l'obligation de réadaptations constantes, emportés dans l'évolution de l'énorme ensemble, perdus dans un mouvement qui leur échappe, les dépasse de toutes parts, et sur lequel ils ont très peu de prise, constamment à la recherche de leur propre visage, vont lui opposer toutes sortes de tentatives pour se regrouper autrement ; Terpsichore monteuse y perd l'usage de ses jambes.

Les jeunes gens en particulier vont s'ingénier à s'inventer des rôles différents de ceux qu'on voudrait leur voir jouer, à s'affubler de costumes qui les distinguent, à mettre au point des conduites de résistance dont l'un des aspects a été l'agitation étudiante, répandue dans tous les États-Unis, mais qui a trouvé à Los Angeles un terrain de choix; et les vertus de formica crient sur le San Diego freeway, virent et saignent.

Blues.

Civilisation de l'automobile, il n'est plus besoin d'en sortir pour aller à la Banque, acheter les journaux, déjeuner au restaurant, se faire bénir par le prêtre de son choix, jeter son courrier dans la boîte. Les trottoirs sont le plus souvent vides, sauf dans les quartiers les plus pauvres. On passe d'un extrême à l'autre, de la solitude à la foule, presque sans intermédiaire; Erato laborantine y perd son cœur.

Mais les gens de Los Angeles n'en sont pas moins obligés de marcher beaucoup, car l'énormité des parkings aux lieux de concentration les oblige à garer leur voiture souvent fort loin de leur atelier dans leur usine, de leur place dans les stades, ou de la boutique de leur choix dans les shopping centers; et les puissances de skaï gémissent sur le Golden State freeway, virent et saignent.

Blues.

Provisoire, tout est récent et provisoire, la ville tout entière n'est-elle pas provisoire, ne va-t-elle pas soudain tout entière s'effondrer comme un décor, comme un mirage? Cette faille qui la traverse, venue du golfe de Californie, et se prolonge jusqu'à San Francisco, entièrement détruit, on le sait, en 1906 par le tremblement de terre et l'incendie qui l'a suivi, cette faille qu'étudient soigneusement les sismographes ne va-t-elle pas s'ouvrir soudain pour l'engloutir? Cette ville sans racines, cette ville d'émigrés, qui n'a vu naître presque aucun de ses habitants actuels, vit dans l'obsession de la sexualité, comme s'il était trop difficile à deux amants faits l'un pour l'autre de s'y trouver à travers tout ce trafic, et l'obsession de la mort, somptueux cimetières, extravagantes pompes funèbres. Quantité de gens sont venus ici pour y mourir, attendant tranquillement leur heure sur les bancs; Polymnie serveuse y perd son feu.

Provisoire, mais pas aussi provisoire qu'on le dit, qu'on le voudrait; les maisons bâties pour 20 ans se délabrent depuis 30; les déchets s'accumulent; et s'il est facile d'effacer tout un quartier comme un dessin de craie sur un tableau noir, les nœuds d'autoroutes sont définitifs; la ville se solidifie; et les principautés de polystyrène doublent sur le Long Beach freeway, virent et saignent.

Blues.

La nuit le brouillard se lève, presque toutes les rues sont désertes, sauf les grands centres de plaisir qui retrouveront eux-mêmes le silence après minuit. Alors, depuis les belles maisons des collines où l'extérieur et l'intérieur s'échangent, si l'on quitte un instant le spectacle télévisé, on voit se déployer le tissu lumineux de la ville, million de points, projet; on imagine alors cette ville future, cette ville-non-ville que n'est pas encore Los Angeles, dernière des villes, cette civilisation d'au-delà de la ville à laquelle nous invitent ces grandes masses noires de désert, conservées en plein milieu de l'agglomération; l'aube nous fera retomber au présent; Uranie secrétaire y perd ses yeux.

Fuir, ailleurs, échapper; les avions dans le ciel, les bateaux dans le port; ce n'est pas encore assez grand Los Angeles; il nous faut nous étendre incomparablement plus loin, apprivoiser l'océan Pacifique entier, aussi bien que le désert derrière nous; et les archanges de rilsan étincellent sur le San Bernardino freeway, virent et saignent.

Blues.

Venus de partout, il n'y a en général pas très longtemps, Blancs, Mexicains, Japonais, Noirs, pauvres ou riches, tous avec le désir de s'enrichir, certains s'enrichissent — belles demeures à piscines et orchidées —, d'autres rencontrant des murs, la plupart vivant dans la déception — innombrables sectes religieuses —, se frôlant sans se mêler — chaque quartier correspondant à un revenu bien précis ; Calliope la vendeuse y perd sa voix.

L'origine de la fortune de Los Angeles est son climat ; puis il y a eu la concurrence de deux compagnies ferroviaires, le cinéma ; les grandes industries se sont installées peu à peu, aujourd'hui en particulier l'aéronautique, l'électronique, l'espace ; et au-dessous de tout cela d'immenses nappes de pétrole ; et les anges de caoutchouc ricanent sur le San Gabriel freeway, virent et saignent.

CARNAVAL TRANSATLANTIQUE

BALLADE MUNICIPALE
(Nice)

Pour réussir votre (vraie) salade du comté, selon les conseils du Député-maire, grand spécialiste en cuisine locale,
 vous couperez pour six couverts dix tomates moyennes en quartiers et les salerez légèrement une première fois sur la planche,
 couperez aussi trois œufs durs en quartiers ou rondelles, détaillerez douze filets d'anchois en trois ou quatre morceaux chacun,
 mais vous n'oublierez pas les églises à dentelle de marbre, les eucalyptus et les mimosas venus d'Australie,
 le fantôme des carnavals de jadis et des hommes de Terra Amata qui chassaient l'éléphant, le rhinocéros et le cerf,
 sur un fond d'arrière-pays à grandes solitudes ;
 et hâtez-vous d'en profiter, la pollution monte.

Vous prendrez des villas 1900 avec ce qui reste de leurs parcs et de leurs orangeraies, les vignes de Bellet et les serres d'œillets et de roses,
 trancherez finement un beau concombre épluché,
 émincerez en anneaux très fins deux poivrons verts et

six petits oignons frais, et selon la saison douze artichauts ou 200 grammes de petites fèves,

mais vous n'oublierez pas les palmiers et cycas, hibiscus et glycines, le fantôme des carnavals de jadis où Raymond Roussel regardait

un mannequin grotesque avec un nez rouge représentant un rémouleur gigantesque qu'un habit de couleur brune à grand col en linge, culotte courte et bas clairs, déguisait en ancien artisan,

et des hommes du Lazaret qui ont chassé les descendants de ceux de Terra Amata, ou les descendants de ceux qui les avaient chassés, ou de ceux qui les avaient chassés...

sur un fond d'arrière-pays à grandes montagnes neigeuses ;

et hâtez-vous d'en profiter, la pollution monte.

Vous prendrez des araucarias et des magnolias, des lilas et des daturas, des figuiers de Barbarie et des cyprès

que vous mêlerez à des plages de galets couvertes l'été de merveilleuses poitrines, de cuisses flageolantes, de parasols, de flacons d'huile, tubes de crème et papiers gras,

frotterez le fond d'un grand saladier avec une gousse d'ail coupée en deux, et verserez à l'intérieur tous les ingrédients à l'exception des tomates,

et d'un immense large cuisinier debout vêtu d'une casaque blanche, dont le gigantesque bras tout raide, la manche retroussant jusqu'au coude en carton rose imitant bien la peau, tenait ouvert immobile le couvercle d'une marmite à l'intérieur de laquelle des enfants en cuisiniers aussi faisaient une ronde en tenant haut la jambe,

sans oublier les hommes de Carros le neuf qui ont chassé les descendants de ceux du Lazaret ou de ceux qui les avaient chassés..., et les hommes de Grimaldi, et les Ligures,

sur un fond d'arrière-pays à villages perchés ;

et hâtez-vous d'en profiter, la pollution monte.

Vous prendrez une immense nourrice en bonnet de batiste avec un tuyautage énorme autour, visage souriant, un seul rang de boutons faisant bomber un corsage bleu foncé sur sa poitrine excessive,

que vous mêlerez à des oliviers, à des cerisiers, à des amandiers, à des bougainvilliers, des clématites et des cèdres,

sans oublier la pissaladière, la socca, le pan bagnat, la fougasse, la frangipane, le mesclun, les ganses, les clémentines confites et la côtelette du pauvre homme aux artichauts,

égoutterez les tomates et les resalerez légèrement avant de les incorporer

aux Phocéens qui ont fait le siège de la ville ligure, aux Celtes le siège de la ville phocéenne, aux Romains qui ont libéré les Phocéens de l'occupation celte,

sur un fond d'arrière-pays à gorges rouges, vertes ou dorées, à précipices, cristaux et forêts, à troupeaux de moutons sur les routes, orgues anciennes et retables;

et hâtez-vous d'en profiter, la pollution monte.

Vous prendrez des Vandales qui ont fait le siège de la ville romaine, des Provençaux celui de la ville savoyarde, François Ier faisant bombarder par une flotte turque et française la ville défendue par Catherine Ségurane et son battoir à linge,

puis un mannequin qui commençait à tourner en chevauchant un autre immense aussi vêtu comme d'un maillot rouge et semblant courbatu de se tenir ainsi à quatre pattes, effondré sur les bras par terre avec ses omoplates ressortant haut dans son dos, Carnaval lui-même qui s'avançait tout joyeux, face épanouie très rouge, coiffé assez comiquement d'une espèce de toquet sur l'oreille,

agrémenterez de capucines et géraniums, pétunias et bégonias, tulipes, lys et glaïeuls,

entremêlés de vieux couples sur la promenade des Anglais, de clochards qui chient dans leurs culottes ou pissent sur les bancs, d'une nuée d'autos, de parcmètres, de jardins suspendus et de feux d'artifice, vous ferez une sauce avec six cuillerées à soupe d'huile d'olive et six feuilles de basilic finement hachées, poivre et sel,

sur fond de vallée des Merveilles ;

et hâtez-vous d'en profiter, la pollution monte.

Vous prendrez des routes en lacets, des installations militaires disgracieuses et désuètes, des sentiers de contrebandiers et les tunnels d'un chemin de fer à voie étroite,

parmi lesquels vous ferez passer le fantôme du maréchal de Catinat faisant sauter le château, du marquis de Grignan alors âgé de 18 ans, portant des fascines de lauriers-roses et grenadiers, de Louis XIV ordonnant au maréchal de Berwick de démolir pierre par pierre le château déjà bien malade, des Sardes qui libéraient la ville de l'occupation française, Français de la sarde,

plusieurs joueurs de fifre en costume marin blanc fantaisie debout sur un seul rang à l'avant d'un grand char en forme de galère, la coque toute claire avec de faux hublots, de larges zigzags d'or sur fond bleu ciel,

des aubergines et des blettes, des brocolis et des cardons, des céleris, des champignons, des chayotes et des chicorées, des fleurs de courge et du fenouil, des poivrons et des truffes,

des agences et des opérations immobilières, des perçages de tunnels entre les égouts et les caves des banques, des évasions spectaculaires, des concours de tir et de jeu de boules, des équipes de sport et des casinos,

ferez bien rafraîchir au réfrigérateur avant de servir ;

et hâtez-vous d'en profiter, la pollution monte.

Lecteur, électeur, tu n'oublieras ni le mirage de la Corse qui apparaît parfois tout proche au-dessus des eaux, ni les thoniers au port avec leurs filets pourpres, ni les cargos qui viennent de Chypre ou d'Odessa, ni les yachts aux rambardes étincelantes, ni les petites barques si patiemment repeintes sur fond de vents et de parfums, d'appels d'Afrique et d'Asie, d'extrêmes Orient et

Occident, d'avions qui virent sur la baie des Anges, et de lauriers, yuccas, platanes et figuiers,

les Autrichiens qui ont libéré la ville de l'occupation française, et les Français de l'autrichienne, les Piémontais de la française, et Victor-Emmanuel qui la vendit à Napoléon le petit — mais qui libérera maintenant les hommes de Terra Amata avec leurs éléphants, leurs rhinocéros et leurs cerfs fantômes?

un char représentant une immense pantoufle que regardait Raymond Roussel au tournant du siècle;

tu pourras disposer les différents ingrédients dans le saladier de manière très décorative, leurs couleurs étant vives et bien contrastées;

mais hâte-toi d'en profiter, la pollution monte.

LA FÊTE EN MON ABSENCE

(L'ÉPREUVE DE LA PUANTEUR)

... Un chasseur et sa femme qui campaient pour pêcher à l'entrée d'un fjord, entendirent et virent pendant la nuit une forme indistincte qui relevait le toit de leur abri pour voler les poissons qui séchaient dessous. L'homme prit son arc et tira. Touchée la créature tomba dans les buissons, mais réussit à s'enfuir. Le lendemain matin, le chasseur suivit ses traces et découvrit le cadavre d'une ogresse mâle avec de gros seins pendants, une énorme bouche lippue et de grosses couilles. Les deux époux remontèrent au village. Le lendemain, des Indiens qui en descendaient aperçurent une grande ogresse femelle en larmes, et revinrent le raconter, et le chasseur comprit qu'elle pleurait le mâle qu'il avait tué. Les jeunes gens très excités voulurent tout de suite y aller ; mais les témoins : « Ses yeux sont énormes, sa tête est aussi grosse que notre plus grand coffre. » Ils partirent cependant, mais quand l'ogresse les aperçut, elle leur cria avec une voix si terrible : « C'est mon fils que vous avez tué ! » qu'ils s'enfuirent dans l'épouvante.

(Tenaktak).

Or il y avait au village un jeune orphelin lépreux dont la fiancée était la sœur cadette de l'épouse du premier chasseur. Il se leva silencieux, car on le tenait à l'écart à cause de son odeur, et partit dans sa petite pirogue pour aller trouver cette ogresse qui vit en lui un compagnon de malheur. En larmes elle lui déclara qu'on avait eu tort de la fuir, qu'elle n'était nullement aussi méchante que le prétendaient les rumeurs, qu'elle était prête au contraire à faire la fortune de celui qui lui rendrait les restes de son fils. Il la conduisit jusqu'à l'abri du premier chasseur, et suivit la piste de celui-ci jusqu'au cadavre qu'il l'aida à porter dans son immense palais plein de poissons séchés, de peaux tannées, de viande de chèvre et de masques. Le cuivre y étincelait de toutes parts.

(Tenaktak).

Elle ressuscita son fils en le plongeant dans un bassin d'eau magique dont quelques gouttes aspergées suffirent à guérir le malade dont la peau devint lumineuse, chaude et polie comme celle du cuivre. Or, comme l'ogresse attendrie lui demandait pourquoi il conservait un air si triste, il lui confia qu'il pleurait la mort de ses parents qui auraient été si heureux de le voir en telle beauté, et elle lui accorda le don de les faire revivre au moyen de son élixir. De retour au village le lendemain il invita tout le monde (les gens n'en croyaient pas leurs yeux), dansa la danse de l'ogresse, et couvrit ses hôtes de somptueux cadeaux. Mais le premier chasseur, époux de l'aînée, auteur du meurtre, déclara que c'était à lui que la danse devait appartenir.

(Tenaktak).

Mais lui, l'époux de la cadette (car la noce avait eu lieu au cours de ces réjouissances) annonça que c'était bien à lui seul que la bonne ogresse l'avait réservée. Depuis leurs descendants s'en veulent, mais l'abondance règne au village.

(Tenaktak).

Et une autre fois un jeune lépreux était couvert de croûtes. Comme son mal était contagieux et qu'il sentait fort mauvais, son père, chef du village, décida qu'on l'abandonnerait. Seule sa grand-mère fut prise d'un peu de pitié et lui fournit du feu et quelques provisions. Après une longue solitude un petit enfant lui sortit de l'estomac, qui lui déclara se nommer Croûte; il avait toutes sortes de pouvoirs, et s'amusa à fabriquer à partir d'aiguilles de conifères toutes sortes de poissons nouveaux qui se mirent immédiatement à nager, rouges et bleus, jaunes et blancs, noirs et arc-en-ciel.

(Tenaktak).

Mais un jour tous les poissons disparurent, et chaque fois qu'il en fabriquait de nouveaux, ils disparaissaient. Alors Croûte se mit aux aguets, aperçut l'ogresse voleuse à qui il tira une flèche dans chacun de ses gros seins, puis il la suivit à la trace. Il rencontra alors la fille de l'ogresse qui fut émue par son regard intéressant, devina sa beauté cachée et le conduisit dans le palais de sa mère blessée, rempli de toutes sortes de provisions et splendeurs. Le cuivre y étincelait de toutes parts. La fille enseigna à Croûte les vertus de l'eau magique avec laquelle il guérit la mère, et surtout se transforma en un beau jeune homme en pleine santé à la peau lumineuse, chaude et douce comme celle du cuivre, qui l'épousa lors d'un somptueux festin.

(Tenaktak).

Puis il revint au village et y découvrit que cela faisait quatre ans qu'il en était parti, et que celui dont il était sorti, son père dont il était la maladie, n'était plus qu'ossements. Sa femme craignait le grand jour qui la rendait presque aveugle, aussi c'est en caressant à tâtons les ossements dans la nuit profonde qu'elle réussit à leur rendre vie. Or un jour le beau Croûte fut transporté au ciel par ses amis les canards, et il arriva au palais de

Soleil et Lune qui le trouvèrent si beau qu'ils lui donnèrent leur fille en mariage. En revenant sur la Terre, il s'efforça de refiler son épouse précédente à son père ou plutôt à son frère aîné, ce qui n'alla pas sans difficulté.

(Tenaktak).

Puis il voulut retourner au ciel retrouver sa nouvelle épouse, et certains disent qu'il s'est tué en tombant, et certains ajoutent que sa première épouse l'a ressuscité lui aussi et qu'ils ont vécu sur la Terre avec la bénédiction du frère aîné-père; et d'autres déclarent que c'est la seconde femme qui l'a ressuscité, et qu'ils ont vécu dans le ciel comme mari et femme avec la bénédiction de Soleil et Lune tandis que le frère aîné-père vivait heureux guéri sur la Terre avec la fille de l'ogresse dont les yeux s'étaient ouverts et qui pouvait voir en plein jour. Mais quelle que soit la meilleure version, depuis l'abondance règne au village.

Canard, maître de la chasse, l'enseigna aux hommes.

Et ailleurs le prince des Kwakiutl Nimish de l'île de Vancouver, qui habitait à Xulk sur la côte orientale, voulut faire pèlerinage au cap Scott au nord de l'île, où deux aigles et leur petit avaient atterri au temps où le monde était jeune, avaient abandonné leurs plumes et étaient devenus les premiers hommes. Arrivé à la tombée de la nuit, il se construisit un abri, fit du feu, dîna, s'étendit, mais ne put trouver le sommeil avant d'avoir entendu un bruit semblable à celui du tonnerre et senti la terre trembler. Il lui fut dit en rêve de bien se laver pour atténuer une sorte d'odeur qui commençait à s'attacher à lui, et de se rendre à Axdem de l'autre côté du cap, où la terre tremblerait quatre fois, d'entrer dans le temple qu'il verrait alors, de s'y asseoir et d'attendre. Un feu s'y alluma tout seul, puis apparurent des hommes et des femmes avec un héraut qui chanta une invocation.

(Kwakiutl).

Alors les femmes devinrent de gros poissons rouges qui tremblaient sur la terre comme la terre qui tremble, et quatre sxwaïxwés dansèrent devant elles en agitant leurs sistres de quatre coquillages tandis que les hommes chantaient: «Épargnez-nous, terribles à la langue pendante, aux yeux protubérants!», en s'accompagnant de tambours de bois; quatre fois sortirent, quatre fois les poissons redevinrent des femmes. Alors le héraut salua le prince en lui donnant le nom de Poisson rouge et lui fit cadeau de tout le matériel de cette cérémonie. Mais comment ramener le temple? Il le suivrait tout seul sous la terre. Le prince rentra à Xulk épuisé. Pendant quatre jours, il fut très malade. C'était une sorte de lèpre qui le faisait sentir affreusement mauvais.

(Kwakiutl).

Alors des grondements souterrains lui firent comprendre que le temple était arrivé, et après avoir invité toute la population à l'accompagner en lui recommandant de se bien laver, il y entra, sentit la terre trembler quatre fois, et se retrouvant guéri, la peau lumineuse, chaude et douce comme celle du cuivre, il montra les quatre poteaux sculptés aux quatre angles dans les quatre directions de l'espace horizontal, les quatre masques des sxwaïxwés, les quatre tambours de bois avec leurs quatre bâtons, les quatre sistres formés chacun de quatre coquillages. Il n'y avait là nul trésor, et il n'en était pas besoin, car depuis l'abondance règne au village.

Saumon, maître de la pêche, l'enseigna aux hommes.

Et ailleurs une nuit un prince vêtu de lumière rêva dans son palais des eaux supérieures qu'il entrait dans la chambre d'une princesse terrestre qui se languissait. Hanté par cette beauté lors de son réveil, il envoya son premier esclave en ambassade au village où il l'avait vue. Celui-ci n'arriva qu'à la tombée du jour.

(Tsimshian).

Or la princesse avait justement rêvé qu'un prince céleste la viendrait chercher cette nuit-là, et dans son impatience, sans prendre aucune des précautions élémentaires, elle se donna dans l'obscurité à l'esclave luisant qui garda le silence, tout étonné de sa bonne fortune. Le prince, ne le voyant pas revenir, se mit en route et découvrit l'affaire. Pour l'apaiser la princesse désolée lui révéla qu'elle avait une sœur cadette que l'on tenait au secret, car elle était gravement atteinte de cette lèpre nauséabonde dont elle-même n'avait qu'une forme bénigne. Le prince vêtu de lumière sut deviner la beauté qui se cachait sous ces horribles croûtes, et partit en expédition pour aller décrocher d'un coup de sa fronde magique le cuivre qui resplendissait jusqu'alors sur un sommet inaccessible, et se mit à glisser lentement dans les vallées où il se divisa pour donner naissance aux gisements où le récoltaient ceux de l'Est avant le temps des Blancs.

(Tsimshian).

Lorsqu'il revint la malade était guérie, sa peau lumineuse, chaude et douce comme celle du cuivre. Les noces furent splendides, mais le prince, qui en voulait à son premier esclave et à sa belle-sœur, transforma l'un en poisson rouge et l'autre en poisson bleu. Un jour il décida de remonter dans son palais des eaux supérieures avec son épouse, laissant sur la Terre leurs deux filles. L'aînée, qui ressemblait étrangement à sa tante Poisson bleu, épousa un homme qui ressemblait étrangement à son oncle Poisson rouge ; et comme elle commençait à se languir et que son odeur devenait quelque peu déplaisante, elle lui raconta ce qu'avait fait son père, le prince vêtu de lumière, pour la guérison de sa mère, et tous deux se mirent en route pour la conquête du métal-saumon, mais ils rencontrèrent en chemin l'arbre aux odeurs suaves dont ils s'imprégnèrent et se contentèrent.

(Tsimshian).

Alors la cadette, tout le portrait de sa mère, qui commençait à ressentir d'assez graves attaques du mal, persuada son mari, qui n'était pas sans rappeler par quelques traits le prince vêtu de lumière, de partir avec elle à la pêche au saumon-cuivre, et il réussit, mais l'haleine du métal vivant lui donna une telle lèpre et le fit sentir si horriblement mauvais que son beau-père en fut incommodé jusque dans son palais des eaux supérieures, se pencha pour pêcher les prières de sa préférée, et plongea sur Terre pour sauver son gendre en lui enseignant comment faire cuire le poisson-cuivre pour le transformer en métal de guérison; et depuis l'abondance règne au village.

Corbeau, maître de la guérison, l'enseigna aux hommes.

La mer est un fleuve immense qui coule vers le Nord-Ouest où s'ouvre l'entrée du monde souterrain des morts. Quand la marée baisse elle le remplit, et le vide quand elle remonte. Là, règne Komogwa, maître des richesses, dans son palais de cuivre, étendu sur son lit de cuivre au milieu de ses coffres en cuivre et de ses bateaux tout en cuivre. Les plongeons sont ses gardiens, les phoques ses esclaves et ses provisions sont inépuisables.

(Kwakiutl).

Un jour une princesse aveugle perdue en mer par suite de la négligence malveillante de sa cour, aboutit chez lui après une navigation périlleuse. Elle était si belle, malgré les croûtes sur les yeux, que le dieu la baigna dans l'eau miraculeuse et lui rendit la vue en l'épousant. Quatre fils leur naquirent qui retournèrent au pays de leur mère dans un bateau de cuivre qui filait sans rames ni voiles, chargé de plaques de cuivre, provisions et autres merveilles qu'ils distribuèrent en dansant dès leur arrivée, et depuis l'abondance règne au village.

(Kwakiutl).

Et une autre fois le prince de la rive découvrit un cygne blanc qui sentait le cuivre, le prit dans son filet, et il se transforma en femme d'une beauté merveilleuse qu'il épousa. Or un jour elle l'engagea à pénétrer dans l'intérieur des terres, dans l'intérieur de la Terre, pour y chercher la fille qu'un dieu souterrain lui destinait comme seconde épouse.

(Kwakiutl).

Arrivé enfin, après bien des terreurs, devant l'antre de son futur beau-père, il vit que, par une fissure, le dieu caché lui faisait glisser comme cadeau de bienvenue une quantité impressionnante de splendides peaux de caribou, ce qui était fort bien, puis passa un bébé lépreux et malodorant, et enfin un pot plein d'urine, ce qui lui déplut au point qu'il préféra refuser le tout. De retour auprès de sa première épouse, il se plaignit amèrement de la mésaventure dans laquelle elle l'avait entraîné, mais elle lui expliqua alors que s'il n'avait manqué à ce point de confiance, elle aurait pu à ce moment lui révéler qu'en arrosant le bébé avec l'urine, celui-ci serait devenu immédiatement cette jeune fille d'une beauté divine qui lui était destinée. Mais elle ne perdit pas courage et utilisa des peaux de caribou pour transformer le bateau de son époux en sous-marin,

(Kwakiutl).

afin d'aller par un autre chemin chez Komogwa qui était son père, et lui faire offrir en cadeau à celui-ci des échantillons de tous les arbres qui poussent à la surface, en échange de quoi il consentit à lui donner sa seconde fille, le bébé merveilleusement transformé. Et en même temps la première lui donna un fils qu'il revint présenter aux siens avec grande distribution de saumons et de cuivre, et depuis l'abondance règne au village.

Serpent, maître de la métallurgie, l'enseigna aux hommes.

Et ailleurs deux frères avaient chacun six fils. Le plus jeune de tous, benjamin du cadet, avait un gros estomac couvert de lèpre verte et blanche qui dégageait une odeur affreuse. Un jour les douze aperçurent au sommet d'une montagne un ogre qui lançait un anneau de cuivre brillant et le faisait revenir vers lui comme un boomerang par une technique de respiration.

(Squamish).

Et ils réussirent à le lui voler en se le passant de main en main tandis que l'ogre les poursuivait et les tuait l'un après l'autre pour dévorer leur cœur, sauf le dernier qui réussit à lui lancer en pleine figure son terrible estomac qui se changea en épais brouillard aveuglant non seulement le chasseur, lui soustrayant sa proie, mais celle-ci aussi, le chassé, et tout le village. Désespérés par la mort de leurs fils, par cette nuit qui recouvrait toutes choses, les deux pères se jetèrent au feu, et leurs yeux jaillirent comme des étincelles, au Nord et à l'Ouest pour ceux de droite, au Sud et à l'Est pour ceux de gauche. Aussitôt le brouillard se leva, et chacun retrouva sa vue et sa vie, sauf les onze fils aînés à qui le cœur manquait. Alors le père aîné façonna avec l'anneau une armure de cuivre qu'il revêtit.

(Squamish).

Et armé de cornes de mouflon il réussit à tuer l'ogre et trouva dans son estomac les onze cœurs intacts qu'il remit à leur place dans les cadavres qui ressuscitèrent. Puis chacun donna un peu de son souffle pour l'aider à fabriquer avec son armure un nouveau fils aîné tout de cuivre, à la peau lumineuse, douce et chaude qui devint le Soleil, tandis que le petit dernier devenait la Lune ; et depuis l'abondance règne au village.

Hibou, maître de la vue nocturne, l'enseigna aux hommes.

Une princesse marcha un jour sur de la merde de grizzly et injuria l'animal qui prit sa forme humaine et l'enleva, mais elle réussit à fuir dans un bateau magique qui l'amena chez le Soleil. Les douze fils de celui-ci la trouvèrent fort belle, mais ils étaient déjà tous mariés à la même épouse, une terrible ogresse qui n'en aurait fait qu'une bouchée, qu'ils tuèrent pendant son sommeil et dont ils éparpillèrent les restes qui tombèrent en pays tsimshian où depuis les ogresses pullulent. La princesse revint en son village avec ses époux et leur fils unique et ils distribuèrent beaucoup de cadeaux. Mais au bout d'un certain temps elle se laissa séduire par un homme de peu et ses époux solaires furieux remontèrent au ciel d'où ils lui firent éprouver leur vengeance,

(Tlingit),

en l'obligeant désormais à vivre avec son fils dans une pauvre cabane sur laquelle les villageois devaient entasser leurs ordures, si bien que l'enfant fut désormais nommé Garçon d'ordure. Un jour celui-ci découvrit le bateau de ses pères, le cassa en petits morceaux avec lesquels il construisit un palais tout de cuivre caché sous la croûte de la cabane. La réserve était inépuisable et il passait ses jours à en fabriquer des objets admirables. Il était amoureux d'une fille d'une merveilleuse beauté que son père refusait aux plus riches et plus beaux prétendants. Quelle chance avait Garçon d'ordure? Mais il réussit à la séduire en lui faisant respirer l'odeur du cuivre pendant son sommeil. Somnambule elle le suivit jusqu'à sa demeure et se réveilla quand, la porte d'ordure étant ouverte, la porte de cuivre resplendissait. Alors elle entra dans le palais pour épouser Garçon d'ordure qui révéla sa peau lumineuse de petit-fils du Soleil, douce et chaude, et fit au père de nombreux cadeaux; depuis l'abondance règne au village.

Castor, maître de la construction, l'enseigna aux hommes.

Et ailleurs un orphelin méprisé, lépreux, qui dégageait une odeur immonde, neveu du chef, réussit un jour à s'emparer seul d'une masse de cuivre tombée du ciel qui s'était accrochée à la cime d'un arbre immense, exploit pour lequel le prince avait promis sa fille. Mais furieux de la devoir donner à ce triste neveu, il les abandonna seuls dans le village avec leur vieille grand-mère, s'en allant fonder un autre ailleurs avec toute la population. Les trois malheureux souffrirent les affres de la faim jusqu'au jour où le jeune homme vit sortir du lac une grenouille géante dont les griffes, dents, yeux et sourcils étaient tout de cuivre, qu'il captura en la pinçant dans un arbre fendu, tua, puis il pénétra dans sa peau. Dès lors tout lui réussit. Il rapporta saumons à foison et même baleines, guérit, sa peau devint lumineuse, douce et chaude, et son épouse qui ne se résignait pas à s'en laisser approcher jusqu'alors, devint éperdument amoureuse de lui.

(Tsimshian).

Or la famine se mit à régner dans le nouveau village dont les habitants vinrent mendier chez eux. Il leur fit d'innombrables cadeaux au cours d'un superbe festin, mais il avait de plus en plus de difficulté à retirer sa peau de grenouille au retour de ses expéditions, et un jour déclara à sa femme qu'il vivrait désormais au fond des mers d'où il enverrait toute la nourriture désirable ; et depuis l'abondance règne au village.

1980
ENVOIS

LA VIE D'UN ŒIL
(Tombeau de Paul Strand)

1) NEW YORK

Rien à dire, seulement cette plaque de colporteuse au pays de ce que l'on voit,

(ouvrez-vous doucement paupières, que guérissent nos infirmités...),

ou chiffonnière officielle de la ville de New York avec le numéro 2622, mise comme une broche au-dessus de la pancarte en carton fixée par un mince ruban pour annoncer qu'elle est aveugle, avec ce qui lui reste de regard, un faux regard, une apparence, pour manifester sa défiance, la moue des lèvres, le grain de la peau comme si elle était une efflorescence, une tumeur issue de la décrépitude du mur même sur lequel elle s'appuie, son masque, les cheveux blancs en menues broussailles qui gagnent sur la coiffe de chenille sombre ;

plus loin les pétales de porcelaine, la mélodie des altérations sur les poteaux de la barrière, les barres du soleil escaladant la nappe,

sans oublier dans les environs quelques débris.

2) ROUAGES

Rien à dire, seulement ces reflets au pays des machines,

(réglez-vous doucement diaphragmes, que se dessinent les détails...),

les réseaux, filets ou écailles de la surface corrodée, les grumeaux de la peinture, la majesté de l'huile qui protège les ressorts, la variété des dents des engrenages, le pas des vis, la tête bombée des boulons, les réponses que se font les rainures, la peau du fer et du cuivre, l'élégance des profils, le mouvement que l'on sent, le murmure, les battements ;

plus loin les meurtrissures dans la fonte, les polissures dans la propreté d'un cœur tictaquant, les gradations sous les glissières qui peuvent produire en cette sculpture utile toutes sortes de sourires,

sans oublier dans les environs quelques chutes.

3) NATURE

Rien à dire, seulement ces gouttes au pays des arbres,

(ruisselez doucement lumières, que parlent les matières aimées...)

suspendues sur leur toile de soie qu'elles rendent seules visible, en files, en essaims ou semis, quelques-unes s'écrasant en étoiles ou rouages, larmes, perles, tessons, sequins, flammes de candélabres pour lézards, gemmes aux traînes des belettes, et la découpure devinée derrière le poudroiement d'hypothèses et commentaires de ce bouquet de hallebardes végétales aux paumes, limbes parcourus de lignes de vie, chance, amour ; et cette feuille de violette que je crois reconnaître loin de sa floraison, tel un front plissé dans sa concentration au milieu d'un tourbillon mémoriel ou des hésitations d'une déclaration passionnée, telle une lèvre sur le point d'exploser en baisers sous la protection des pentacles que ne cessent de tracer les herbes et leurs nervures ;

plus loin les bourgeonnements des vagues du grès, les torrents secs des écorces sur la falaise du bois troué, la dissémination du lichen dans les sous-bois impénétrables,

sans oublier dans les environs quelques fossiles.

4) NOUVEAU-MEXIQUE

Rien à dire, seulement cette boue séchée au pays de l'enchantement

(voyagez doucement clichés, que soient préservées nos trouvailles...)

avec ces fissures et les caresses des mains qui l'ont aplanie en maisons, l'extrémité des poutres rondes qui fait saillie et le tuyau de gouttière carré, les quelques marches à gravir pour pousser la porte vitrée, l'estrade en troncs non équarris pour le chœur de quelque rite, le dôme pointu du four à pain, les autres maisons formant l'angle de la place devant d'énormes cottonwoods dont les ramures s'argentent devant la montagne sombre sous la lumière qui présage un orage violent ;

plus loin la pétrification de l'aurore, l'ombre d'un cheval sur la barrière de son ranch, les taches des touffes de fleurs sur la dune interminable,

sans oublier dans les environs quelques croix.

5) GASPÉSIE

Rien à dire seulement ce plissement des yeux au pays des falaises,

(bruissez doucement rouages, que s'inscrive le signe attendu...)

dans le grand soleil pour voir au-delà, et celui du front qui les accompagne, la majesté de la poitrine sous la chemise, le plissement des manches jusqu'aux mains aux doigts chargés de sang, à la peau épaisse et rugueuse, le mouvement à peine indiqué des bretelles qui soutiennent le large pantalon gardant les empreintes d'années de marche et d'agenouillement dans l'herbe, le labour ou l'eau, les mocassins sur le sol de bois dans le chambranle de bois sans presque trace de peinture, lavé par la pluie, gravé par le sel, poli par le vent, orné d'arceaux de fer et d'un loquet;

plus loin la pipe entre les dents, le grand nuage oblique sur le toit qui perd ses planches, les petites maisons posées comme des cubes sur le tapis d'un enfant-dieu,

sans oublier dans les environs quelques épaves.

6) MEXIQUE

Rien à dire, seulement cette paille au pays des agaves,

(développez-vous doucement épreuves, qu'apparaisse l'oracle neuf...),

tressée autrefois en chapeau qui bâille maintenant par tous ses accrocs, des mois, des années peut-être de luttes et de jeux, effleurant le gros orteil de l'enfant assis sur la marche, avec la distribution des taches sur sa chemise, terre, sang, jus, encre, et l'écartement des deux premiers doigts de la main droite comme s'il allait reprendre son couvre-chef pour fendre le four des rues, mais pas tout de suite, après des minutes, des heures peut-être de réflexions, de rotations d'ombres, souvenirs, espoirs et repères à l'intérieur de ces yeux en communication avec la nuit hululante des déserts et la fraîcheur des cours secrètes, le goutte à goutte de leurs fontaines ;

plus loin ces regards encore de mère et de fille, les ceintures sombres sur le pantalon blanc des hommes, la manche qui pend de l'épaule comme si elle était vide,

sans oublier dans les environs quelques cadavres.

7) NOUVELLE-ANGLETERRE

Rien à dire, seulement la distribution des punaises blanches au pays des chasseurs de baleine,

(agrandissez-vous doucement germes, que fleurissent nos espoirs fantômes...)

sur le montant de bois nu, l'élégance des mains travailleuses qui dans l'accueil s'écartent légèrement du tablier doucement serré autour de la taille, et le mouvement des cheveux déjà grisonnants qui s'écartent légèrement des tempes dans l'hésitation d'un sourire à la fois tendre et un peu hautain, avec la bouilloire blanche qu'elle vient de déposer ou va prendre après quelques instants d'examen, de conversation, de méditation, après qu'une mélodie peut-être fredonnée a terminé la boucle de son refrain et que son cœur s'est remis à battre si normalement qu'elle puisse enfin n'y plus faire attention ;

plus loin les rayures du foulard autour des taches de rousseur, les murs de gros cailloux devant la prairie enneigée, les échelles accrochées dans la remise,

sans oublier dans les environs quelques stèles.

8) FRANCE

Rien à dire, seulement les taches du soleil au pays de mon enfance ;

(noircissez doucement blancheurs, que rêve l'instant capturé...)

sur la vitrine du photographe : bébés nus à plat ventre, un peu plus grands dans les bras de leur mère, garçons en costume marin, premières communiantes, mariés, mariées, mariages, familles entières autour des aïeux, groupes scolaires, sociétés sportives, messieurs à moustaches, agrandissements avec dégradés ;

plus loin la grappe de raisin sur son mur craquelé, les feuilles éclaircies de sulfate, la cabaretière du 33 qui se pince les joues à la recherche de ce qu'elle a bien pu oublier, entre deux coups de torchon, les vieilles qui reprennent leur chronique,

sans oublier dans les environs quelques mausolées.

9) ITALIE

Rien à dire, seulement ces pieds nus le long de la façade au pays des soutanes,

(travaillez doucement liquides, que remonte l'ombre d'antan...)

et la roue de la bicyclette appuyée contre le mur avec sa petite lanterne chromée flambant neuve sous le tuyau dépenaillé de la gouttière, cinq hommes tranquillement las avec leurs yeux noirs et leurs cheveux noirs autour de la vieille grisonnante, les savons et les fioles sur le linteau, les longueurs diverses des pantalons, l'attente ;

plus loin la petite fille dans la calèche, une réserve de foin sur la capote, le bouquet d'ail et d'oignons sur l'épaisse peinture ravinée, la découpure de la ville sur la pluie qui vient,

sans oublier dans les environs quelques monuments.

10) HÉBRIDES

Rien à dire, seulement cette fermeture éclair au pays des îles,

(brillez doucement surfaces, que viennent les regards d'autrui...),

cette reprise dans le tricot, le pantalon de toile à sac, le petit blouson de velours côtelé, les mains potelées, l'une serrant son grand gourdin, l'autre accrochant la cape de drap, les trois fentes horizontales pour les lèvres et les deux yeux, les cheveux roux tombant presque jusqu'aux sourcils clairs, les lichens sur les blocs de granit ;

plus loin la petite fille qui s'assure que sa bague est bien encore à son doigt, les images pieuses sur le vaisselier, le tas de tourbe auprès du toit de chaume,

sans oublier dans les environs quelques ossements.

11) ÉGYPTE

Rien à dire, seulement ce petit canal sinueux au pays du Nil,

(séchez doucement mémoires, que se désaltèrent nos yeux...),

un enfant sur la berge, des vaches dans les chaumes, les champs au-delà, les murs de brique crue du village, des bouquets d'eucalyptus, les panaches des palmiers déjetés par le vent ;

plus loin l'âne tranquille devant la peinture du lion, le cheik borgne dont la barbe rivalise de blancheur avec son caftan repassé de frais, l'inclinaison de la voile sur le plan des eaux,

sans oublier dans les environs quelques pyramides.

12) GHANA

Rien à dire, seulement cette naissance de branches dans un tronc qu'on sent énorme au pays des éléphants,

(chantez doucement silences, que danse notre paralysie...),

qui est en même temps naissance ou plutôt libération de torses et de jambes, d'aisselles — pas seulement dryade, mais le dieu de l'arbre aussi —, cambrés, serrés, accouplés, jaillissant très lentement dans une danse qui est comme un éveil et comme une nage dans la torpeur, comme une leçon d'amour pour tous les animaux et nous, une répétition pour les amours des nuages, le moment où des milliers de mots perlent des pores de l'écorce et où les hommes peuvent enfouir quelques mots dans la terre pour admirer bientôt la forme, le parfum et le goût de leurs feuilles ;

plus loin cette petite fille vêtue seulement de trois rangées de perles sous son nombril dodu, la belle vieille au turban lunaire, et l'orchestre de la manifestation processionnant entre les toits de tôle,

sans oublier dans les environs quelques crânes.

13) ETC.

Rien à dire, seulement cette allée dallée sous les saules au pays de la mort ;

(durez doucement images, que se pacifie notre veille...)

plus loin les cimetières de toutes les parties du monde avec leurs commémorations,

sans oublier dans les environs quelques fleurs.

1981

QUADRUPLE FOND
(Matière de rêves 4)

(30 FOUILLES)

1)

Messager de Saturne à la balafre béante, au bec de vautour, au regard de guidon de moto ; un phare bourgeonne sur son front, la mâchoire coupe, guillotine humaine. Peut-on dire humaine ? Le parking blême étale ses frissons sous les rafales. Festins de clochards dans un coin sous la surveillance du loup-mirador. Puis chacun rampe dans la gueule ruisselante de bave qui cristallise dans le gel de la veillée d'ombres. Flux de soupirs, reflux de râles, tourbillons d'alarmes en travers des vertèbres. De l'autre côté de ces gorges serrées la grande avalanche.

2)

La langue du prophète à l'étal du boucher, déchiquetée sur son crochet cruciforme, marquée au tampon et au fer, clouée en pleine pancarte, épouvantail pour les apprentis fossoyeurs jouant aux quilles dans les gravats. Elle palpite encore ; les mouches qui la révèrent cherchent le miel pour y tremper leurs pattes afin de soulager ses papilles avides, mais surtout les larmes des enfants dont elle est particulièrement friande. Un filet d'épaisse liqueur coule dans le ventre de la ville qui se retourne en geignant. L'accouchement sera pour bientôt : une nouvelle génération de problèmes.

3)

Le casque et le gant de boxe. Le sécateur et l'enclume. Le procureur et le juge. La trogne et la lippe. Guignol infâme au milieu du silex et du givre. Arcades et moignons. Le cor de Roland à Roncevaux devient rauque. Le carnaval des tortues s'annonce par une bourrée dans les moraines. La montagne rassemble ses griffes et prend son vol au-dessus des autostrades lézardées, des lacs de lie, des émissions de variétés, des best-sellers, des grands collèges, des artifices de procédure et de statistique. Le fouet du vent sonne comme un luth sur le désastre mou qui se pulvérise dans le blanc. Crépuscule d'un jour qui ne valait pas le réveil. La page s'abat.

4)

À bride abattue les sierras, les mesas défilent. Cierges sur les falaises. Gibets de loin en loin. Les coyotes y tiennent leurs assises hurleuses. Chercheurs de diamant rassemblez vos santés, vous en aurez besoin pour traverser les fourches et les banques. Plus vite, plus vite ! Les ponts s'écroulent pour l'hésitant, les monuments de la Nature s'effondrent, le ciel se replie comme un livre qu'on roule, l'horizon crève sur de grandes cendres gâteuses où remuent faiblement quelques débris de villes trop vite plantées. Le seul salut, c'est la panique. Écoutez la jument du soir qui bat le rappel de sa portée de ténèbres trébuchantes. Plus vite ! Au sommet d'un galop que votre adolescence jugeait impossible, enfin une gorgée, une caresse, un tintement, la plus précieuse des pierres.

5)

Scarabée roulant son Soleil de bouse, vautour fouillant sa charogne d'or, j'ai vécu dans plusieurs empires, plusieurs vallées et deltas, dévalisé les tombes des rois, ravagé les jardins des reines, cassé les pyramides, vidé les lacs, roulé les horizons, brûlé les Louvres, éparpillé les livres, irrigué les déserts et déplacé les mers. Assez ! Ayez pitié de moi, dieux des frontières ! Délivrez-moi de ce lent suicide où je me complais dans les puits de pétrole que je hante, et donnez à mes dents des proies qui puissent les rendre douces. Enfants des amphores de l'enfer, que je pourrisse interminablement dans tous vos pores, que je m'infiltre en tous vos nerfs jusqu'aux nuits de l'été, traquant sans relâche d'éternité en éternité le gibier de nos nouveaux mondes qui tardent tant !

6)

Crinoline, capsule, conque, geste par-dessus la jambe, ramure d'orignal, perruque en plein vent. Danse, jockey du crépuscule, sur les reins de ta rivière coulant sous les ponts de ta forêt de fumées ! Un jour l'arche pénétrera de l'autre côté des cavernes, un autre sel cristallisera dans nos marais, d'autres perles croîtront dans nos huîtres, un autre or roulera dans les torrents des Indes. Un jour un autre sang coulera dans nos veines ; un jour un autre jour éveillera nos villes fantômes, et nous glisserons, animaux des livres, dans la vague des ères sur les sables de la tendresse. Un jour une autre mort libérera nos morts ; un autre langage flambera le nôtre, une autre vue nous donnera tout notre corps, un autre goût nous permettra de lécher le ciel, un autre odorat de sentir les astres.

7)

Clavicules du fantôme de Salomon, le sabots piétinent la tombe. Éleveur de pustules, le fossoyeur racle ses pelles. Des chevaux écorchés broutent des masques de gaze, des colliers d'éperons accrochés à leur selle. Passent les vierges folles, leurs lampes remplacées par des pots de pommade ; rouées de coups par leurs seigneurs provisoires, elles enduisent leurs ecchymoses et des menottes claquent à leurs poignets. Soleil de minuit, hôpital vétérinaire sous la neige, cimetière flottant, salon des larves, alcôve des larmes, fissures d'ombres.

8)

Fou d'échecs. Au deuil pâli du ciel, la croix de Vénus a perdu son anneau de tête. À la serre ouatée des toxicologues, la fleur-mâchoire entrouvre ses dentiers charnus. Viroles à venin, vertèbres à baumes, cupules à résines, bourses à lymphes. Les parfums qui s'en dégagent tuent les mouches, attirent les politiciens, détournent les ambulances de leurs parcours réguliers, provoquent des pannes d'électricité dans les amphithéâtres de dissection. Alors les grands malades secouent leur agonie, leurs lits deviennent navires, et ils voguent dans les rues inondées des villes où ils ont connu leurs premières amours, la mort leur devenant si douce qu'ils ne laisseront derrière eux nul cadavre.

9)

Nœud de la sirène enveloppée dans une houle d'oriflammes. Les jupes roulent sur l'écume des quais ; des gerbes d'épingles rebondissent sur les cordages. Les filets étalés entre les cabestans ramènent les courants entrecroisés des troupes de bottines aux laçages avides. Quel bal fut englouti lors de cette marée que toutes les cloches des bas quartiers avaient accompagnée de leur glas, quel lâcher d'ombrelles et de gauloiseries étranglé par le poing du vent! Du goulot brisé de cette bouteille coulent des lèvres et des langues qui viennent lécher dans le silence les pieds des mendiants sous les arcades ébréchées. Du ventre crevé de cette galère pendent des paupières et des chevelures qui viennent essuyer les yeux des solitaires attendant le retour des fièvres.

10)

Galères et violes, sonates de naufrages sous l'étoile du contre-ciel. Amer savoir, nuits, gisements. Christophe ou Vasco perdu dans le miroir de la mer sans amers. Archets d'algues sur la basse des outres, athanor aux braises du large. Sillage d'échos où mûrit la rondeur de la Terre, sillon du frai des horizons formés de filons et de lèvres. Ambassadeurs de la crispation jalouse, ils goûteront un instant aux fruits offerts avant d'arracher les arbres et de répandre leur noirceur inquiète à coups de fouets sur leurs conquêtes, épongeant quelque peu le sang par leurs homélies sirupeuses, tandis que les cadavres sécheront sur le sable ou surnageront parmi les flots le ventre énorme.

11)

Minute après minute, le balancier s'écaille. À la pharmacie des âges qui trouvera le bandage pour les ruptures de mémoire? Pinces pour rapprocher les lèvres des heures. Scalpel à censure. À l'église des émigrants sonne la cloche des épaves. La procession des horlogers tourne autour du port. Le prince-mage élève dans son ostensoir une goutte de loisir. À son éclat fondent les blindés, les dissuasions perdent leurs forces et les barbelés leurs épines. Le temps de réclusion fuit par tous les claviers. Rose des exclus, ouvre tes neiges et tes baumes à nos foulures! Une aurore qui ne se rangera pas en jour.

12)

Sabot de taureau qui racle dans l'arène, gouge qui fouille dans les veines du tronc encore en pleine croissance dégoulinant de sève et de salive, tel est le sceptre du couronnement-trépanation. Approche le diadème, le casque d'infirmier-prophète sur son coussin d'ouate imbibé d'éther sous les projecteurs des voûtes, dans la vibration des tuyaux de chauffage, les cliquetis des pinces, les soupirs des bombes à oxygène, les tintements des gouttes dans les éviers. Acclamations étouffées, foule sombrant dans l'anesthésie des lavages, violences dans les escaliers, placards éventrés, flaques d'alcool. Le grand malade se lève alors de sa table étincelante, arrache ses pansements d'hermine, donne à baiser sa main de braise aux lèvres carbonisées des préparatrices au milieu des flammes rampantes.

13)

Jardins de chandeliers et d'urnes, arbres à cordes, buissons d'anches, les signaux de fumée passent de replis en falaises. Cercles de vautours, approches de cougars. Les cavaliers ont disparu dans leur caverne. Flûte ou lyre, un appel qui suinte. Masques mûris dans vos sommeils, ébranlez maintenant de vos déclarations dansées nos maisons souterraines. Le vent se renverse. Quelques galets roulent. Le soir nous parle du pays de la nourriture et des vins. Tous nos malades éprouvent un instant de soulagement. Une piste part d'ici. Programme des années prochaines. Paysage de siècles. Millénaires de soupirs.

14)

Sémaphore en loques; au compas des banquises les points de suspension s'écartent en crissant. Notre sampan aux orbites carrées oscille sur les marges de l'océan baveur. Vergue basse pleurant sur l'écume, étau d'horloger migrateur entre récif et blizzards. Sur notre cadran les ombres épineuses ont rampé des années d'outrages tandis que pierre à pierre s'édifiaient les donjons, poutre à poutre ponts et greniers ; c'est le temple de la serrure sur l'île du guet, hantise des navigateurs qui n'osent allumer leurs feux sous leurs tentes même quand le crâne du Soleil baigne déjà ses dents parmi les brumes venimeuses.

15)

Constellation de foutre sur le ventre de l'espace, semis de pollen sur la page des orchidées. Bien calés dans les habitacles de nos astronefs botaniques, respirant à peine, mais aspirant les parfums des anneaux en fleurs, suçant, lapant le jus des amas globulaires, nous enfonçant dans la forêt des trajectoires. Un jour nos corps métallisés découvriront les plaisirs de la rouille dans les rosées d'acides. Une nuit nos ossements bourgeonneront d'aiguilles et de mélodies au milieu des rugissements de l'ancienne épouvante qui se frottera voluptueusement aux lambeaux détachés de notre chair, toutes terminaisons nerveuses en grand voyage.

16)

Crocs de homards poisseux de salive, dans cette flaque de blancheur j'écarte ronces et daviers. Gémissements et soif. Les surveillants ricanent de l'autre côté de la grille. Tremblements et sifflements, un peu de fièvre. Les rouages grincent dans l'église de verre aux chapiteaux de coton hydrophobe, les lustres aigres pivotent et s'éteignent. Il reste une odeur d'encre et de roussi. La brume et le froid gagnent les immobilisés. Je voudrais les caresser, mais tous mes doigts coupent comme des faux; le moindre de mes effleurements griffe et je me lacère en tentant d'essuyer mes larmes.

17)

Au grand salon des crânes, le service désinfection ne sait plus où donner du vaporisateur. Il reste des lambeaux de chair et de cervelle sur certaines des pièces les plus rares. Que va dire le Président? Les fanfares de l'inauguration résonnent déjà dans la cour. Les spirales des motocyclistes se resserrent. On déroule le tapis de peau fraîche sur les marches d'acier. Le fossile du père admoneste celui du fils: où sont tes yeux? Ils devraient être bien rangés sur leur divan de porcelaine juste au-dessous de tes orbites. Immobilité maintenant, le chariot passe.

18)

Le sein de l'assemblée ou celui des tourmentes. Au choix le cœur ou le ventre vide, la fesse des piqûres ou celle des ventouses. Danseuse au Théâtre des Incisions, sa morgue sur notre morgue. Et pourtant un peu de pitié passe à travers le sas. Haleines sur les parois où sèchent les tumeurs. Le chœur des anesthésistes entonne son thrène. Les seringues giclent et se brisent. Une touffe de cheveux s'enroule suppliante autour d'un fémur transparent. Des lèvres s'ouvrent sur d'autres traitements. Tout un calendrier d'interventions et d'examens. Telles sont nos fêtes...

19)

Phare des infirmières, espoir des boulevards aux heures de pointe, phiole fissurée recueillant le sang blanc des blessures d'amour sale, te voici dans le tabernacle de l'étuve. Les microscopes viennent te faire leurs génuflexions. Les lampes te baisent. Les ventilateurs t'envoient leurs parfums distillés par les pharmacies les plus souterraines; les bandages s'enroulent autour de tes oscillations, inscrivant des textes d'ordonnances sur les corridors semés de sciure et les trottoirs constellés de glaires. Tu soupires, halètes et baves, et toute la division soupire avec toi.

20)

Guerrier portant son cri d'une main, de l'autre son bouclier où dégouline une tête tranchée, guetteur au temple des gaines, les deux pieds avec leurs semelles de fonte, fermement assurés sur l'assise magnétique. Souplesse de ces remparts de cuir et d'émail, créneaux d'ongles et de dents. À chaque meurtrière une hallebarde brille. Sur les douves hébétées le concile des hernies file ses racontars. Refermant sa trousse avec un haussement d'épaules, la jeune maréchale s'étend parmi les casques et les masques, entrouvrant ses rubans de lames humides. La sentinelle rajuste sa visière.

21)

Ciboire ou menhir, pal ou vasque, remuements présages de l'éveil tandis que les borborygmes en chapelet prétendent mimer le vibrato des sphères. Enclume ou pince, masure ou grenade, filaments de silence au milieu de la foule, grande lessive en espaliers, granges de toux, dentelles de vomissements. Cirque ou perspective, sillage ou carrefour, delta de bave sur les dunes de plâtre, au tournoi des rouilles les galets s'agglutinent en alphabets d'orgues. Compas ou grelot, carène ou vergue, roule, crépuscule duveteux, sur les parapets de nos bagnes! Le souffle suit.

22)

Aile d'albatros vibrant sur les cordages du vaisseau fantôme. Ancre d'encre, épieu de plumes, frisson de lueurs. Dans le hublot l'iris de la neige, dans l'œilleton l'étrier de granit. Soc blessant l'horizon, étraves sous l'ombre. Épaves sur glas, entraves sans vacances. Nous volerons au vent d'acier casqués d'amiante, pieds palmés et doigts duveteux, nous précipitant dans les trous d'azur blême pour en repêcher flèches et écailles, protection pour nos enfants siffleurs, arêtes et hameçons laissés par les envahisseurs qui s'en retournent avec leurs cargaisons de fourrures que nous parsèmerons de fientes et de cendres. Et notre arroi traversera les toundras d'algues avec grand clapotis, cliquetis et abois pour annoncer les glissements de terrain sous les capitales, l'effondrement des règnes et le retour du froid.

23)

Proclamation du singe entre les sages, déclaration du songe entre les sauges. Répartition du nuage entre les neiges, déréliction du pèlerinage entre les échafaudages sur les plages grises. Les glaciers menacent les tropiques : palmiers emportés par des torrents charriant des glaçons. L'horizon grésille d'informations en miettes. Ô vous, chers attentifs, il est temps de vous envelopper dans vos écharpes de lichen pour plier une dernière fois vos boucliers que l'âge de la soude va bientôt ternir à jamais. Plus le moindre éclair dès lors en dehors du ciel. Le verre cassé ne tranchera plus. Toute blessure sera devenue impossible. Les loups auront beau s'acharner, secouant les chevreaux dans leur gueule ; ils réussiront bien à les étouffer, mais nulle goutte de sang ne suintera plus de leur cuir pour les abreuver, et ils dépériront de mélancolie au milieu des champs de charognes qui gonfleront avant de se pétrifier sous les lianes de givre.

24)

Signaux sur l'autoroute de la détresse : à droite la faim, à gauche le froid, partout le brouillard avec les phares intermittents. Au péage, la trousse au grand complet : coins, molaires, socs, pinces, gouges, spatules, tout le couvert pour le repas des Érinyes casquées d'asphalte, masquées de gaz, gantées de chrome, bottées de pneus. L'essaim de leurs motards fait démarrer ses déchirures. Alors sur ce ruissellement lent d'hiver qui n'en finira plus, dans les alvéoles d'horizon rapproché, les truffes et les braises s'alignent en diagrammes liquides. Le tunnel donne sur les vignes d'un océan dont les anémones s'ouvrent aux vocalises des virages.

25)

Ils viennent, ils reviennent plutôt, l'un après l'autre et l'un dans l'autre, à travers le côté, dans l'âme de la marge. Prestigieux comme toujours, abominablement enchanteurs, les mêmes hélas ! mais hélas ! incomparablement mieux armés. Une chance que nous soyons là, virus dans leurs entrailles pour bouleverser leur digestion, éboulis sur leurs sentes pour faire gicler le jus de leurs armures, et pavés dans leurs nefs pour faire éclater leurs vitraux en moires d'abîmes.

26)

Bourgeons de ville au milieu de son propre écroulement. Les sépales de granit s'entrouvrent au carrefour des allées dallées de sarcophages. Tell retourné dans la serre de l'appréhension, une ancienne alcôve y rêve de draps et soupirs. Au-dessus de la savane épineuse l'observatoire, au lieu d'enregistrer le passage des astres, fait signe aux explorateurs d'outre-ciel. Spermes aux vagues savantes, venez vous baigner dans ces cupules rugueuses qui n'attendent que vous pour se fondre en lèvres, dans la réanimation des enceintes entre les balises de l'océan des rites agiles et des graves rires.

27)

Turban d'améthyste et sabot de watusi, armoiries de notre Afrique livide. Meules à l'entrée des villages, stèles aux croisements des pistes, jalons dans la dérive du sable que les premiers des vagues successives d'espions, les uns après les autres, ont pris pour de la neige. Grandes cicatrices dans le plateau, comme imprimées au fer rouge du renversement du cours des planètes. Tout d'un coup, dans le blanc des yeux du ciel, un satellite fuse en gouttes métalliques. Les aérolithes soulèvent d'immenses gerbes dans l'océan lointain, déplaçant les masses rocheuses qui découpent notre horizon, et signent dans nos forêts fantômes de leurs fulgurants paraphes de cendres.

28)

C'est la machine à l'impression des ombres. Cylindres de rubis, caves de mousses lumineuses, bouteilles en enfilades sur les parvis et terrasses qui donnent sur la mer couverte de voiles couleur de brique où les idéogrammes se replient et déplient en claquant doucement dans le vent du soir. S'étendre dans cette encre où tu laves le charbon de tes ongles, et qui ruisselle en tatouages toujours nouveaux le long de ta poitrine et de tes cuisses, tournant autour de ton nombril en grandes périphrases ironiques et irisées. Liqueur suintant des reliures et vitrines pour s'amasser dans les coquilles en nacre de sang doux-amer, en âcre miel de perles rousses courant de lèvres en lèvres devant les affiches qui sèchent en diffusant sur les faubourgs des parfums à vous ressusciter les plus vieux morts.

29)

L'ouragan au repos, tous ses rouages de fauve rangés sur l'enclume de l'aube. Il essuie aux rives ses colliers, fourre des cristaux dans les poches du silence, polit ses griffes aux toits des entrepôts qui s'étirent, dispose des trésors de vaisselle sur les rayons des falaises et des orchestres transparents dans les loges des récifs. Toutes voiles dehors pour l'instant, la caravelle dans une vallée d'océan qui s'enfonce jusqu'au monde promis des mines où l'on mange le Soleil à pleines poignées parmi les cadavres des dieux qui sourient encore dans leurs soutes pavées d'encensoirs, sous leurs voûtes hérissées de chandeliers, avec leurs doutes en rideaux d'algues, méditant sur leur presque existence, méditant sur l'enfant ouragan qui se ramasse pour bondir mugissant sur nos républiques moisies.

30)

Régates de la rouille, pioches dans la craie du ciel. Les cavaliers écorchés se blottissent aux culasses de cette artillerie retournée. Douves de grès, Louvres d'ombres. Et le vieux sang sèche au long des lames, charnières grippées, cabestans. Le troupeau des mots ondule dans son ranch tandis que les tourbillons se vrillent sur l'ocre du soir. De flèche en flèche les devises des corbeaux, de gradin en gradin les reniflements des goules, de fissure en fissure les relais du gel. Gouvernails fichés dans le mâchefer, geysers de caillots, harpons des canyons ; et le vent des invasions se lamente en filant parmi les sifflets.

1983
EXPRÈS
(Envois 2)

LES ANIMAUX MALADES
DE LA POUSSIÈRE

1) LES NAUFRAGÉS DE L'ARCHE

Museaux.

Le jeune singe a un peu vieilli ; il est frileux. C'est qu'il va falloir quitter tout cela. Nous étions si tranquilles, surtout depuis quelques années. Il ne vient plus personne. Même auparavant les groupes d'enfants osaient à peine caresser nos pelages sous l'œil de leurs instituteurs et des gardiens somnolents ; les spécialistes que promenaient parfois les directeurs ne s'arrêtaient qu'une ou deux fois en poussant des exclamations de surprise, essuyant les verres de leurs lorgnons.

Truffes, groins.

Il faut mettre tout cela au passé. On nous promet de nouvelles installations, de mirobolants éclairages, des dispositifs audiovisuels avec des claviers de boutons comme dans les machines volantes, de grands panneaux bourrés d'explications. Mais pour l'instant on creuse pour nous de profonds silos où il nous va falloir descendre, et d'où bien peu remonteront, les premiers ce ne sera pas avant des années.

Moustaches, ocelles, babines, haleines, muscs, encolures.

Nous comprenons maintenant pourquoi ce bâtiment ressemble à un grand hall de gare, à une salle des pas perdus. C'est un lieu d'adieux. Les éléphants ont déjà commencé leur exode ; d'ailleurs tout le monde s'est déjà quelque peu déplacé, sauf les bénéficiaires de vitrines spéciales, et les squelettes des immenses cétacés.

Rongements, grignotements, pattes de velours, hérissements, ricanements, feulements, miaulements, griffes et crocs.

La mère surveille son petit dont les oreilles se dressent aux bruits qui ébranlent les murs et font déjà trembler le sol : marteaux pneumatiques, excavatrices, camions, bétonneuses, scies à métaux, sans parler du trafic intense dans les rues prochaines si calmes autrefois. La mince trompe tendre s'appuie sur la grosse patte levée pour y puiser quelque courage.

Panses, cuissots, jarrets, allaitements, ruminations, bêlements.

J'ai si longtemps considéré ces profondes rainures dans la peau grise, telles des craquelures dans la boue d'un lac desséché, ces replis de cratères comme sur la surface de la Lune, les poils fichés dans la queue comme les ficelles d'un vieux balai à laver les carrelages.

Échines, frémissements d'oreilles et pelotonnements sur les feuilles mortes.

Et ces défenses qui mariaient leurs courbures devant les pattes et les crânes comme des bouquets de cactus, comme des fleurs tombées de ces arbres en marche ou de ces marécages grognant et flairant sur leurs piliers à ongles ronds, avec leurs cuirasses de croûtes et leurs narines palpitantes.

Adieu.

Les délicates colonnes de métal montaient parmi les familles de mammifères jusqu'aux étages des poissons, des batraciens et des reptiles, escaladaient d'ordre en embranchement jusqu'aux trésors de la mer et des lagunes, et aux insectes étincelant tout en haut dans la pénombre de leurs boîtes.

Les soucis de l'éléphant, l'expectative du rhinocéros, sous les graciles arcades des galeries supérieures et les assemblages de vitres carrées ou triangulaires. Si souvent l'ombre avait rempli ce grand vaisseau, cette arche sur la mer parisienne où déferlaient circulations et émeutes. Les guerres ne nous avaient pas touchés. Bourrés de paille, saisis dans notre guet, le jour nous inondait tout doucement, très gris d'abord, les couleurs s'éveillaient lentement, et c'est seulement pendant quelques heures, quelques jours par an, que de grandes épées de soleil venaient faire briller les pelages, éveiller d'inoubliables reflets.

Souvent seuls les cous des girafes surnageaient au-dessus d'un étang de ténèbres où nous flottions silencieusement, humant les fumées et les souvenirs, imperturbablement cherchant notre chemin parmi les estrades et les catégories, quêtant les apparentements, nos origines, distillant dans nos regards de verre la nostalgie des continents où l'on nous avait sacrifiés, car nous sommes tous des fantômes, et ce sont nos momies que l'on va maintenant ensevelir dans cette vallée des anciens rois de la Terre.

Une Idée, une Forme, un Être
parti de l'azur et tombé
dans un Styx bourbeux et plombé
où nul œil du ciel ne pénètre.

D'autres bêlaient, bramaient sans aucun son dans d'invisibles savanes, devant d'invisibles montagnes, venaient se désaltérer le soir à d'invisibles points d'eau. Et ceux qui avaient été séparés par des océans durant leurs vies bondissantes, se rassemblaient ici dans leur tranquillité maintenant si précaire.

Par une galerie vitrée se précipitait la délégation des kangourous, s'arrêtait brusquement nez au vent, narines froncées, faisant passer au travers des armoires des étendues de sable rouge, des eucalyptus et des mimosas.

Dans une autre s'interrompait le comité de vigilance des gazelles, allongeant leurs curiosités timides parmi les froissements d'herbes muettes, des galopades immobiles, de calmes paniques, des tornades gelées.

Jours de sursis, adieu.

Les mammifères français dans leur étable transparente regardaient à travers les murs, à travers les rues, les quartiers, les faubourgs, la banlieue, les champs, les taillis, les sous-bois, les forêts, les ravines, les corniches et les glaciers.

Leurs voisins d'Europe écoutaient les chasseurs d'antan, lissaient leurs cornes ou ramures sur les troncs moussus absents, s'enfilaient entre des rochers et cascades, se reposaient au bord de gouffres lointains, faisaient rouler des cailloux jusqu'aux rives des lacs ou redressaient la tête au-dessus des fougères.

La salle entière était semblable à la cage thoracique d'une baleine qui nous aurait tous avalés. Parfois la lumière à taches et rayures nous déguisait en girafes ou en zèbres ; quant aux ornements de métal ou peinture, ils devenaient vertèbres, cornes, omoplates, phalanges ou sabots.

Un Ange, imprudent voyageur
qu'a tenté l'amour du difforme
au fond d'un cauchemar énorme
se débattant comme un nageur

D'autres baleines ondulaient à l'intérieur de la baleine, et lorsque la pluie battait sur les verrières, tout devenait glauque et houleux ; autour des ossements se reformaient les chairs.

Alors les girafes exploraient le fond de la mer, tendaient leur cou pour admirer les éponges sur les rayonnages des récifs, humer coquilles et madrépores parmi les ferronneries d'algues.

Le sable des grands fonds se plissait en losanges et chevrons, les mâts des vaisseaux naufragés s'enracinaient parmi les repaires de marsouins qu'étudiaient les colloques d'ours en cloche à plongée.

Salon du *Nautilus* métropolitain, usine à classifications, adieu.

2) LES ADIEUX

Le solitaire okapi n'en croyait pas ses yeux devant les vitraux de la profondeur où flambaient nacre et laques. L'orgue des longues jambes déroulait ses canons au-dessus des buffets qui cachaient les claviers. Tibias hautbois, cuisses mandores, cordes d'échines et panses rousses.

Les bouquetins mélomanes, les éléphants de mer extasiés, les yeux semblables à des entrées de mines d'or, au cœur des ondes écoutaient l'orchestre et le chœur répartis sur tous les gradins, cantates ultramarines inaudibles aux oreilles urbaines, mais traduisibles aux regards de certains humains encore frais.

L'orignal et son épouse dans le parterre s'interrogeaient devant la reconstitution d'une roselière venue d'une autre collection autrefois de l'autre côté de la rue, où s'ébattaient cygnes, spatules et cormorans à l'abri de leur prisme de verre devant les volutes et les lys de fer forgé accompagnant la naissance des faisceaux de colonnes sombres devant les bibliothèques à bocaux.

En luttant angoisses funèbres
contre un gigantesque remous
qui va chantant comme les fous
et pirouettant dans les ténèbres

Un quatuor d'antilopes exécutait son scherzo agreste et musqué, à la fois tendre et distant, avec ses bois chantournés, son intense vibrato, ses piquetés, ses soupirs, ses insinuations, ses glissandi, ses fugues.

De l'autre côté de la rue, c'étaient les galeries du duc d'Orléans, promenade idéale pour les familles les dimanches après-midi pluvieux, lorsque le Jardin des Plantes à nos pieds, ou les quais de la Seine proche étaient impraticables. Ce riche personnage titré avait chassé sous tous les climats et rapporté des collections de dépouilles ou fantômes qu'on avait installées dans des décors aussi réalistes que possible. La chaleur quand on entrait dans la salle de la savane, le frisson en passant à celle des pôles ! Je savais tout cela par les conversations des enfants sensibles. C'est de là que nous étaient venus ces barques avec leurs agrès, et bien des spécimens qui manquaient à notre univers, car le délabrement s'y était produit bien plus tôt.

Rendons hommage en passant au dessinateur des étais, à l'architecte de ces charpentes pour charpentes, squelettes pour squelettes, au constructeur de ces carcasses. Quelle grâce dans ces tirants, ces haubans, ces vergues, quelle douceur dans ces béquilles qui venaient assurer la position nageuse des carpes, métacarpes et phalanges ! Tel un professeur de maintien redressant délicatement la position d'une majestueuse élève dont il aurait été épris.

Édens de poussière, ziggourats, le réduit aux chats domestiques, adieu.

Ingéniosité de ces arbalétriers, de ces câbles tendus, de ces grappins saisissant les côtes comme les cordes d'une harpe, traduction en métal de toutes les densités de la chair absente, rayures des flancs croisant les rayures des doigts, soulignant celles des balcons au-dessus des rayures des vertèbres et des cornes, des pelages et des crinières par-delà l'épaule de la raie telle une vaste dune de sable.

Il y avait des endroits de tumulte avec le tigre du Bengale escaladant l'éléphant ducal et déchirant de ses griffes les parois d'osier de son palanquin entre une procession de gazelles et un étendage de torpilles, avec la lionne déchirant la nuque du zèbre renversé.

Il y avait des plages d'épouvante avec d'interminables mâchoires cisailles, des crânes anamorphoses de créatures d'un autre espace, des illusions provoquées par notre position oblique par rapport au projet du démiurge en tel domaine, avec des têtes sectionnées, des membres épars, des fissures, des accrocs, ulcères, bubons, de tristes monstres.

Un malheureux ensorcelé
dans ses tâtonnements futiles
pour fuir un lieu plein de reptiles
cherchant la lumière et la clef

Il y avait des recoins de douceur comme la famille des ânes avec sa patience et ses précautions sous les cloches de verre opalin qui diffusaient de temps en temps une parcimonieuse lumière.

Il y avait des carrefours de surprises, le flot des zèbres se mélangeant avec celui des dauphins, les cornes s'enfonçant entre les vertèbres, les pelages moutonnant en houle avec l'écume des oreilles, nageoires et museaux.

Il y avait des nids de laine avec des ambres, des rousseurs, des boucles, des frisures et des écheveaux, des velours, des quenouilles, des franges, des duvets et des barbes, des tricots, des tapisseries, des rideaux et des houppes.

Le cagibi aux chats sauvages, le cabinet aux lynx, le coffre aux guépards, le placard aux singes, adieu.

Il y avait des corridors de balbutiement, les sabots tâtant le sol pourtant lisse comme s'il était couvert de cailloux, d'épines ou d'éclats de verre laissés par des pionniers ou des hors-la-loi après leur repas sauvage, les premiers pas et les premiers regards de ces nouveau-nés qui ne devaient jamais grandir, le long des planches veinées de ruisseaux de lueurs.

Il y avait des avenues d'attendrissement, tous les parents, l'oncle bœuf musqué, le cousin chameau, la tribu des onagres, faisant cercle autour du petit dernier, l'encourageant, s'esclaffant, trouvant des ressemblances, remuant de vieilles histoires, prodiguant des conseils, annonçant des succès futurs qui ne devaient jamais venir, chacun dans sa vitrine ou sur son estrade.

Il y avait des pyramides de mugissements, de cuirs, de ruminations, de laits, de jougs, de labourages, de convois, de litières et de bains de boue.

Un damné descendant sans lampe
au bord d'un gouffre dont l'odeur
trahit l'humide profondeur
d'éternels escaliers sans rampe

Il y avait des pavois de solennité, rois ou juges, avec leurs assesseurs et ministres, les greffiers, huissiers, secrétaires, la cour, les témoins, les conseillers, les gardes, les exécuteurs.

Il y avait des gouffres d'illumination, avec des bonzes, des moines, des novices et des supérieurs, des cellules et des cloîtres, des salles capitulaires, déambulatoires et absides, oratoires et retraites, offices et harangues.

Il y avait des scènes de grand opéra, l'otarie lançant son aria sous les cataractes d'éclairage blême, et j'étais là dans mon coin, écoutant tout, regardant tout, ranimant tout, me réchauffant à tout ; j'ai réussi à fasciner suffisamment les gardiens pour qu'ils me promènent un peu partout, mais c'était là un de mes endroits préférés ; je suis loin d'en avoir assez profité.

L'armoire aux lémures, la cabane aux moines, la case aux grimpeurs, apprentissages et accouchements, adieu.

Comme je voudrais parcourir encore ces chenaux de banquise qui me faisaient me recroqueviller même en plein été, faire plus ample connaissance avec le peuple des narvals, converser avec les phoques, apprivoiser les ours blancs qui me terrorisent encore !

3) LE DÉMÉNAGEMENT DES ANIMAUX

Il y a des régions entières que j'ignore et n'aurai plus jamais sans doute l'occasion d'approcher, même à cet étage, car quand je dis qu'on m'a promené partout, il ne s'agit que de celui-ci, et pour ce qui est de là-haut (ou d'à-côté), je n'ai jamais fait qu'entrevoir, deviner, imaginer. Il n'est plus temps désormais d'entrer à l'école des morses, d'aboyer avec eux. Que de hurlements enregistrés ici dans les attitudes et faciès me seront perdus pour toujours, et pour les hommes !

Trop tard pour apprendre à nager sous la glace, à la rompre, à mimer l'huile, à ramper dans la neige, déchiffrer les clapotis, les crissements, déceler l'approche des blizzards ou dégels, des massacreurs, des bancs de poissons succulents.

*Où veillent des monstres visqueux
dont les larges yeux de phosphore
font une nuit plus noire encore
et ne rendent visibles qu'eux*

J'avais bien commencé à combiner l'équateur et les pôles, entrecroiser les migrations, faire fleurir les vertèbres en paumes et vasques. Trop tard pour mener à bien cette horticulture, ce contrepoint, cette transmutation. Quelle trace restera-t-il de mes propositions ?

Quelqu'un aura-t-il eu l'idée de fixer nos rencontres : le combat furieux de deux lions sous l'œil surpris mais rassuré des antilopes sans le moindre souci pour leur fragile progéniture, parmi les ramures des élans comme dans le château d'une nouvelle Bavière, les enlacements des pythons et des ossements titanesques, le défilé des turbots derrière la vitrine des peaux douces ?

Un de nos derniers visiteurs s'est longuement attardé ; il est revenu maintes fois, m'a déplacé, en a déplacé d'autres, a ouvert mainte vitrine, disposé ses appareils, attendu, examiné soigneusement les ongles étroits des tapirs, les fesses des éléphants et les omoplates des cachalots.

A-t-il réussi à saisir l'apparition d'un troupeau de daims au milieu de la forêt des trépieds, l'exode des pachydermes devant l'invasion des monstres de la mer, les engrenages des espèces et de leurs transhumances, tandis que de l'autre côté du mur, des massifs, des serres, des jardins de rocaille, les fauves rugissaient dans leur rotonde, les fauves vivants enfermés, à maints égards plus malheureux que nous, les caméléons du vivarium attrapaient des mouches bourdonnantes et les fossiles roulaient leurs éventails de pierre ?

Nos fuites, nos dispersions, nos débandades, comme si nous avions cherché de toutes parts l'issue de ce refuge, de ce monument à notre gloire passée qui se transformait en prison, trappe, comme si nous avions rêvé de côtoyer les voitures d'enfants défoncées, les miroirs ébréchés, les fauteuils crevés sur les marchés aux puces de toutes les portes de l'ancienne enceinte,

pour découvrir de magnifiques richissimes amateurs sensibles qui nous auraient choyés, lavés, séchés, brossés, auraient construit pour nous des châteaux sur mesure, reconstitué nos jungles, nos halliers, nos antres, auraient fait circuler respectueusement entre nos splendeurs retrouvées quelques spécialistes d'émerveillement.

Un navire pris dans le pôle
comme en un piège de cristal
cherchant par quel détroit fatal
il est tombé dans cette geôle

Puissance du règne animal autrefois : on nous craignait, on nous aimait, on nous révérait, on nous embaumait, on nous élevait des temples, on nous sculptait des sarcophages : que de cérémonies et d'inspirations !

Ceci était un de nos derniers mausolées. Tout cela est bien terminé. On nous tolère, on nous étudie, on expérimente sur nous, on nous montre aux enfants pour les distraire, on nous parque dans des réserves, on nous élève industriellement pour nous dévorer, on nous déménage.

Ils ne s'inquiètent plus que de nos tout petits frères, nos vengeurs qui les tourmentent de toutes sortes de façons neuves par leurs mutations.

Nous continuerons de hanter leurs rêves et de fortifier ceux qui se souviennent de nous.

Où sont les butors tachetés,
les couroucous, les touracos,

le siffleur et le commandeur,
les attitudes, les empreintes ?

> *Emblèmes nets tableau parfait*
> *d'une fortune irrémédiable*
> *qui donne à penser que le Diable*
> *fait toujours bien tout ce qu'il fait*

Où sont les manchots et kiwis,
les goélands et les mouettes,
les courlis, les vanneaux, les râles,
le jacamar et le tic-tic ?

Où sont les colibris huppés,
les oiseaux-mouches à cravates,
la fauvette et le roitelet,
le faisan doré, la perdrix ?

Où sont le gerfaut, l'écorcheur,
le paradisier six-filets,
l'ortolan de neige à collier,
la houpette, le mordoré ?

Où sont les merles des bosquets,
le martin-pêcheur, le ministre,
le délicat petit-cul-jaune,
plumes, duvets, crêtes et mues ?

Adieu, oncle Milne-Edwards et ton œuvre ; les portes se referment, adieu.

4) L'ABSENCE

Maintenant je rêve une salle
où je ne suis jamais entré
mais d'où les enfants revenaient
des pépites plein les regards

> *Babel d'escaliers et d'arcades*

c'était un palais infini
plein de bassins et de cascades
tombant dans l'or mat ou bruni

Secrétaires et serpentaires
rapaces diurnes et nocturnes
ailes pliées ou déployées
le cou dressé ou contourné

    Babel d'espaliers ou d'arceaux
    émailleries dans les vitrines
    c'étaient des vergers infinis
    orangeraies d'argenteries

Buses milans sur leurs perchoirs
de bois tourné comme des quilles
becs en crochets ergots et serres
plumes duvets crêtes et mues

    Foules de kiosques et volières
    des fontaines de sang léger
    coulaient dans la nuit des corolles
    des couronnes de vins nouveaux

Et des cataractes pesantes
comme des rideaux de cristal
se suspendaient éblouissantes
à des murailles de métal

Le cassique de la Louisiane
le tropiale à calotte noire
le délicat petit-cul-jaune
ou le loriot de Baltimore

    Et des cataractes mousseuses
    lacis lacets lassos lancées
    comme des rideaux de salives
    tourbillons de cris et de bulles

La rousserole et la litorne
la grive le mauvis la draine
le moqueur l'oranvert les brèves
le martin-pêcheur le ministre

    Se suspendaient virevoltant
    nuanciers des intempéries
    à des murailles de ciseaux
    armurerie des arcs-en-mer

    Non d'arbres mais de colonnades
    les étangs dormants s'entouraient
    où de gigantesques naïades
    comme des femmes se miraient

Petit merle huppé de Chine
le merle brun du Sénégal
le merle vert des Carolines
et le merle de nos bosquets

    Des arbres et des colonnades
    lutherie de respirations
    les cloîtres dormants se paraient
    de chapiteaux d'humeurs salines

Le pinson la veuve le pape
le bengali le noir-souci
le chardonneret à capuche
la houppette le mordoré

    Et de gigantesques mésanges
    perles des écrins campagnards
    comme des nymphes se miraient
    aux laques des épiceries

    Des nappes d'eau s'épanchaient bleues
    entre des quais roses et verts
    pendant des millions de lieues
    vers les confins de l'univers

Le tangara diable-enrhumé
l'oiseau-silencieux l'onglet
le bruant-fou la coqueluche
l'ortolan de neige à collier

    Des gouttes de vivant mercure
    jaillissaient dans les forêts muettes
    entre des quais marron et noirs
    à broderies et à rinceaux

Rotonde des paradisiers
le manucode et le royal
le magnifique et le superbe
le six-filets le calybé

    Pendant des millions de mesures
    acrobates sur les écumes
    vers les confins de la matière
    les trilles des déferlements

    C'étaient des pierres inouïes
    et des flots magiques c'étaient
    d'immenses glaces éblouies
    par tout ce qu'elles reflétaient

Les aigles l'orfraie les vautours
l'épervier le griffon le sacre
le faucon le gerfaut l'autour
la pie-grièche et l'écorcheur

    C'étaient des éventails ouvrés
    des joailleries en vacances
    des flots de rubans en coquilles
    le carnaval des armoiries

L'outarde le tétras la caille
la gélinotte le dindon
le lagopède le paon blanc
le faisan doré la perdrix

5) RÊVE PARISIEN

D'immenses criques éblouies
vaisselleries des horizons
reflétaient les mûrissements
des fruits de l'arbre messager

Insouciants et taciturnes
des Ganges dans le firmament
versaient le trésor de leurs urnes
dans des gouffres diamant

Le coq-de-roche le bouvreuil
le pompadour le gobe-mouches
l'alouette et le rossignol
la fauvette le roitelet

Insouciants explorateurs
imprimeurs aux journaux du vent
des étourneaux au firmament
signaient leurs élégies fantasques

Les oiseaux-mouches le rubis
l'or-vert le saphir l'améthyste
escarboucle pourpré queue-noire
vert-doré à collier cravate

Versaient l'élixir de leurs urnes
perles et larmes dans la voix
en des gouffres d'effervescence
des cirques de perpétuation

Architecte de mes féeries
je faisais à ma volonté
sous un tunnel de pierreries
passer un océan dompté

Le colibri grenat brin-blanc
brin-bleu piqueté collier-rouge

gorge-carmin ou plastron-noir
huppé hausse-col vert-perlé

> Artificiers des frondaisons
> passementiers aux crépuscules
> ils faisaient à leur fantaisie
> briller les antres et les cimes

Hirondelles et martinets
piverts épeiches grimpereaux
les toucans et les calaos
le jacamar et le tic-tic

> Sous un dôme d'aiguilles claires
> augures baladins bouffons
> filigranaient l'Histoire entière
> guerres foires épidémies

> *Et tout même la couleur noire*
> *semblait fourbi clair irisé*
> *le liquide enchâssait sa gloire*
> *dans le rayon cristallisé*

Les grues les hérons les cigognes
les crabiers les ibis les barges
les chevaliers les combattants
les courlis les vanneaux les râles

> Et tout même la couleur grise
> le poussiéreux le délavé
> semblait fourbi sombre irisé
> bobinerie de soies précieuses

Pluviers huîtriers phalaropes
grèbes foulques plongeons et fous
le pélican le cormoran
les goélands et les mouettes

> Le mobile enchâssait sa gloire
> programme de subtils virages

dans la houle cristallisée
pharmacie de phioles dansantes

Nul astre d'ailleurs nuls vestiges
de Soleil même au bas du ciel
pour illuminer ces prodiges
qui brillaient d'un feu personnel

Les oies les canards les sarcelles
les cygnes flamants et coureurs
pétrels guillemots macareux
pingouins manchots et les kiwis

Nul gêneur d'ailleurs nulle crainte
des persécuteurs de moineaux
le photographe solitaire
jouait longuement de ses appeaux

Cotingidés ictéridés
les nids les ailes les essors
les œufs les éclosions les chants
les attitudes les empreintes

Pour illuminer ces concerts
de gongs de sèves et d'aigrettes
qui bruinaient d'échos intérieurs
les gaz rares prêtaient leurs voiles

Et sur ces mouvantes merveilles
planait terrible nouveauté
tout pour l'œil rien pour les oreilles
un silence d'éternité

Le pigeon le corbeau la pie
le choucas le geai la corneille
le pique-bœuf et l'étourneau
le siffleur et le commandeur

Et sur ces tranquilles voltiges
hyperboles et cycloïdes

   planait résonance ironique
   le miel des sciences dépassées

Les perroquets et les perruches
cacatoès aras loris
amazones et papegais
les couroucous les touacos

   Tous les yeux toutes les oreilles
   se gavaient d'échos et reflets
   étincelles de délivrances
   parmi les grondements des faims

Le petit butor de Cayenne
le butor jaune du Brésil
le butor de la baie d'Hudson
le pouacre ou butor tacheté

   L'enfant butor qui les aimait
   ne se lassait de leurs plumages
   qui pour lui étaient un ramage
   l'enfant butor devenu singe

6) LE RETOUR

Le vieux butor a rajeuni, voici qu'il devient moins frileux. Les portes se rouvrent. Il entre maintenant dans une salle dont il n'avait pas encore rêvé, salue l'oncle Milne-Edwards qui se réveille, et tous les enfants qui recueillent des bouquets de pépites neuves dans les regards de verre liquide.

   Babil de membres et d'arpèges
   ce sera un palais de sèves
   plein d'aisselles et de cascades
   pleurant dans les soirs de caresses

Il faut mettre tout cela au futur. Salut, secrétaires et serpentaires sur les ziggourats de pollen, rapaces diurnes et nocturnes dans les salons du *Nautilus*, salut, nuit de métamorphoses!

> Une esquisse une spore un germe
> parti de la boue et monté
> vers un Styx lumineux et frais
> où nul espion ne peut atteindre

Nous comprendrons alors que ces bâtiments devront ressembler à une aérogare. Salut, hall des guépards et des buses, salle des lynx et milans perdus! Ce sera l'heure des symbioses.

> Une piste un sillage un signe
> issu du malheur et lavé
> dans un Gange de lave douce
> où nul remords ne vous poursuit

La mère grimpeuse surveillera son petit moine. Salut, cassique de la Louisiane sur le marteau pneumatique, lémure dans l'excavatrice, camion de troupiales à calotte noire, trafic intense des singes de Cayenne dans les placards!

Et des cataractes grondantes
comme des orgues pachydermes
se suspendront en palpitant
à des chevelures de rouilles

Si longtemps nous pourrons détailler les rousserolles! Salut, léchage des rainures, furetage dans les peaux grises, litornes dans la boue des lacs desséchés, grives dans les replis, mauves aux brèches des cratères, sucements, tétouillements, marquages des martins-pêcheurs à la surface de la Lune!

> Un enfant-singe explorateur
> qu'a touché l'amour des exclus
> au fond d'un canyon mordoré
> se retournant comme une palme

Les petits merles huppés de la Chine marieront leurs courbettes parmi les panaches et fouissements. Salut, pattes et baves, merles verts des Carolines, crânes, balancements, armures comme des bouquets de bosquets!

> Un diable guéri de son rhume
> qu'a tenté l'amour des sirènes
> au sommet d'un cratère à vif
> se contournant comme une liane

Les délicats grignotements des pinsons monteront avec les familles des veuves jusqu'aux étages des papes et des bengalis, escaladeront de rongements en houppettes jusqu'aux bêlements, ruminations, allaitements dans de célestes lagunes mordorées.

> Non de colonnades mais d'ailes
> s'entoureront les pépinières
> où des œillades en guirlandes
> s'enlaceront comme des algues

Les avances du tangara diable-enrhumé dans l'expectative des ocelles sous les graciles oiseaux-silencieux des galeries à moustaches et les assemblées d'onglets et de crocs, salueront les miaulements d'ombres, bruants-fous dans la grande nef, coqueluches sur la mer parisienne où déferleront feulements, ricanements, hérissements de neige, pattes et colliers de velours.

> Caressant allégresse exquise
> des maelströms de lents sourires
> qui chanteront comme des ombres
> en dérivant parmi les sables

Souvent seuls les museaux des girafes surnageront au-dessus des rotondes où se pavaneront voluptueusement le royal manucode humant les truffes et les groins, le magnifique et le superbe imperturbablement cherchant leur chemin parmi les haleines et souvenirs. Salut!

Effleurant volupté subtile
des nébuleuses de soupirs
qui accompagneront les aubes
en virevoltant sur les eaux

D'autres brameront en continuant de hanter nos rêves, les aigles, l'orfraie, les vautours, avec infra- et ultra-sons dans de transparentes savanes, à fortifier ceux qui en inventeront d'autres, nouveaux éperviers, griffons, sacres devant de miroitantes montagnes.

Des nappes d'or s'épancheront
entre des lèvres de fourrures
pendant des millions de soupirs
vers les confins des renaissances

Par une galerie vitrée se précipitera la délégation des outardes en quête de leur première université, s'arrêtera brusquement becs au vent.

Bienheureux désensorcelés
dans leurs déroulements d'anneaux
pour goûter aux plaisirs reptiles
cherchant les langues et les plis.

Dans une autre le comité consultatif des coqs-de-roche reprendra ses délicates pantomimes. Gracieuses puissances du règne animal futur!

Des somnambules réveillés
dans leurs vertigineux périples
pour charmer les anciens dragons
feront vocaliser les grilles

Les oiseaux-mouches français dans leurs volières ouvertes regarderont au travers des parois de rubis les amateurs choyés, tatoués, grimés, lavés, parés qui construiront pour eux des châteaux d'argent vert sur mesure.

Ce seront des mots inconnus
des phrases de navigations
de grands alambics enivrés
par ce qu'ils nous distilleront

Leurs voisins, les colibris d'Europe, écouteront les fugues des chasseurs d'antan, lisseront leurs grenats sur les voitures d'enfants à colliers rouges, les miroirs moussus, les cailloux-fauteuils aux rives des banlieues huppées.

Des élus montant dans les flammes
aux degrés d'une tour d'encens
en recueilleront les volutes
dans la rose des vins nouveaux

La salle entière sera semblable à l'apparition d'un troupeau de daims au milieu des hirondelles et martinets. Parfois la lumière à taches et rayures nous déguisera tous en monstres de la mer; quant aux ornements de métal ou peinture, ils deviendront toucans ou calaos parmi les jardins de rocaille.

Les régénérés pénétrant
dans les allées des forêts d'algues
accompagneront les méduses
jusqu'aux nacres des feux marins

7) VAISSEAU-PHÉNIX

D'autres grues onduleront à l'intérieur des grues, et lorsque les premiers visiteurs glauques et houleux se seront longuement attardés, des chairs étoilées se formeront autour des ossements d'ibis.

Héraldiques et ingénieux
des dinosaures magiciens
verseront des trésors de sperme
dans des matrices de métal

Alors quelqu'un aura l'idée de varier les rencontres des pluviers, d'explorer le fond de la mer sous l'œil surpris mais rassuré des phalaropes, de tendre le cou pour admirer les grèbes sous les ramures des élans.

> Où veilleront les plus beaux monstres
> dont les larges yeux de mercure
> feront la nuit plus claire encore
> en rendant transparents les rocs

Le sable des grands fonds combinera l'équateur et les pôles ; les mâts des vaisseaux naufragés entrecroiseront leurs transhumances, feront fleurir les ours en cygnes et flamants.

> Où s'enlaceront salamandres
> dont les remous et les frissons
> feront brasiers plus nus encore
> en rendant visibles les sons

Le solitaire ictéridé n'en croira pas ses yeux devant les nids, la neige, les aires, les clapotis, les essors, les crissements, les vitraux des blizzards où flamberont attitudes et empreintes.

Apiculteurs de nos planètes
nous ferons entre deux baisers
sous un tunnel de rayons verts
filtrer le miel de nos visages

Les pigeons mélomanes, les corbeaux de mer extasiés, les yeux semblables à des ruches ciselées que j'explorerais à jamais, au cœur des hurlements écouteront les pies et les choucas répartis en tous lobes et loges, cantates en spirales intraduisibles aux regards fixés.

> Un navire pris dans les plumes
> comme en un piège d'amoureuse

cherchant par quelle heureuse faute
il entrera dans ce jardin

Le perroquet et son épouse dans le parterre, comme ils voudront parcourir enfin ces chenaux de banquise, s'attendrir devant la mise au point d'une toundra où les couroucous et narvals converseront avec phoques et touracos !

Un village pris dans la brume
comme en un voile séducteur
cherchant par quel glissement fée
il changera ses alentours

Un quatuor d'otaries lancera son scherzo tendre, à la fois évasif et proche, et je serai là dans mon coin, le petit butor de Cayenne, écoutant tout, regardant tout, me ranimant à tout.

Et tout même la couleur blanche
semblera nocturne et moiré
la Lune enchâssera sa gloire
dans les paumes écarquillées

De l'autre côté de la rue ce seront des gouffres d'illumination où me guidera mon cousin jaune du Brésil.

Miroirs de cuivres et de buées
d'une aventure incomparable
faisant comprendre que les djinns
nous attendront parmi les ruines

Nous rendrons hommage en passant au dessinateur des pavois, ce parent de la baie d'Hudson, architecte de ces cours pour cours.

Échos lunaires et soyeux
d'une improvisation brûlante
nous découvrirons les trésors
germant aux sillons des décombres

Subtilité de ce pauvre pouacre, de ces pyramides de mugissements, câbles de cuirs, harpes saisissant les côtes comme un bain d'huile.

Nulle peur d'ailleurs nul vestige
d'une angoisse devant la mort
pour intimider les espèces
en résurrection perpétuelle

Il y aura des endroits d'attendrissement, tous les parents, l'oncle éléphant, le cousin musqué, la tribu des zèbres faisant cercle autour de l'enfant-tigre du Bengale.

L'enfant-démon écoutera
ne se lassant de leurs ramages
qui pour lui seront un voyage
l'enfant-singe devenu braise

Il y aura des plages de balbutiement avec d'interminables regards tâtant le verre, des plumages anamorphoses d'éclats et d'épines d'un autre espace.

L'oiseau-singe regardera
ne se lassant de leurs voyages
qui pour lui seront un pelage
l'oiseau-démon devenu larmes

Il y aura des recoins de laine avec des ramages et des patiences, avec des arbres et des cloches, avec des boucles opalines

Et sur ces futures mouvances
planera le chant désiré
autant pour l'œil que pour l'oreille
soulagement d'immensité

Et il y aura enfin des ventres-belvédères pour que les enfants des vieux singes y puissent essayer leurs ailes de poils.

1984
AVANT-GOÛT

FUTUR ANTÉRIEUR
(Quand nous descendrons sur la côte)

1) *Villa spectaculaire*

Des calèches nous attendront à la gare et nous traverserons les rues plantées d'orangers où des jeunes filles en chapeaux de paille et robes à rayures nous jetteront de petits œillets blancs, et nous arriverons au-dessus de la mer qui léchera les rochers vertigineux. Les portes de fer forgé s'ouvriront devant nos chevaux. Sur la longue terrasse le thé sera servi par notre hôtesse à traîne de dentelle, taille de guêpe et ombrelle brodée de perles de jais. Nous aurons des lits d'albâtre et des baignoires de marbre rose. Nous rencontrerons dans les corridors sombres des servantes muettes aux tabliers amidonnés qui transporteront des aiguières d'eau chaude.

Le spectacle promis commencera en douceur; on nous chuchotera que ce sera Lady Macbeth qui descendra par l'escalier de la tourelle tandis que des musiciens cachés s'efforceront de transformer la tramontane en vent d'Écosse. Un autre jour, de cette fenêtre, les cheveux de Mélisande se dérouleront en boucles de miel jusqu'aux touffes de menthe et de basilic dont ils prendront l'odeur, les sept princesses défileront parmi les colonnes, tandis que Sarah Bernhardt, en costume de Schéhérazade, racontera sous la coupole l'histoire des trois fils de rois, borgnes et mendiants. Les harpes répondront aux guitares. Les soupirs d'un petit orgue filtreront par les rideaux de macramé du grand salon décoré de guirlandes et pendeloques pour le bal anniversaire. Chacun s'affairera dans sa chambre, ajustant bicorne ou robe à paniers, masque vénitien, manteau de brocart.

Les pages noirs, en culottes cramoisies, avec de petits turbans à aigrettes, viendront chercher les invités l'un après l'autre avec des candélabres entortillés de pampres en cristal fumé. Lorsque les églises de la ville auront fini leurs douze coups, la reine de la fête fera son entrée solennelle, presque nue, appuyée sur ses deux filles, Albertine et Gilberte, costumées en Marie-Antoinette bergère, identiques à ceci près que l'une portera sa houlette de la main gauche, l'autre de la droite, les talons corrigeant la différence des tailles, la poudre de riz couvrant celle des cheveux, les mouches de taffetas noir équilibrant les grains de beauté, un mince ruban de velours rouge autour de leur cou.

Après le quadrille, les valses, les menuets, remontant aux pavanes, sarabandes et forlanes, on assistera aux démonstrations de la jeune Salomé sur l'estrade, et Madame Hérodiade triomphante fera passer parmi les convives, au lever du jour, la tête sanglante de Jean-Baptiste sur un authentique Bernard Palissy.

2) *Villa dolente*

La lumière pénétrera par les fenêtres gothiques projetant leurs croix et leurs rosaces sur les tapis ottomans et les fauteuils en cuir de Cordoue. Dans le plus grand silence, pantoufles de lisière aux pieds, nous irons nous enquérir de la santé de notre hôtesse. Non, elle n'aura pas bien dormi ; peut-être dans la soirée pourra-t-on lui ouvrir un peu ses rideaux, lui dire que vous serez là. Vous l'apercevrez depuis la porte de son antichambre, enfoncée dans ses oreillers, blanche comme leurs taies, entre les colonnes de son lit à baldaquin venu de quelque château de la Loire; partout des figures de la discrétion, des amours ou vestales un doigt sur la bouche.

Nous longerons les tapisseries pour nous rendre aux jardins à la française où les ratisseurs taciturnes ramasseront avec délicatesse les feuilles mortes sur les boulingrins et graviers. Partout des bancs dans les recoins pour reprendre haleine. Une habituée nous introduira au jardin italien où l'on nous permettra enfin les conversations à mi-voix. Des odeurs de médications passeront sur les treilles. Dans le jardin espagnol de savants spécialistes venus tout exprès des capitales du Nord partageront leurs inquiétudes. Dans les pavillons du jardin anglais, mélancoliques et fières, les dames de la famille commenceront l'essayage de leurs robes de deuil, car on ne sait jamais. Les jeunes gens les attendront en jouant avec leurs chiens de manchon, lançant à ceux-ci des balles recouvertes de cretonne, jusqu'au jardin japonais où l'on allumera peu à peu les lanternes. Dans les berceaux du jardin persan, tout en tressant des couronnes de jasmin et d'iris, on répétera des chants élégiaques et passionnés en s'accompagnant du luth et de la bombarde. Sur les trépieds du jardin antique on fera brûler du santal.

De l'autre côté de la baie, les fenêtres des cousins archéologues brilleront dans le crépuscule. Un peu plus haut ce seront celles d'un oncle banquier, refermant ses grands coffres avant de se retirer dans son austère cellule, songeant à sa femme qu'il n'aura plus revue depuis vingt ans, vivant à ses grands frais dans le castel crénelé sur la crête, donnant des fêtes extravagantes avec bains de champagne dans la piscine, et feux d'artifice dont les explosions troubleront le sommeil douloureux de la nièce détestée dans son interminable agonie.

3) *Villa antique*

Nous parviendrons jusqu'aux galets à travers eucalyptus et mimosas; soudain la végétation changera: platanes, lauriers, cyprès, aucun arbre qui n'ait été acclimaté dans la région depuis des millénaires. Oui, ce sera bien comme il y a vingt et quelques siècles. Nos redingotes et nos robes à tournures nous deviendront insupportables. Des assistantes voilées nous aideront dans la pénombre à nous en délivrer, puis nous indiqueront la porte des thermes où nous serons lavés, massés, parfumés, revêtus de chitons et chlamydes avec des agrafes d'ivoire et des ceintures en chaîne d'or, des sandales de cuir.

Nous frissonnerons un peu en glissant sur la marqueterie de marbres parmi les fauteuils de bronze et les fontaines. Le maître de céans, barbe et cheveux tressés, nous déclamera un discours de bienvenue dans la langue ancienne. Nous aurons l'impression de revenir de la guerre de Troie et nous chercherons dans notre mémoire quels exploits nous pourrions raconter pour égayer le festin du soir, accoudés sur les lits sous les lampes à huile, cherchant une position moins inconfortable sous les regards mi-amusés, mi-agacés de nos hôtes parfaitement à l'aise, tandis que les jeunes filles joueront au ballon dans la cour. Des esclaves modernes, venus des cuisines secrètes parfaitement aménagées, discrètement vêtus de pagnes-tabliers, apporteront des amphores de vin résiné pour accompagner les grillades.

Lors de la promenade sur les terrasses on accordera une pensée à la pauvre cousine qui se meurt de l'autre côté de la baie, dans son palais d'un âge intermédiaire, et aux oncles banquiers dont les châteaux clignoteront autour, mais aucune parole impertinente ne viendra troubler cette reconstitution. Nulle allusion à ces horribles révolutions, à ces guerres de mauvais goût, à ces conquêtes ridicules, à ces inventions dérisoires.

Que retenir, vraiment, de tant de siècles dévoyés ? oui, leurs miroirs plus clairs, leurs sommiers à ressort pour les paresses féminines — mais quant aux hommes, quelle noblesse de maintien leur conservent les entrelacements de lanières classiques ! — leurs ingénieux appareils de cuisine — mais vous nous obligerez de n'en point parler —, un de leurs instruments de musique au moins, ce clavier d'ivoire et d'ébène avec des marteaux frappant des cordes assez semblables à celles de nos anciennes lyres dont nous n'aurons pas encore retrouvé les secrets. Tandis qu'on nous jouera dessus des gnossiennes ou gymnopédies, nous irons réciter quelque hymne à voix basse dans les bosquets avant de revenir au vestiaire dépouiller nos légers vêtements d'emprunt, renfiler nos chaussettes, caleçons, gilets et bottines, les dames leurs guêpières et poufs, avant de retrouver les odeurs du siècle en sifflotant d'un air dégagé un air de Mayol ou d'Aristide Bruant pour remonter dans notre landau ou notre pétaradante automobile rutilante.

4) *Villa exotique*

Sur les sofas de la rotonde, entre les balcons qui donnent sur les hunes des plus hauts trois-mâts venant de Rio ou de Singapour, les gabiers saluant les servantes locales accoudées pendant une pause lors de leurs nettoyages du matin, parmi les vitrines où brillent sabres, verreries et fabuleux joyaux arrachés aux temples de quelques religions qui nous font peur, en fourreaux de soie, babouches, tiares, languissantes ou sémillantes, les Circassiennes, les Éthiopiennes, les Javanaises ramenées à chacune de ses expéditions dans les Indes et mises à notre disposition — une seule fois, cela sera bien entendu — par l'Anglais fastueux et taciturne, le regard un peu cruel et désespéré, à tout jamais incapable, nous aura-t-on murmuré, de jouir directement de toutes ces beautés à cause de quelque malencontreuse blessure lors d'un de ses premiers combats — et c'est pourquoi tant de miroirs, tant de tuyaux acoustiques dans les parois dont l'épaisseur ne manquerait pas de surprendre l'ingénu —, les Albanaises, les Malaises, les Cinghalaises attendront notre moindre signe pour descendre avec nous — même avec nos femmes au cas où ce serait leur fantaisie — dans les chambres de l'étage inférieur décorées à fresque des oiseaux et fleurs de leurs pays d'origine.

Nos premières curiosités apaisées, notre sang calmé, reconduits à la grille par des chambellans sénégalais, nous reviendrons perpétuellement rôder autour de cette forteresse rose qui nous sera désormais interdite — papillons nous heurtant à cette lampe —, mieux gardée qu'un arsenal, les canons de fusil brillant dans les meurtrières — les relations de fréquents «accidents» ne parvenant pas à nous décourager (par quelles puissantes protections étouffés...) —, pour vérifier s'il ne conviendrait point d'accorder malgré tout quelque créance à tous ces bruits circulant sur le sort de ces pensionnaires toujours de la première fraîcheur, s'il est vrai que l'on entend parfois s'élever des concerts de lamentations, de supplications, des cris de terreur, et que l'on aperçoit dans la nuit noire de grands muets aux épaules luisantes sous les brèves lueurs des lampes sourdes, descendre par les escaliers des jardins, entre les hibiscus, de grands sacs ficelés pour les embarquer sur des vaisseaux qui ne reviendront que tard le soir, allégés, après une excursion en haute mer, et surtout si vraiment le dimanche matin, alors que toutes les cloches de la ville appellent aux suaves cérémonies, des voitures soigneusement fermées, toutes blanches, couvertes de fleurs, en sortent pour aller remettre aux orphelinats tenus par les sœurs attendries, des paquets vagissants qui se transformeraient plus tard en un arc-en-ciel de gamins sautant sur les marchepieds de nos voitures, où chaque visiteur ou presque, bouleversé un instant, pourrait reconnaître, mêlé aux séductions de l'Orient, quelque trait de sa propre famille.

5) *Villa ombreuse*

Dans les allées parsemées de violettes et chardons, parmi les ruissellements de lierre, d'aristoloche et d'ipomée, nous contournerons les bassins vides craquelés, ferons vaciller les degrés des perrons, les balustres et escaladerons les brèches des murs. La vie continuera pourtant dans le domaine : quelques branlantes octogénaires à coiffes écarteront l'une après l'autre les rideaux déchiquetés de la resserre pour aller chercher au village proche du pain ou du lait. Un peu de fumée s'élèvera parfois entre les girouettes.

La porte aux vitres étoilées, consolidées de bandes de papier d'emballage, s'ouvrira d'elle-même à notre approche en grinçant doucement. Une épaisse couche de poussière couvrira les porcelaines de Sèvres sur les consoles Empire ; des toiles d'araignée protégeront les Aubusson des bergères et des canapés. Une lumière aqueuse filtrera des frondaisons par les grandes fenêtres grises jusqu'aux miroirs piqués se la renvoyant de plus en plus faible dans les galeries semblables à des tunnels d'algues, s'insinuant jusqu'à des cavernes de plus en plus reculées où dormiraient, parmi les coraux et les perles, sirènes et naufragés enlacés dans le sable sous les nappes d'encre pourpre.

Mais ne sera-ce point leur sœur aux jambes divisées que nous rencontrerons à mi-hauteur, semblant souffrir à chaque marche, quelques fleurs de tilleul tressées dans ses cheveux dénoués, en tunique turquoise translucide avec des franges en chevrons, et souliers de lézard émeraude à très hauts talons, balançant d'une main son interminable fume-cigarette à bout d'ambre, comme une baguette de chef d'orchestre, caressant de l'autre la rampe de malachite, fredonnant quelque aria d'un autre siècle, Massenet ou même Bellini, Méhul, Meyerbeer, les yeux demi-clos ?

Elle nous apercevra, ne pourra pas nous reconnaître puisque qu'elle ne nous aura jamais vus, mais fera tout comme, avec de grands sourires, sautant avec un beau reste de légèreté les dernières dénivellations, puis secouant la tête avec de petits cris d'argent fêlé en jetant les bras en avant jusqu'à quelques centimètres de nos épaules. « Mais comme c'est gentil ! Enfin ! Tout est prêt pour votre séjour. Quelques ordres à donner et je vous montre votre chambre. » Sonnant un petit gong dans une niche à vitrail sombre. « Elles sont toutes occupées ; le service n'est plus ce qu'il était ! si dévouées, si attentives, elles n'y peuvent suffire. Je me sens parfois presque abandonnée. Mais qu'importe, nous prendrons les draps au passage, nous nous amuserons à faire notre ménage comme autrefois, n'est-ce pas, comme autrefois... »

Nous la suivrons dans d'obscurs offices où elle ouvrira de vastes placards regorgeant de linge somptueux qui s'effondrera sur le carrelage sans qu'il soit question de le remettre en place ; les bras chargés nous monterons des escaliers tortueux jusqu'aux chambres encombrées de lampes à pétrole hors d'usage et de daguerréotypes, avec des salles de bains sans robinets et des foyers remplis d'épîtres à demi consumées, de bouquets séchés et de cendres froides. Elle essaiera en vain d'ouvrir les volets enlacés de lianes, de refermer les crémones gauchies, et nous laissera pour se préparer pour la réception qui commencera, nous redira-t-elle, dès que l'horloge du vestibule aura sonné huit heures, et flottante repartira vers les profondeurs tandis qu'une trottinante vieille viendra nous apporter une miséricordieuse chandelle.

6) *Villa casino*

Près des tables d'écarté nous côtoierons l'évêque et le prince, retour de ses croisières océaniques. Sous les vitraux opaques le roi du cirage saluera l'héritière des soupes en conserve. Sous les cariatides laquées le boyard racontera au voïvode la dernière histoire parisienne.

Sous les fresques à la gloire des découvreurs anciens le père Brown saluera d'un clin d'œil Sherlock Holmes en grande conversation avec Miss Marple et Lord Peter Wimsey tandis qu'Arsène Lupin se faufilera derrière Rouletabille par une petite porte dissimulée entre les pilastres pour gagner l'intérieur du grand lustre et y surveiller en sa compagnie toute l'assistance. La dame en noir, la demoiselle aux yeux verts, la femme aux deux sourires passeront de la roulette au baccara en trempant leurs madeleines dans des infusions.

L'espion de Transylvanie glissera une enveloppe dans la poche du chevalier de Malte, épiant sans en avoir l'air la déclaration de l'ambassadeur à la violoniste. L'auteur des *Impressions d'Afrique* s'effacera pour laisser passer celui des *Hortensias bleus*. Nous nous précipiterons avec la petite foule des grands jours pour disposer confortablement les oreillers sur les divans de notre loge avant les trois coups. Fanfares pour leurs altesses. Alors ce sera l'écroulement du temple de Dagon, ou bien le bouffon de François Ier, l'impératrice d'une Chine qui fait rire le magnat du thé, ou la campagne de Provence avec l'élevage des vers à soie. Les cantatrices tireront des larmes des généraux flambards tortillant leurs moustaches cirées ; les jeunes ténors gominés feront frissonner d'aise les douairières.

Quelques archiducs, en quête d'aventures, inviteront chanteurs, musiciens, tout le public dans un défilé de tilburys puis dans leurs yachts qui promèneront sérénades et baisers au long des criques et débarcadères aux lueurs des torches, tandis que les escrocs rafleront les saphirs et que les industriels imprudents se tireront élégamment une balle dans la tête avant de tomber dans la mer si discrètement que nul convive ne paraîtra l'avoir remarqué.

Il y aura des moments d'affolement ; les commissaires devront faire fouiller tout le monde sans exception ; les familles régnantes montreront l'exemple, puis les premières stars. Que de belles épaules à peine rhabillées ! Rien à faire. L'habile filou aura réussi à prendre le large. Mais baste, les seigneurs de l'audacieuse Amérique, dans un geste de généreux défi, décideront de rembourser au centuple la valeur des objets disparus, si bien que pour ne pas rendre jaloux ceux à qui on n'aura rien dérobé, cela finira par une distribution générale de diamants tandis que la flotte joyeuse se dissipera comme une vapeur au petit matin.

7) *Villa funèbre*

Nous suivrons d'abord les chars du carnaval jusqu'au bûcher, puis les processions des Rameaux et de Pâques, les cortèges funèbres à travers les ruelles jusqu'aux églises à ex-voto, parmi les roseraies, les palmeraies, les glycines, entre les isbas russes, les chalets suisses, les palais romains, les ksars marocains, les sérails ottomans, les châteaux écossais, les donjons allemands, les résidences espagnoles, les folies mexicaines, les extravagances des rajahs ; par des sentiers de plus en plus caillouteux nous parviendrons aux villas des morts avec leurs obélisques tronqués, leurs aigles foudroyées, leurs squelettes soulevant la dalle, les jouets abandonnés, les pleureuses, les urnes, les couronnes de perles de verre, les bouquets de céramique, les chapelles gothiques, les temples égyptiens, les pavillons baroques, les stèles, les menhirs et les anges devant l'immense horizon d'îles, de neiges et de clochers, accompagnant les princes, les cantatrices, les escrocs, les inventeurs et les peintres impressionnistes jusqu'en leurs dernières demeures, leurs dernières réceptions, leurs dernières paroles, leurs derniers soupirs, leurs derniers silences.

ITINÉRAIRE

1) *Les bibliothèques*

Rangés dans leurs casiers comme des bouteilles les volumes fermentent à l'intérieur de la grande cave aux lampadaires doux sur les fronts ridés ou bouclés qui se penchent dans le déchiffrement de leurs annotations. Par ici les dictionnaires, l'espalier des langues; dans cette galerie les cristallisations des sonnets et des haïku, la joaillerie des ballades. On ouvre une grille et c'est la haute salle de lecture avec ses verrières qui répercutent les somnolences, les feuilletements, les émerveillements. Comme une vrille de volubilis la longue phrase s'entortille autour de la rambarde qui longe les balcons des romans-fleuves avec leurs péniches de familles, d'héritages, d'affrontements, d'effondrements, d'écœurements et de baisers. Plus loin les rayons de l'Histoire Naturelle avec les herbiers et les flores; les oiseaux, s'envolant quand on tourne les pages, virent autour des colonnes de fer, effleurent les crânes et reviennent dormir dans leur volière de cuir ou de toile; les rugissements des fauves et le passage des poissons devant ces fenêtres d'aquarium.

Quelques marches et voici les bibles enluminées sous leurs vitrines, les recueils d'estampes avec trompettes, chimères, désastres et caprices, les albums avec leurs introductions et détails en noir ou en couleurs; puis on débouche sur les atlas, les guides, les horaires, les photographies des pays lointains — à nous les oasis, les archipels, les icebergs, les palétuviers! —, l'alcool des traductions, le parfum des originaux.

Une porte semblable à celle d'un coffre-fort mène aux manuscrits dont les paraphes et les accents se retournent dans leurs draps tranquilles, surveillés par leurs infirmières chuchotantes qui les aèrent et les caressent. Certains ont des chambres particulières avec divans, fauteuils, bibelots, microscopes et lanternes de projection ; et l'on pourrait continuer jusqu'aux laboratoires où l'on fait avouer les palimpsestes, les encres de sympathie, on développe les clichés ; où l'on analyse les fibres, on décolle et recolle, tranche, baigne, recoud, reconstitue dans un virevoltement perpétuel de paragraphes et de signatures, avec le tintement des éprouvettes et les fustigations des machines à écrire. Délices de ces appartements, de ces suites à pupitres et miroirs, monte-charges, tapis roulants, enregistreurs et décodeurs, tapisseries et garde-manger. La laine des siècles s'y amasse en nuages de phylactères sentencieux. Et tout en bas les fichiers, les ordinateurs, les cliquètements des bobines, les sas pour le profond hangar où l'on nourrit les satellites beaux parleurs, l'observatoire des échos.

2) *Les jeux*

Un pion après l'autre nous comptons nos points. Maille après maille nous évaluons nos stratégies. Conciliabules, comités d'inaction. Au fur et à mesure nous notons nos pertes et gains. Deux carreaux conquis, deux autres laissés. Pas à pas le soldat s'approche de la frontière où il va se transfigurer. Les valets entourent les partenaires et traduisent leurs décisions en mouvements, attaques, razzias, sièges. Les plis s'alignent au bord de la table tandis que les éventails des mains vivement inspectés par les yeux se serrent contre les poitrines après le jet d'un as de trèfle sur le tapis de feutre. Le cavalier s'élance une coupe à la main, flots de rubans à son cimier, pour l'ouverture du tournoi. Les tambours et les gongs saluent la mise en place. Le fou ramasse les bâtons pour fabriquer une échelle afin de se hisser jusqu'à la tribune des belles. L'évêque fait tinter ses deniers dans sa tour. Force, étoile et chariot s'étalent dans la patience et les hérauts d'armes annoncent la deuxième phase du championnat, mais après un bref interlude pour les rafraîchissements et salamalecs.

Stridences dans les stalles, c'est le coup d'envoi; la balle vient de frôler le filet, reprise par la raquette du bateleur qui la fait rebondir sur la chape de la papesse éblouissante, et l'équipe adverse parmi les clameurs, armoiries brodées sur les justaucorps, remonte le terrain jusqu'à dérober l'anneau des vouivres malgré la charge de l'empereur, globe en main, couronné d'ambre avec ses arquebusiers, hussards et spahis, toute son artillerie déployée pour contrôler les trous et spots de ce billard. Épées et piques tournoient entre les crosses parmi l'ivoire et l'ébène. Le neuf de billes vient de renverser la situation sur la marelle avec ses jaspures, ses nielles, ses damasquinages. La tempérance dénoue la corde du pendu; c'était encore une des farces du nain jaune. L'ermite amène l'amoureux jusqu'à l'impératrice de son cœur, et les trompes sonnent la fin de la nouvelle manche.

Couper, surcouper, l'impasse échoue, la dame triomphe, la marque s'alourdit, les paris montent. Autour de la corbeille les actions passent de portefeuille en stade. On affiche les résultats sur de grands panneaux lumineux; les haut-parleurs les proclament. Le dollar est en difficulté, les blancs débarquent, les pêcheries de perles vont gagner, les aciéries s'effritent; le sud lance une pointe qui le mène au seuil de la maison-dieu d'où l'on peut admirer le champ de courses orné de la roue de fortune près du pesage de la justice. Robes et casaques sautent les fossés, les murs, les grilles.

Cache-cache, main chaude et bataille navale. Les croiseurs coulent entre les lignes ; les mots dangereux font trembler leurs définitions tandis que clignotent les avertisseurs et que les courtiers brandissent leurs paquets de prospectus et d'assignats, télégraphient les tractations, les transactions, bilans et prévisions. L'échiquier devient carrelage, puis quadrillage de dalles et pelouses, terrains de boules ou de croquet. La reine rouge attrape Alice par le poignet pour la hisser dans le bolide qui escalade les montagnes russes, et doubler les usurpateurs dont les couronnes ensanglantées roulent parmi le palais des mirages et les échoppes des voyantes jusqu'au train des fantômes où le quatuor vocal affine ses cadences.

3) *Les ateliers*

Dans l'incertitude au milieu des toiles, des châssis, des cartons, des miroirs, dans le jour qui pleut doucement de la verrière où passent les moutonnements. Rangés sur leurs rayonnages les tubes, les godets, les bocaux, les pinceaux, les couteaux, les pinces, les chiffons, les flacons, les ciseaux, les burins, les marteaux, les crayons, les fusains, les gommes, les éponges. Ordre précaire, cela déborde ; la palette en fièvre roule parmi les esquisses entre le lavabo couronné d'éclaboussures et les calendriers, les horloges, les métronomes.

Sur l'aile du piano qui devient clavecin, une pile de partitions s'écroule dans les emballages dont les ficelles se déroulent parmi les journaux et les enveloppes avec leurs timbres de tous les pays. Puis cela devient harmonium dans son nid d'échantillons de papiers, envols de grand-aigle, raisin, couronne, jésus avec tous leurs grammages et filigranes dans le colloque des angles et la polka des plans. Le divan sous le carrelage, les catalogues en débandade, les chevalets pour le supplice inévitable et chéri. Les traces mènent les touches de coulures en rayures. Le point murmure à la ligne ses interrogations. Les suspensions et les virgules se marient aux exclamations et soupirs. L'arc-en-ciel valse autour du poêle tandis que les parallèles en fuite ouvrent la porte dérobée entre les perpendiculaires, les cercles, les horizons et les glacis. Oves et frottis, semis et grecques au fil de l'aquarelle qui sèche au mur.

Que de doutes se seront amassés dans ces ombres, que de tremblements, de trépidations auront passé dans ces losanges et balafres ! Une grande inspiration quelquefois : la brosse en coup de vent balaie la poussière qui tournoyait, et un cyclone apaisé dépose en pollen les échantillons, écailles et pétales sur les trames. Puis il faudra regarder cela pendant des heures et des jours et des années parfois pour ajouter un adjectif, un peu de terre, de suie ou de ciel, une accolade, une portée.

La harpe vibre dans les prismes. Les franges des sphères s'accrochent aux cintres, les résonances s'attardent sur les vitres, les réminiscences glissent le long des envers ; la pression, l'impression, l'expression conjuguent leurs délicatesses ; les chevelures s'emmêlent dans l'odeur de l'huile et le souvenir de la nature morte vient poser son crâne comme un papillon sphinx sur les préparations, les prémisses et prémices, les monologues, les délibérations, les tergiversations, les décisions subites, les exaspérations, les approximations, les résignations, les ellipses, tandis que le conseil des nombres et leurs délégations reprennent leurs mélopées sous les zébrures et les bavures et les griffures, se faufilant, se tissant dans les palpitations, les troubles, les repentirs, les défis, les paraboles et les monogrammes.

La fable vient de retrouver son icône ; les acides et essences lavent les légendes et les ponctuent d'aromates : un soupçon de sel, un jet de piment, trois grains de charbon sur les bandelettes prophylactiques et prémonitoires avec leurs supplications aux juges vivants et morts. Une longue courbe vient accueillir les étincelles et les reflets pour donner le signal du départ aux arabesques mesurées dans les recoins de la mémoire, après tant d'essais et d'erreurs, amener enfin les figures et les longueurs d'onde à composition.

4) *Les villes*

Résolument irrésolu au carrefour, fermement décidé à ne me laisser guider cette fois que par les hasards de la flânerie, laissant passer les files des voitures avant de traverser nez au vent pour arpenter l'autre côté du boulevard avec ses vitrines, bistrots et enseignes, supputant les vitesses des passants, leurs changements de direction, leurs pauses, attrapant au vol quelques mots de leurs conversations et cueillant leurs regards comme des églantines. La dentelle des toits s'évanouit en fumée. Arpèges d'ardoises, tuiles et gouttières ; et même un chat entre les mansardes, lissant son poil.

En bas la foule devient plus dense, plus agitée : le froissement des imperméables, les déclarations interrompues, les excuses, les insultes, les commentaires indignés, les appels, le brouhaha. Les stores s'enroulent, les rideaux se ferment, les profils passent derrière les fenêtres, les lampes s'allument dans les corridors ; dans les cuisines on épluche, on ébouillante, on braise ; sur les tables on met les toiles cirées ou les nappes, la vaisselle, l'argenterie ; dans les salons on parle des voisins avant d'allumer la télévision ; dans leurs chambres les enfants s'ennuient en parcourant leurs leçons en mâchonnant leurs stylos-bille ; on range le linge dans les placards : serviettes en piles, slips en vrac, les soutiens-gorge dans les tiroirs, les cravates pendues à leurs fils.

Dans les ascenseurs on dérobe les baisers ; dans les escaliers on remonte les provisions. Dans les marchés on ausculte poissons et fruits dans le vacarme, la presse, l'étincellement, l'éclaboussement, les odeurs, les ordures. De grands camions aspergent les cageots. L'avenue mène aux abattoirs en passant devant les casernes où l'on inculque la bêtise et la cruauté. Des lâches en uniforme contemplent leurs galons tandis que les instituts moisis ou chromés lancent timidement puis triomphalement leurs coupoles à l'assaut des collines, tirant leurs salves de télescopes et d'antennes. Le conservatoire s'étire vers le jardin zoologique avec son muséum et ses rotondes sous l'abside de la cathédrale dont les carillons se répercutent de clochers en clochers, du quartier des halles à celui des famines, du faubourg des collectionneurs aux vallées des usines, des villas pimpantes aux HLM délabrées.

Les émeutiers viennent de la cité vieille dont ils tiennent tous les remparts. Ils s'assemblent dans les vélodromes et défilent sur les esplanades devant les portiques des amphithéâtres. Ils s'agglutinent sur les socles des statues, grimpent sur les genoux ou même les épaules de bronze pour lancer leurs protestations aux squares et balcons qui les reprennent pour les propager de chaînes de montages en cours d'entrepôts, de garages en banques et de ministères en archives. Il en dégorge de toutes les arcades des colisées; et cela ruisselle entre les cheminées, les réservoirs, les abattoirs et les temples, implorant le grand soir, le beau matin, la nuit décisive, le jour de répit, le pivot, la charnière, la sortie du tunnel, le vent du large. Dans les canyons de brique et de béton les bus se faufilent parmi les manifestants sous les hautes tours à créneaux ou radars, les paratonnerres et les banderoles qui claquent. Les hôpitaux grésillent d'urgences; les ambulances et les pompiers coupent le trafic dont la stridence monte tandis que, dans la dégringolade de ces immeubles au-delà des basiliques, toutes les nuances de sommeil comparent leurs respirations, les haines et les cauchemars fermentent.

Que ce soit rue des ébénistes ou dans l'impasse des teinturiers, dans les hôtels des ambassadeurs ou les bouges des émigrés, les femmes s'éventent sur leurs terrasses, le pas de leurs portes ou les terrains vagues, attendant que l'orage crève et que la pluie vienne pour calmer quelque temps tout cela devant la banlieue où les grues dressent leurs potences.

5) *Les gares*

J'arpente la salle des pas perdus cherchant le bureau des informations, lorgnant les pancartes. Empilements de valises et de vélos, familles en attente tandis que le père est allé au guichet. Porteurs et contrôleurs, casquettes variées, agents de la force publique ; de longues burettes pour les essieux, des marchands ambulants, des lanternes. Le train démarre, la voie brille sous la verrière. Les flaques réfléchissent les passerelles et les sémaphores. L'inondation gagne ; c'est le lait des astres qui vient à notre secours. Par-delà les passages à niveau, les tunnels, les terrains vagues, nous arriverons aux tuiles bourguignonnes, aux jades jurassiens, aux lacs et aux glaciers de Suisse, aux plaines du Piémont, aux ocres romaines. Depuis ce quai s'ouvrent les émaux limousins, les vins de Bordeaux, les mantilles, les corridas, les galions, les azulejos. Par ici les bassins houillers, les brasseries, les hauts-fourneaux, la forêt d'Ardennes, les furies wagnériennes, les canaux de Hollande et les docks de Londres.

Entre le bar et le buffet s'étend la galerie marchande avec librairie, tabacs, souvenirs, parapluies, maroquinerie et bureau de change. Les taxis par ici, les cars pour l'aéroport au sous-sol. Les gerbes d'aiguillages ondulent comme des vagues. Les caténaires se nouent en intrigues et graphiques. Sifflet et fermeture automatique des portes. Il est dangereux de se pencher audehors. Dans les filets bouquets de fleurs, sandwiches et journaux illustrés ; les conversations s'organisent : nos maladies, la dernière guerre, les enfants et les animaux.

Les appareils tournoient en attendant le signal de la tour. Les autres roulent sur les pistes et décollent vers les tours cristallines de la Nouvelle-Amsterdam, le carnaval de Rio, la banquise, la forêt canadienne, les cerisiers de Kyoto, les jonques ou les cases, les caravanes ou les flottilles, les rizières ou la canne à sucre. Les hélicoptères surveillent les embranchements. Des navettes assurent le service des centres de recherche. Après interrogations, pattes blanches, examens, radiographies, analyses, toute cette tracasserie si vaine en notre désespoir de cause, on franchit barbelés, cordons de police, barrières, doigts sur la gâchette, chicanes, tampons, sacs, vestibules, fouilles, salles d'attente, vaccinations, cours intérieures, musique rassurante, raffineries, travaux en cours, bancs d'essais; on aperçoit enfin les tours de lancement, leurs fusées prêtes à l'arrachage avec leurs béquilles de flammes.

Compas, goniomètres, pantographes, le balancement des hamacs et de l'écliptique, les virages vers la mer des Crises ou de la Sérénité, les syrtes, les rivières asséchées, les anneaux, les protubérances, les taches, les satellites et stations orbitales, les quasars et les nébuleuses, tandis que les fils télégraphiques se croisent les mains dans leurs évolutions d'hirondelles méditant la résolution de leurs dissonances en accords toujours fuyants — c'est l'élégie des migrations —, et que les abonnés de banlieue dévalent les gradins sur les places, obsédés par leurs prochaines vacances, avides d'écumes, de palmes, de constellations et de pépiements.

6) *Les ports*

Brumes, cordages, les hublots glissent le long des coursives, les mâts se balancent aux cris des mouettes qui se posent sur le pont transbordeur. Sur leurs balcons suspendus, des matelots recouvrent de minium avec leurs rouleaux la rouille des coques. Les filets pourpres des thoniers sèchent sur les quais et les dorades frétillent sur les tables de la criée. Les ivrognes se rattrapent aux poutrelles. Les dragues récurent les chenaux. Les batteries de projecteurs fouillent les amas de nasses et casiers où les vagabonds s'installent pour la nuit. Au bout de la jetée le phare lance ses premiers éclats; les cloches des bouées répondent aux sirènes. Les fûts flottent dans les bassins parmi les algues et les épluchures. Un coup de vent soulève les journaux et les plaque contre les files de voitures qui attendent l'embarquement. Les pêcheurs à la ligne replient leur matériel et marchent mélancoliquement le long des rails où les chiens viennent flairer leurs musettes et leurs bottes. Les voiles superposent leurs nuances dont les reflets coulent en zigzags entre les chaloupes.

Un peu plus loin les ateliers de carénage, les silos, les services de douane avec leurs estafettes. Puis les digues, les rochers avec leurs criques, les plages, les dunes et leurs chardons, les goémons et les genêts, les nageurs et les amateurs de ski nautique, les familles avec pelles, seaux, parasols, draps de bain, châteaux de sable; tout cela vide maintenant, dans le polissage de la marée, son remue-ménage tranquille ou furieux se décalant chaque jour.

Une grande vague fait pencher les yachts, mais les ferries chargent imperturbablement leurs camions bien amarrés par leurs énormes chaînes, avant que se replie la poupe amovible; et des paquets d'écume viennent blanchir les pneus qui frappent en cadence contre les rambardes avec des clapotis et des giclures. Le cargo croise le trois-mâts avec ses mousses dans les gréements, carguant les ris, propriété d'une illustre famille de fabricants d'armes, tandis que l'antenne du radar tourne à l'avant de la cabine. L'équipage du sous-marin titube sur la terre ferme en jetant ses bouteilles par-dessus bord, écarquille les yeux.

Les proues bigarrées montent et descendent leurs becs l'une après l'autre comme les pédales d'un orgue, déchargeant leurs cageots remplis de crabes et de coquillages que l'on déguste dans les restaurants illuminés au sommet des hôtels, d'où l'on découvre toute la rade, et où se pavanent les actrices après leurs prestations, les cantatrices, les virtuoses, ou les nababs, émirs et caïds avant d'aller risquer leurs dollars mal acquis sur les tapis des casinos près de l'église de la Vierge en haut d'escaliers tortueux. Dans le sillage des pétroliers la Lune a volé en éclats qui viennent lécher les gouvernails et les échelles au pied des tavernes qui rentrent leurs tables, car le ciel nocturne se charge et la météorologie annonce une tempête pour bientôt.

7) *Les ponts*

Plongeant sur les sentiers, les arsenaux, les centrales électriques, les stades, on enjambe les autoroutes, les vallées surpeuplées ou forestières, et de l'autre côté c'est une autre langue, un autre regard, une autre façon de manger, de faire son lit, d'élever les enfants. Un niveau pour les trains, un autre pour les automobiles, un passage réservé aux piétons avec ces hauts grillages serrés pour décourager les suicides, mais de toute façon c'est pour aboutir à des barrières, à des barbelés, des suspicions, la lenteur et la morgue. Ces grandes arches invitent à l'essor, et puis la retombée brutale. On a l'impression d'être roué de coups. Faut-il avoir besoin de s'en aller! Tout plutôt que rester sur place dans le croupissement de ses ragoûts.

Pour sauver son fils, Dédale enfermé dans son propre labyrinthe, essayant vainement d'en reconstituer les plans perdus et trahis, a fabriqué pour lui des ailes articulées couvertes de plumes de cygne, certains disent d'aigle ou même de corbeau. L'apprentissage fut long et difficile; on essaya les plus anciennes passerelles; les danseurs de corde, les trapézistes prêtèrent leurs filets, leurs harnais, leurs sangles. Mais lorsque enfin on put laisser toutes lisières, quelle joie pour quelques heures d'effleurer les coupoles, minarets et flèches, d'apporter aux jeunes filles délicieusement stupéfaites quelques bouquets sur les créneaux des forteresses qu'elles visitaient sous la conduite de leurs professeurs terrifiés !

Et il accompagnait les hélicoptères, s'amusait à suivre la course des avions qui décollaient, aux applaudissements des chœurs des messagers célestes avec l'accompagnement des percussions passionnées des 49 tribus de démons qui avaient enfin réussi, grâce à lui, à faire entendre leurs revendications dans les bureaux de l'administration supérieure en sérieux malaise.

Quelques heures, son grand vol n'a duré que quelques heures ; quand il parut au-dessus du trafic, ce fut l'effarement partout. On le prit pour le jeune exterminateur annoncé par ces Écritures auxquelles bien peu en fin de compte, malgré toutes leurs vantardises, ne croyaient plus ; et certaines sectes déclenchèrent des incendies sur les deux rives. Et pourtant il était si beau ! Valses d'épaules et de rémiges, tresses de phalanges et de souffles, rien n'y fit. Il y eut des tirs de barrage avec ripostes, déchirures, embouteillages sur toutes les voies. Les chefs de section débordés firent sonner leurs alarmes rouges et les charges d'explosifs prévues dans les piles, aux grands ricanements des hypocrites, mal cachés par leurs larmes grasses — car, se frottant les yeux, ils ne pouvaient s'empêcher de se frotter aussi les mains —, firent bruyamment leur office : détonation, déflagration, conflagration. Que de victimes ! Il ne resta plus que des ruines comme des bras tordus se lamentent de part et d'autre, semblables aux antiques machines de guerre sur les horizons de Carthage, et les services funèbres avec les discours gênés des autorités militaires et civiles.

Les faubourgs les plus attentifs ajoutent un épisode à la légende, prétendant que son corps est devenu tout entier murmure dans les airs, et qu'on l'entend nous encourager quand nous traversons le pont reconstruit, plus solide et plus massif, avec des précautions multipliées. Pourtant, malgré les émouvantes stèles qu'ont élevées de part et d'autre les gouvernements chancelants, la plupart du temps c'est à croire qu'il n'a rien fait ; et nul pour l'instant ne cherche à renouveler sa tentative, car ce que nous attendons tous, ce qui sera vraiment le monument à sa mémoire, enluminé des suggestions de ses passages, c'est un autre pont allant du cœur au cœur de nos pays, c'est que tous nos pays, toutes nos villes deviennent des ponts.

8) *Les fleuves*

Paresseusement, huileusement le long des joncs et des roseaux, sous le coup d'aile des martins-pêcheurs avec les évolutions des hérons sur les saules accompagnant les dérives d'herbes et feuilles mortes, saluant les prêles et les iris dans les méandres s'épanouissant en marécages avec le solitaire butor dressant son bec avant son départ pour les Antipodes, devant les coteaux, vallons, bosquets et cascades, sous les rocs de granit sommés d'ermitages et de sapins, pagayant en canotiers les arrière-petits-enfants des Impressionnistes cherchent un coin bien abrité pour leur pique-nique.

Les derniers glaciers sombrent derrière les replis des labours. Les moraines proposent leurs arrangements. Les abeilles rejoignent leurs ruches à travers les quadrilles des paons-de-jour et des vanesses. Le motard lutte de vitesse avec le train de marchandises au-dessus des ombelles qui s'agitent au passage des péniches, remorqueurs et radeaux. Des garçons plongent dans l'écluse. Des petites filles remettent leurs culottes au seuil de la grotte qu'elles ornent de découpures sous la treille fleurie d'hortensias. Une écharpe oubliée sur la haie ; une charrette de foin y laisse quelques épis et brindilles. La roue du vieux moulin hoquète encore sur son bief avec ses grincements et claquements que prolongent les arpèges des giclures. Par cette voûte de feuillage on parvient aux viviers et aux houblonnières. Les truites rencontrent les brochets, les saumons et les verts poursuivent lianes et nielles parmi les bulles que viennent inspecter les libellules et les escadrons de moustiques.

Avant d'arriver au village enfoui dans ses platanes, on trouve encore des jonquilles du côté des cressonnières et des populages devant le lavoir. Un canal tranche le mammelonnement des prés avec sa file de peupliers bruissant sous les aigrettes des cirrus. Les nymphéas proposent leurs ciboires étoilés. De confluent en confluent, avec les remous des barrages, les courants mêlent leurs effluves. Les teintureries déversent leurs pigments, les industries chimiques leurs boues ; les mousses gainent les soupiraux.

C'est plus qu'un village, c'est un bourg avec ses débarcadères, ses pentes douces, ses étages en surplomb, ses tourelles sur les bras resserrés entre les îles avec leurs vieux immeubles aux façades moisies, les guinguettes, les bouches d'égout, les taches de soleil entre les rameaux des vergers ; puis les grosses gouttes de pluie commencent à émettre leurs ondes qui se réfléchissent le long des vieux murs, et les rives s'écartent de plus en plus tandis que l'on commence à sentir l'odeur de la mer et l'influence de la marée, et que les villes deviennent immenses et bleues.

9) *Les jardins*

Le rosier vient d'éclore auprès de la fontaine devant la chapelle gothique emmitouflée de lierre. Par cette allée entre les charmilles cela devient de plus en plus sauvage avec la source qui suinte de la jarre sur laquelle s'appuie le sommeil d'Ariane en marbre incarnat. Il faudrait son fil pour s'y retrouver parmi ces broussailles où les araignées ont tendu leurs cordons d'alarmes entre les lilas. Par ici les pelouses et les parterres, les touffes de lys, les bordures d'œillets, les statues des Grâces et des Parques, les boogie-woogies des tulipes hollandaises en exil et les carrés magiques des géraniums sur les balcons des chalets suisses, les grands vases croulant de jasmin, les bassins avec Amphitrite et Neptune, trident brisé, barbe noircie, les canards et les cygnes, les voiliers des enfants.

Le cortège apparaît entre la cabane aux outils avec les râteaux et les bêches alignant leurs manches sous l'auvent, arrosoirs, pulvérisateurs, sécateurs, cisailles, tamis, raphias devant la lucarne en culs de bouteilles, les longs tuyaux sinueux comme les serpents des jungles lointaines qui supputent leurs bons conseils en faisant tournoyer leurs escarboucles intimes derrière leurs orbites fléchées, et le petit pavillon de musique avec ses linteaux en bois ajouré, ses rocking-chairs et son salon rustique à verres de couleurs et tables de rotin où les adolescents se retirent pour lire Jules Verne, Stevenson ou Joseph Conrad au-dessus du torrent, imaginant pour endormir leurs frères et sœurs, leurs jeunes cousines, de nouvelles *Mille et une nuits*.

Turbans, capes de satin, masques, tricornes, pantalons à losanges de velours, hautbois et guitares, et même des chevaux harnachés qui sortent des écuries et que l'on attelle au landau poussiéreux de la remise. Flore invite Pomone pour le thé. Le théâtre de verdure est caché par la serre aux orchidées; celle des palmes débouche sur l'orangeraie d'où l'on voit le lac entre les cèdres.

La petite porte mène aux potagers avec les artichauts en fleurs, les échalas où grimpent les pois, les châssis aux semailles, les cloches pour les melons d'hiver, les boutures, les greffes, les stolons des fraisiers sur leurs tapis de paille. Crucifères, légumineuses, composées; loupe à la main le botaniste amateur examine involucres et corymbes. Le coin des sauces: l'estragon, le basilic, la menthe et la sauge sous le laurier d'Apollon.

Les étables sont désaffectées; elles commencent même à tomber en ruine, leurs combles remplis de menuiseries vermoulues et de malles à déguisements; mais les framboisiers prospèrent le long des palissades des anciens enclos. Certaines stalles où la lumière pénètre à plein par les brèches, sont envahies de ronces et de volubilis.

Les rigoles irriguent les quinconces où les écureuils sautent de pommier en cerisier pour retrouver les noisetiers aux limites de la forêt. Sous la voûte de la hêtraie avec ses sous-bois d'ifs et de houx la fête s'anime. Les lézards se faufilent entre les lichens. Brindilles, fétus, échardes, fourmilières; une rocaille abandonnée dans une mare où subsiste le sceptre d'un glaïeul. Pervenches dans les halliers, rumeurs, effrois; pelages et fumets, les biches viennent lécher le sel dans la main. Depuis cette clairière des gradins de guingois mènent aux basses-cours.

Une bifurcation conduit aux souterrains, une autre au belvédère d'où l'on aperçoit la montagne et la ville, et même, par temps très clair, la mer et ses îles entre les magnolias et les jets d'eau intermittents, les fumées des barbecues et les hamacs que l'on replie le soir sur les terrasses de faïences.

10) *Les saisons*

C'est d'abord l'immobilité, le gris du gel qui devient nacre et arborescences sur les vitres, les cristallisations du givre sur les barbelés à l'aube incertaine et tardive, le vent qui balaie la poussière sur l'asphalte, les mottes de terre dans les champs dures comme des cailloux, les feux de bûches dans l'âtre des chanceux et les horizons découpés comme par une lame de rasoir. Les renards faméliques se rapprochent des fermes et les lièvres font de grands détours pour les éviter quand ils viennent ronger les dernières pommes tombées dans les pacages. Au sud, dit-on, c'est déjà le déferlement des mimosas sur les montagnes pourpres; mais comment y croire dans nos manufactures et nos comptoirs? Nous avons oublié les carnavals de jadis, penchés sur nos carnets de chèques et nos caisses enregistreuses, et il nous faut encore attendre plusieurs semaines les premières pousses vertes sur les prés couleur de papier d'emballage, rouges dans les ramures transparentes qui teignent les lointains d'anachroniques aurores.

Les eaux dévalent des hauteurs à grands fracas. Puis les bourgeons, les boutons, les chatons, les perce-neige. Le printemps affûte ses couteaux, découd les suaires, dénoue les gorges du paysage, fait sauter les couvercles des bocaux, tinter les clefs, sonner les vantaux des portails. La terre colle aux bottes. Entre deux giboulées les rafales viennent disperser les feuilles du manuscrit. On en a retrouvé parmi les narcisses de la berge et les girolles des sous-bois. Un brouillard de pétales promet des confitures, et les blés verts se balancent entre les granges avec les alouettes qui lancent leurs stupéfactions. Les cloches reviennent avec leurs œufs. Les marchés se couvrent de giroflées, de bigarreaux et de chevrettes. Les jours allongent et les nuits s'éclaircissent. On retrouve ses vieilles sandales. On range les lainages avec la naphtaline.

Autrefois les feux sur les collines intronisaient les chaleurs. Maintenant les plages se couvrent brusquement de nudités blafardes qui s'enduisent d'huiles ambrées tandis que sur les tuiles de la mer ourlées de salpêtre brillant, les planches à voile inclinent leurs pointes comme des troupes de perruches. On achète des espadrilles. Les coquelicots et les bleuets farcissent les épis. Le tonnerre roule sur les collines. Ici et là des festivals. Les averses badigeonnent les pentes et couvrent les étangs d'une éruption de rides. Après les abricots et les pêches, les mirabelles et les poires, et dans les pays de cave les grappes. Les bouilleurs de cru mettent en service leurs alambics. Les météorites pleuvent. Les moissonneurs raclent les blés, les faneurs élèvent leurs meules, on scie du bois dans les bûchers ; on remplit les cuves à mazout.

Puis les instituteurs rassemblent leurs troupeaux, les Parisiens retrouvent leurs vernissages et leurs entractes, les vignes transforment leurs feuilles en mosaïques de vins clairs et sombres, donnant le signal aux érables, à tous les arbres les uns après les autres, sauf les pins, les sapins, qui mijotent leurs verts et leurs noirs pour les blancheurs prochaines, tous les conifères à l'exception des mélèzes dont les travaux d'aiguilles transforment en chasubles les épaulements des massifs. Alors ce sont les grandes tempêtes sur les rivages du Nord, les inondations. Il est grand temps de remettre en marche les chaudières et de s'enfiler des chaussures montantes malgré quelques jours de sursis à la Saint-Martin avec les derniers flamboiements des forêts. Mais le soir tombe si vite désormais que l'on reçoit la neige comme une délivrance et les skieurs marquent les pentes de leurs longues gerbes étincelantes tandis que les enfants déballent leurs cadeaux et que les couples s'embrassent sous le gui.

11) *Les heures*

D'abord la nuit, sa longueur, sa langueur, les sommeils, les respirations qui soulèvent les draps, les retournements, les ronflements, gémissements, les petites lampes des insomnies, les cauchemars, les sueurs froides, les apaisements, les tombereaux de souvenirs qui se déversent pêle-mêle, se tamisent en rêves et nous construisent ces visions dont nous nous réveillons pantois, assistant à leur dislocation-dissolution tandis que nous cherchons à nous les raconter, sauf quelques fois où elles traversent ces premières lueurs si froides, la gelée blanche sur le zinc des toits qui devient perles sur les capucines, et puis les citrons se mordorent en aigrettes et pennons sur la ville où circulent les premiers tramways ou bus, les premiers métros et vélos, pétaradent les premiers motards.

Les persiennes se plaquent sur les pierres des façades anciennes ; les odeurs de café et de pain grillé montent par les escaliers de service jusqu'aux mansardes où les étudiants se rendorment en récitant machinalement leurs codes, leurs tables, listes ou vocabulaires. Après ceux des boulangeries les rideaux de fer des autres commerces se relèvent à grand fracas. Les ouvriers pointent dans leurs usines. Les machines à écrire commencent à crépiter. Ceux qui faisaient la queue devant les magasins généraux se bousculent dans les vestibules et se dispersent parmi les comptoirs, interrogeant les tissus, essayant les vêtements, écoutant les explications des vendeurs. La foule monte et descend les escaliers de métal, remplit les quais en repérant les affiches neuves et parcourant distraitement les titres d'un journal par-dessus l'épaule d'un voisin tandis que le convoi s'ébranle.

Les ombres raccourcissent. De longues langues de soleil viennent lécher le fond des cours bruyantes du choc des casseroles d'où montent des fumets de bœuf mode, fromages coulants, cafés et tabacs. Et tout recommence dans la lourdeur. Les chefs de service à l'haleine vineuse ne mâchent pas leurs mots. Les secrétaires étouffent de légers bâillements ; les hôtesses deviennent acariâtres.

Les derniers appels de l'astre en perdition transforment les vitres en plaques de cuivre sur les fenêtres occidentales. Les lustres s'allument dans les appartements reculés, les lampadaires dans les bibliothèques, les enseignes sur les cinémas, les réverbères dans les rues, les girandoles dans les restaurants, les flambeaux dans les vestibules des théâtres et les torchères dans les jardins des riches. La délivrance enfin, dans le bruit, la bousculade, l'heure de pointe, le retour chez soi avec une autre effervescence ; et bientôt les arômes des potages, les journaux télédiffusés, les discussions sur la politique et le sport ; les phares des voitures qui balaient les balcons, les sorties des premières séances, les queues pour les prochaines, on s'écrase sur les boulevards.

Les rues désertes, les ruelles menaçantes, les derniers craquements dans les bois, les derniers pas dans les sentiers, le chant du rossignol, le clapotis des vagues sous la pleine Lune, le hululement d'une chouette perchée sur les fils électriques, la dégustation des alcools, les dernières manches, les derniers adieux, les derniers rangements ; encore quelques pages pour terminer le roman policier, savoir enfin ; les dernières lueurs, les dernières odeurs, le premier sommeil.

12) *Les voix*

Les raisonnements et les résonances, tables de logarithmes d'émeraude, calculatrices à cristaux liquides, multiplications des éventualités et des hypothèses de départ, canons à la tierce avec renversement à l'octave et partie supplémentaire pour l'alto s'il le désire, pavanes, gaillardes et pivoines, stéréophonies et praxinoscopes, horoscopes et pentacles, astrolabes et luths, pépinières d'irradiations ; doucement, les enchaînements et les délivrances, les espérances du hautbois, prendre au lasso les entreprises impossibles et les ramener au bercail pour les suralimenter en vitamines mentales, sensibilités mathématiques, équilibres instables sur fonds de symétries et de trompe-l'œil ; doucement, les encouragements de la basse, les modulations des esplanades, les altérations des forêts d'énigmes, symboles et grondements, les paramètres et les paragraphes disposent leurs zigzags pour le championnat des skieurs de page et de toile ; doucement, l'entrée du collège des porteurs d'icônes, la transition des climats et des flores, l'école des fées, la parabole des incendies au pays de Vasco de Gama, les gigues sur la Tamise ; douceur, douceur, où étais-tu partie ?

Les sarabandes sur le Tage, les allemandes sur les navires, les polonaises sur l'estrade, les suites et les aubades, les inventions et les sérénades, les promenades de Séraphita au-dessus des fjords et celles de Sylvie parmi les ormes ; doucement, les fantaisies des cavalcades, les fanfares des émotions, l'arrière-pays des cavatines, l'outremer des évocations, les métaux roulant sur les fibres, les cotonnades dans les rues du Caire ; doucement, les pédaliers des explorations sur les lagunes entre les horloges et les puits de mine, les blasons des intempéries, les refrains des germinations, la voix la plus grave tourne autour de la coulée de verre qui tourne autour de la voix du ténor qui répond à l'orgue sur les savanes qui tournent autour de la voix céleste qui répand ses bénédictions sur les carrelages des patios dans les quartiers à grandes lessives claquantes qui tournent autour des voix angéliques pour emporter les anches et les cordes dans leur quête éperdue des nuances et des silences chargés de baisers, de nervures, de trames, de perplexités, de suggestions, de prémonitions et de cendres.

Doucement, maintenant, très doucement, de plus en plus doucement, millimètre par millimètre, laissez s'ouvrir la fleur des gris, durer la mélopée de l'humide, ne retenez plus vos larmes, écoutez, voici les barricades de la patience, voici la blancheur des armes qui devient la blancheur des voix et des nuits, la veille et le guet, la conception, la gestation, l'accouchement, les premiers sourires, les balbutiements, les battements de mains, les regards avides et les rages de dents ; douceur, douceur, pourquoi nous avais-tu abandonnés ?

La mer tient par la main la mère, le père tient l'enfant volcan sur les épaules, les âges roulent sur les pôles et les continents sur les ères, les mesures tamisent les séismes, les découvertes appellent les découvertes de Terre en Terre et la révolution des espèces lâche ses cornes d'abondance. Doucement. Chaque mot devenant douceur, chacun des anciens cris devenant un mot de douceur, chaque voix appelant la paix, produisant la paix, concluant une paix en douceur en voyage, chaque touche de couleur construisant le lieu de la paix, transmuant toute guerre en paix, toute mort en douceur de vivre dans la paix.

BILAME OU DIODE

1) *Corot en Albuquerque*

Le souvenir de Mortefontaine frappe en rafales sur le pays rouge. Vieux maître dans ta blouse, ton siècle et tes brumes, pouvais-tu te douter de ton intercession ? Par quels détours, aubaines et malentendus, tes images ont-elles permis aux puissances qu'il est si difficile de satisfaire (bien mieux vaut tenter de les incarner), les ont-elles forcées de s'apercevoir enfin de la sécheresse de notre cœur et de nos terres ? Elles nous inondent de larmes de rage que nous bénissons.

Bien protégés dans nos armures métalliques roulantes, même si dans quelque coin suinte un filet de sueur froide rouillée, glissant doucement dans les flaques, nous aspirons les odeurs délivrées, en attente depuis des mois dans leurs ornières ou coulisses, l'oreille caressée par le chant de soie qui se déchire à notre passage, dans cette traversée de la mer fauve en plein faubourg, et la dactylographie lyrique sur tôles et vitres ruisselantes des gouttes et de la boue. Les signaux lumineux irisent en clignotant les éventails qui giclent ; pour quelques heures les canaux jubilent dans leur justification.

Tout cela s'enfoncera progressivement vers le fleuve qui en enflera d'émotions, transformant le tracé de ses îles. Puis les animaux et les enfants se rouleront, pataugeront dans le limon avant ses craquelures, nageront dans le sang de la terre et des nuages, tandis que les équipes d'électriciens redresseront les poteaux effondrés, renoueront les fils interrompus et les conversations qu'ils transmettaient, à l'affût du parfum des fleurs venant par bouffées du désert qu'elles auront couvert en un sursaut.

Sous le ciel rouvert nous pourrons nous remettre à imiter les dieux d'ici, comme tous ceux venus de l'autre côté du lointain océan, dans leur indifférence à nos malheurs et leur lecture inépuisable des mouvements de l'horizon.

2) *Les chiens de Rome*

Les aiguilles des pins semblables aux grands éventails qui tremblent en quelques jours de fêtes carillonnées des deux côtés de la *sedia gestatoria*, tombent de branche en branche, s'accrochant en agrégats éphémères comme au temps de Lucrèce. Aux petites heures, on croit voir encore les dryades écarter leurs écorces, enivrées par les premiers parfums que leur proposent les zéphyrs, se couler de cachette en cachette, éveillant les faunes qui jaillissent de leurs fourrés à leur poursuite, se rouler de clairière en fontaine, chevelures en brumes d'aurore.

Certes, c'est l'odeur de l'essence qui vient maintenant troubler tout cela, mais celle des égouts, des tanneries, écuries, des abattoirs était certainement aussi puissante. Quant au bruit, les roues des chars cerclées de bronze sur les pavés, les hennissements, beuglements, les grondements des fauves dans les cirques, les coups de fouet, les fanfares, les interpellations, les heurts des chaudrons, tout cela devait ébranler troncs et murs comme les tramways, métros et camions.

Ruines, mais il y avait déjà des ruines en ce temps-là, dans cette ville où constructions et destructions ne cessaient pas, hérissée perpétuellement d'échafaudages avec le mouvement des esclaves portant briques ou gravats dans des paniers sur leurs épaules; et plusieurs des ruines les plus impressionnantes aujourd'hui sont elles-mêmes en grande partie des reconstructions, quelques-unes environnées de légers échafaudages métalliques, avec les savants affranchis modernes en salopette consultant les plans de leurs reconstitutions ou leurs éditions de textes anciens.

Les rats sous la terre doivent ressembler beaucoup à leurs aïeux. Les mouches sont trop menues pour que leur évolution soit spectaculaire. Les chats affamés reprennent dans leurs fosses ou sur les toits les attitudes et traits de leurs ancêtres égyptiens; mais les chiens, au moins pour la plupart, sont de toute évidence remarquablement différents. En symbiose avec l'espèce humaine, leurs mutations soigneusement sélectionnées, leurs croisements minutieusement préparés, ou bien tout cela laissé à vau-l'eau par les temps de misère, ils ont reflété nos vicissitudes, incarné la représentation du compagnon, changeant de siècle en siècle comme les costumes, coutumes et langues, toute notre Histoire pouvant s'illustrer dans la succession et la diversité de leurs races: robes, museaux, allures et regards sur les bas-reliefs, peintures et photographies; les aboiements, jappements, gémissements, hurlements à la Lune anciens étant perdus pour nous.

En voici deux, le blanc et le noir, qui tournent en se flairant autour d'un centre invisible, comme le faune et la dryade qui se sont renfermés dans leur bois sacré devenu profane, comme le *yin* et le *yang* des citoyens d'un autre Empire, comme le passage des jours et des nuits.

3) *Face au castel d'Albuquerque*

Le paladin vacher descend de son destrier, puis de son image, environné d'une légère fumée de tabac blond. Il garde en sa démarche l'ondulation des cavalcades. Sur les créneaux les pennons claquent au vent pour l'acclamer. Sur le parvis les torches colonnes n'attendent que la tombée de la nuit pour faire crépiter leurs étincelles et répandre leurs douches d'ambre. Les marchands étalent pour le séduire les monnaies les plus fines et les plus rares, avec des profils de seigneurs dévorés par les problèmes de leurs offices dans leurs lointaines demeures immaculées, des aigles parmi des étoiles et des éclairs, des inscriptions en langues que l'on ne parle sans doute plus, et aussi les armes les mieux fourbies, huilées, damasquinées, incrustées de turquoise et d'ivoire.

Mais lui qui vient de retrouver le sentier de la vallée perdue dont rêvent les chercheurs d'or et de silence, qui vient de résoudre l'énigme des villes fantômes, de ravir au dragon son huile noire, de délivrer les 29 filles de l'arc-en-ciel dans la caverne de glace où les retenait l'enchanteur du Nord, ne leur accorde pas l'aumône d'un regard, tant il désire en finir au plus vite avec toutes les cérémonies qui se préparent en son honneur, pour pouvoir retourner contempler d'un peu plus près peut-être l'héritière de l'empire évanoui, à laquelle il n'a jamais osé encore adresser la parole, tellement ses sombres yeux le sidèrent.

Elle tissera jusqu'à son retour, dans son palais de boue séchée parmi les colliers et tapis, songeant aux défis qu'il doit relever, aux exploits qu'il doit raconter, aux banquets qu'il doit animer, avec les tonnes de bière à engloutir, les mélanges d'alcools ou de jus de fruits, dans les fumets des tranches de bœuf sur les grils dans l'accompagnement des guitares.

Débarrassé enfin de toutes les obligations de sa gloire, après avoir renversé et lié de jeunes taureaux dans l'arène aux applaudissements de la foule en joie, enduré les discours des échevins et sénateurs, faisant sonner ses éperons sur ses bottes et ses trophées sur ses sacoches, il empruntera un chariot de métal pour encercler la ville dans son lasso d'aventures, puis il remontera dans son affiche dont les lettres se mettront à faire flamboyer l'un après l'autre les mots de ce texte, tandis que la circulation soudain paralysée par l'intrusion de sa figure légendaire devant l'horizon lacéré, progressivement reprendra ses grondements, ses crissements, ses coups de frein, ses claquements de portières, ses hululements de sirènes et ses bouffées de rengaines aux goûts de boissons pétillantes et trop sucrées.

4) *Le miroir de Rome*

L'ombre du mur sur l'encadrement du passage, ou plutôt c'est l'ombre d'un arbre, de deux arbres même vraisemblablement, deux pins aux troncs élagués écailleux légèrement penchés vers la droite, les racines entourées de leurs bordures de buis, auxquels répondent exactement ceux-ci de l'autre côté de ce décor édifié pour le jeu du retour des anciens dieux, les niches vides attendant leurs simulacres sous les projecteurs d'aujourd'hui qui remplacent les torches d'antan.

Le pape en pantoufles vient de disparaître dans la coulisse accompagné de ses courtisanes auxquelles il a donné les noms des maîtresses de Jupiter. Même le petit Ganymède est là, qui n'en perd pas une miette, dans son surplis d'enfant de chœur, roucoulant de sa voix délicieuse dans sa mue en caressant les ailes de l'aigle domestique qui se gorge de vin léger dans une amphore à figures noires. Lorsqu'elle passe dans la chambre inverse, la tiare devient couronne de laurier, l'aube prend les plis de la toge pour quelque discours fracassant avant de tomber lentement, dénudant la grise poitrine qui devient marbre, ivoire et or, puis brusquement nombril, sexe et toutes les jambes.

Quelle jeunesse coule à nouveau dans ces vieux membres! Le prie-dieu s'allonge en lit de festin. Aux luths se marient les lyres; les flûtes redeviennent doubles. Les poisons reposent dans leurs armoires, les dagues étincellent sur leurs tablettes. «Cela manque un peu d'esclaves par ici. Les moines de ma cour ou les soldats de mes armées n'ont pas la même soumission, le même charme dans la dévotion, cette mélodieuse musculature dont les fouilles nous ont redonné les fragments. Qu'à cela ne tienne! Ce sculpteur et peintre de douteuse réputation, architecte aussi fort utilisable (on peut l'accommoder à toutes sauces pour le mieux dévorer — c'est moi le vautour et lui Prométhée —; on dit qu'il est même poète à ses heures), nous en imaginera pour notre tombeau, qui, dès avant notre mort, dans cette villa des métamorphoses, viendront s'étirer, se lamenter, célébrer nos victoires au retour de nos expéditions dans notre reconstitution rêvée de l'Empire au cours de la sieste dans cette torpeur de l'après-midi d'été.»

En essuyant la sueur qui dégouline sur son camail, il se lève et glisse de plus en plus diaphane dans les corridors désertés (à peine quelques lueurs de soieries, quelques boucles, quelques froissements de velours qui s'enfuient devant cette lassitude que l'on devine sur son visage presque disparu), cherche à réabsorber quelque présence dans la contemplation des fresques à peine décolorées ou des sarcophages étrusques, puis se perd comme une rumeur dans l'agitation de la ville moderne jusqu'à retrouver ses ossements dans l'église de son prédécesseur enchaîné, tandis que les touristes reprennent leurs bavardages et les photographes leurs cliquètements.

5) *La grâce descend sur Albuquerque*

Après le bref déluge d'été, les messagers médecins peuplent le pont céleste sur l'horizon qui retrouve l'éclat de ses turquoises et de ses braises, avec leurs ailes aux plumes de papier vert, leurs armures étincelantes qui s'assouplissent en robes teintes des sept couleurs que les envahisseurs de l'Est, qui se nomment Occident eux-mêmes, s'acharnent à distinguer dans ces pactes solaires. Des épis d'argent dans les mains, ils les secouent pour en répandre les graines, billes et pièces qui roulent follement sur les chaussées désertes, les rails et les caniveaux avant de s'infiltrer dans les fissures de la terre cuite ; ils glissent jusqu'au bloc d'aluminium empli de claviers et d'écrans pour télégraphier dans toutes les flèches de la rose les nouvelles de la guérison provisoire, tandis que les derniers tonnerres s'éloignent de l'autre côté des volcans éteints.

Le pays était malade, le ciel aussi. Sa voûte se craquelait dans le dessèchement des langues. Les automobiles tombaient en panne l'une après l'autre. Aucun plombier n'avait plus le courage de venir nettoyer les tuyaux engorgés. D'horribles odeurs sortaient des éviers. Les téléphones ne répondaient plus. Les animaux venaient mourir dans les faubourgs, et les arbres baissaient les rameaux, soudain semblables à tel instant d'une meule de foin déchiquetée par une tornade, pétrifiée par l'éclair nocturne.

Tout brille maintenant ; la misère a fondu en larmes, des milliers de flaques s'ouvrent comme des yeux, des millions de gouttes accrochent aux grillages leurs irisations, et les panneaux de signalisation dans la solitude réclament pour une fois notre attention avec douceur. Les éventails végétaux se sont remis à balancer leurs palmes vernies, comme des encensoirs dont les fumées rejoignent les chants des tambours et des jeunes filles sur l'escalier qui mène aux délices entrevues à travers les dessins tissés lors des longs silences d'attente, ponctués par les craquements des poutres dans les réserves et les pétillements des feux d'épines. Des lianes de reflets s'enlacent aux lampadaires.

Après sa terrible paralysie la monnaie se remet à circuler comme l'air dans les bronches et le sang dans les veines. Après leur long bâillon les races humiliées traduisent leurs cérémonies perdues par des mots rajeunis qui roulent dans les phrases de la ville et imprègnent le radotage des ordinateurs de tous les sucs des fleurs qui épicent les cactus. Dans les maisons basses les loquets de portes sautent sous les doigts pour laisser s'engouffrer des bouffées de vapeurs claires, et les humains qui avaient déserté l'extérieur, sortent sur le seuil humer les nouvelles, n'osant se demander les uns aux autres sous quel nom désormais désigner leur séjour après ce baptême.

6) *Les ombres de Rome*

Elle venait tranquillement avec son chien, s'est arrêtée entre deux pas, oscillant à peine sur ses pointes, pour inspecter comme une reine avec son pion les huit perspectives de son théâtre. Un quatuor de fous étudie les obliques où se précipiter. Impossible de distinguer s'il s'agit bien de cavaliers dans la distance. Les frontières entre les cases claires et sombres sont dévorées par les flammes du feuillage, qu'attisent les souffles des processions funèbres. Les plis des robes sur le pont des anges devant la forteresse mausolée, sous les instruments des supplices, s'arrondissent en coquilles d'écume aguichante d'où naissent des sourires de réjuvénation. Une bouffée d'encens entre deux roses, un appel de cloches entre deux guitares.

La partie devient de plus en plus serrée. Elle est à la recherche de son roi des Indes rouges, la moitié du corps pétrifié, muet sous ses larmes, cloué sur son lit de briques et d'écailles que les malins génies font rouler chaque nuit de belvédère en belvédère entre les tours, toutes jalousies closes, parmi les miroirs où vient se peindre le cours du monde, sous les plafonds à caissons d'où pendent stalactites d'or, banderoles à oracles et rideaux de pourpre devant les tribunes des musiciens.

Quand elle aura enfin son adresse du jour parmi toutes ces demeures communiquant par souterrains, passerelles ou magie, elle pourra replier l'échiquier de ses courses, à l'abri de ses ennemis qui se mettront à la poursuite d'autres reines derrière les colonnes, lampadaires et pins, tournant autour des obélisques et coupoles, grimpant les rampes des sept collines pour décider de leurs stratégies, à l'abri aussi de ses courtisans ecclésiastiques et militaires qui réintégreront leurs chapelles et casernes, n'attendant qu'un signe de ses beaux yeux pour remonter dans leurs chars ou chaires, prêchant leurs croisades ou leurs guerres de Troie, faisant sonner médailles et crosses.

Elle pourra replier tout le jardin sur ses épaules, absorber tous les arbres dans sa chevelure, tous les pétales et tout le sable dans sa peau, le quadrillage devenant taches de soleil dans la pénombre, elle-même devenant la ville toujours endormie sous la surface de son agitation, redonnant jambes, ventre et langue à l'exilé venu d'au-delà des montagnes et des océans, pour qu'il puisse la réveiller de ce somnambulisme qui la tient, de telle sorte qu'elle lui dise enfin : « Bonjour, mon prince, vous vous êtes bien fait attendre », et se répande avec lui sur la Terre entière, méridiens et parallèles, empire en éruption, marée de laves dans l'explosion de l'ancien centre et chœur des gravitations, les siècles pressés comme une orange entre leurs paumes pour les rafraîchir de quelques gouttes, tandis que le chien de la vie courante, oubliant échéances et démangeaisons, se couche à leurs pieds avec un soupir de soulagement.

7) *Les carrefours d'Albuquerque*

La route part en écharpe vers l'aventure de la ligne de partage des eaux, l'État lointain d'Arizona, ses forêts pétrifiées, ses profondes gorges entre les trônes et les temples où se faufile le serpent d'eau rouge, l'heure qui saute en arrière nous donnant en prime une tranche de jour.

Un quart de tour, et c'est vers l'aventure des sables blancs, des barbelés de la frontière qui nous sépare de la province lointaine de Chihuahua, avec ses chanteurs, ses vagabonds, ses oasis, les jours qui s'égalisent atténuant le contraste entre les saisons.

Un autre quart, et c'est l'aventure des puits de pétrole et des grands chapeaux, l'État lointain nommé Texas en lettres énormes, avec ses plaines et faubourgs interminables, ses hôtels à mille et une chambres, ses marécages et ses lagunes au long du golfe où chauffe la douceur de l'Europe, l'heure qui saute en avant, prélevant la taxe d'une tranche de jour.

Un dernier quart, celle des villages pénitents, les habitations troglodytes, les élans et les cougars, et plus loin encore les geysers, avec les jours qui s'allongent ou se rétrécissent selon les saisons, creusant leurs contrastes.

Une heure par carré sur la carte à côté de nous sur le siège, tant que nous ne quittons pas ces longs rubans de ciment qui paraît fondre en flaques de mercure tremblant au soleil, se soulevant et descendant comme la poitrine d'une femme qui dort bras étendus, jambes ouvertes, les yeux recouverts par sa chevelure de ronces roulantes, tandis que les échancrures de l'horizon passent les unes devant les autres faisant scintiller les circuits de nos têtes dans une ivresse de clarté.

Mais dès que nous nous écartons pour nous enfoncer vers telle ferme, tel verger, telle ruine, suivant les pistes et sentiers qui se ramifient comme des branches d'arbres pathétiques plongeant leurs racines dans ces sols que deviennent alors les grands axes rectilignes, arbres se découpant sur d'autres horizons, à un quart de tour verticalement des directions précédentes — et l'on peut dire que de tels chemins d'aventure sont comme l'ombre d'un immense arbre invisible qui réunirait la Terre à toutes les profondeurs du ciel, dont les astres seraient les fleurs, les nuages le tremblant feuillage, les arches de lueurs les lianes ou lichens, et l'éclair d'été le squelette —, alors la progression devient de plus en plus lente, les signaux se font de plus en plus rares ; on a l'impression de monter indéfiniment, de laisser derrière soi l'ancienne surface semblable à un mur devant lequel les avions des lignes régulières tracent leurs traînées doubles, et que l'air devient parfois épais comme un champ labouré tandis que rochers et forêts se trouent de gouffres ; et l'on est remué par des vagues de plus en plus violentes au milieu d'embruns de poussière qui vous aveuglent ; la carrosserie se met à gémir, les cailloux sauteurs claquent sous les sièges, le moteur se met à tousser. Voici le moment où l'on est bien forcé de s'arrêter, perdu dans l'émerveillement ou l'effroi, et de rebrousser chemin dans la nuit qui tombe toujours plus vite qu'on pensait.

Il suffit enfin d'un dernier quart de tour pour que le renversement s'accomplisse et que l'on se mette à couler dans les artères du pays des morts, tournant autour des citadelles profondes où sont enfermés nos ancêtres, tandis que ce sont les villages qui deviennent des astres et que l'on se souvient de la moindre fenêtre comme donnant sur une strophe de paradis.

8) *Les jouets de Rome*

Les loges de l'avant-scène sont encore vides. Les grands-parents sont en retard à leur habitude, prophètes et sibylles déchiffrant l'avenir mais ratant leurs trains, marmonnant toujours leurs «tu verras bien», cherchant à tâtons lunettes ou lorgnettes. Dans sa lucarne l'écureuil prépare ses noisettes pour applaudir, le merle dans la sienne ajuste ses sifflets. Les projecteurs s'allument derrière les bornes, les vasques regorgent de pastilles contre la toux, et les bavardages du parterre s'éteignent dans les lustres. Les frondaisons se lèvent à l'italienne sur la vitrine où l'arbre du Noël austral remue ses palmes d'abondance d'où descendent en planant vers les enfants ravis qui suspendent un instant leurs ébats pour lever leurs menottes en criant d'aise, ballons de cuir ou de baudruche, autocars et calèches miniatures, limonades et glaces.

Pour les plus sages, voici les vaticans à découper. Toutes les fenêtres peuvent s'ouvrir. À l'intérieur de la coupole on peut apercevoir le baldaquin dont la construction délicate requiert le concours de parents patients. D'autres préfèrent les colisées avec foules et ménageries. Pour les filles les poupées à vêtir avec dessous, manteaux et accessoires de siècle en siècle. Pour les garçons les petits gladiateurs de plomb, les séminaristes et cardinaux, les bersagliers, les américains.

Mais chacun ne pourra reprendre ses récompenses qu'une fois la représentation terminée. Les musiciens demi-cachés derrière leurs grilles entonnent des ouvertures de carnaval et des marches patriotiques avant de passer aux hymnes plus suaves. Ce sont d'abord les classes préparatoires qui défilent sur des chariots tirés par des ânes, sous l'œil agité des maîtresses qui n'en finissent pas de corriger quelques détails dans les déguisements pour figurer une petite Énéide dont les passages les plus applaudis sont naturellement l'incendie de Troie, la descente aux enfers, les adieux à Didon, Nisus et Euryale.

Les classes élémentaires déroulent la succession des empereurs, le buste de chacun photographié sur une bannière; lorsque le porteur arrive, il s'arrête un instant pour proclamer avec le nom quelques titres de gloire ou d'infamie. Le ballet des moyens célèbre les martyrs. Portant les instruments de leurs supplices, ils les chantent dans un couplet bref, tandis que les anges les accompagnent avec accordéons et mandolines, et des papes les félicitent.

Tout cela se termine par la partie de foot-ball dont nous régalent les grandes, le théâtre se transformant en arène. Au dernier but, pendant les hourras, les rangées d'arbres s'écartent pour le feu d'artifice, et chacun rassemble ses cadeaux dans la nuit lumineuse. Écharpes renouées on reprend son chemin.

9) *Les solitaires d'Albuquerque*

Après avoir traversé bien des frontières et nous être arrêtés pour bien des méditations, yuccas pèlerins emmitouflés dans les dépouilles de nos productions antérieures, nous avons réussi à apporter jusque dans cette démangeaison de faubourg, le rafraîchissement céleste. Telles de grandes coiffures de plumes des Indiens des plaines, nos épines s'épanouissent en salutations. Venus de tous les points de la rose des solitudes, nous avons décidé de considérer pour une journée entière ce terrain vague comme le centre du monde, et d'y installer notre jury. Les fils des téléphones font courir nos messages jusqu'à nos ermitages d'origine quand le réseau de nos racines n'y suffit pas.

Que de lacunes en notre distribution! Que de régions d'où l'on nous a chassés, que d'autres où nous n'avons jamais réussi notre installation, pays de laves ou de sel, ou ceux que gardent nos frères les candélabres, nos sœurs les ronces mobiles!

Les véhicules des hommes sont cachés dans leurs garages, moteurs couverts de journaux ou de vieux édredons; les boutiques de sorbets ont baissé leurs rideaux. Quelques rares étudiants sur le campus courent d'un bâtiment à l'autre en serrant leur blouson de ski. Les corbeaux commentent leurs idéogrammes ailés en déchirant des sacs d'ordures, disposant sur la page rénovée leurs références d'épluchures ou papiers froissés.

Qu'allons-nous décider pour cette ville en ces quelques heures où elle nous laisse le champ libre ? Faut-il demander aux tempêtes de venir l'essuyer comme un tableau scolaire, pour que l'on puisse y tracer de nouveaux axes, y faire entendre d'autres langues mieux en accord avec les nôtres, les anciennes retrouvées par exemple, ou d'autres qui se cherchent dans la crépitation des circuits et le vertige des voyages autour du globe ? L'une après l'autre nos feuilles se redressent brusquement de quelques millimètres, lâchant une aumône de flocons ou gouttes. Ce sont nos délibérations.

Ou nous pourrions demander au Soleil de se mettre à diminuer sa course, à l'hiver de s'approfondir pendant des mois encore jusqu'à ce qu'il n'y ait presque plus de lumière, quelques faibles rayons horizontaux, pour que nous puissions continuer tranquillement nos examens avant un printemps de foudre qui n'en finirait plus.

Mais si misérables, si méprisables que soient parfois ces hommes qui se terrent aujourd'hui dans leurs cases déguisées en igloos, si étrangers au paysage dont nous sommes les messagers, si aveugles et destructeurs qu'ils risquent de se manifester dès que la terre sera redevenue rouge et nos feuilles vertes, impitoyablement nous arrachant pour bâtir leurs fabriques ou stations d'essence, il reste parmi eux quelques solitaires épineux qui parviennent à fleurir à notre image après les rafraîchissements célestes ; il y a même parmi les pires quelques racines de solitude que nous aimerions voir germer ; c'est pourquoi, encore une fois apitoyés, nous allons laisser notre neige fondre en larmes, et repartirons vers nos monastères ouverts dont les arcades enjambent les douanes et les fleuves.

10) *Les portes de Rome*

La dame en son cylindre crénelé, un petit revolver dans son livre d'heures comme un doge, une phiole de poisons entre les seins offerts à la vue seulement, s'examine un instant dans son miroir avant de le glisser dans sa ceinture d'émaux près de son stylet délicat, puis guette le retour de son époux depuis longtemps parti pour combattre les infidèles et piller leurs trésors. Que lui rapportera-t-il de Rhodes ou de Chypre, s'il en revient : argenterie gravée, céramique décorée d'aigles ou de phénix, ou bien des manuscrits peut-être, à faire déchiffrer par monsieur le jeune aumônier de moins en moins capable de détacher ses yeux des siens lorsqu'il récite les grâces à la fin du repas de toute la maisonnée le soir dans la grande salle tendue de damas et de millefleurs, récits de métamorphoses, aventures au pays des morts ?

La momie en sa pyramide soulève le couvercle de son sarcophage, écarte ce qu'il faut de bandelettes, rassemble quelques aromates, rajuste colliers et bracelets, bat le briquet dans la faible phosphorescence pour allumer sa lampe à huile, examine ce qui reste de son visage en son miroir avant de le glisser dans sa ceinture de lin, réapprend à marcher dans les galeries, s'appuyant aux parois gravées de prières utiles qui se prolongent sur les rubans que les courants d'air font flotter à ses épaules.

Dans le tramway prismatique la vendeuse pose à côté d'elle son illustré où lui souriaient actrices, princesses, réclames de rouge à lèvres ou lingeries, fouille son sac à main pour en retirer son poudrier qu'elle ouvre afin d'examiner un instant le résultat de sa lutte acharnée contre le temps qui passe.

La dame fait allumer par l'aumônier sa lampe à huile, descend les degrés de son escalier jusqu'aux caves où mûrissent les vins des coteaux, ouvre une petite porte inconnue qui donne sur les galeries de la pyramide où la momie vient d'ouvrir une petite porte qui donne sur la place où le grand soleil s'éteint brusquement.

Ralentissement ; un petit briquet dans la main, la vendeuse saute en marche devant une petite porte qu'elle avise dans la paroi rocheuse, découvre cave et escaliers qu'elle emprunte jusqu'au chemin de ronde où l'accueille son aumônier stupéfait de ce nouveau costume. C'est pourtant bien elle, mais c'est comme si elle revenait d'un long voyage. Elle ne se souvient plus de rien. Combien de temps s'est-il passé ? Il la présente à tous ses gens, lui fait visiter armoires et coffres, lui donne avec ménagements les dernières nouvelles pas très bonnes de son mari.

La dame suit un petit chacal qui l'amène jusqu'à la chambre du sarcophage où il l'invite à se coucher. Aucun problème de langage ; la lampe qu'il lui tient en ses mains d'homme, leur traduit tout. Et il a aussi un torse et des jambes d'homme, avec un pagne finement plissé. Un dernier coup d'œil au petit miroir avant le sommeil. Toute la fraîcheur refleurit dans ses joues.

La momie s'amuse à déchiffrer les inscriptions sur le journal grâce aux images qui les accompagnent. Le tramway tourne autour de la ville pendant des heures dans le grand jour, puis s'enfonce dans le tunnel, ralentit devant une petite porte par laquelle elle pénètre, lampe à la main, dans les vastes caves, croise dans l'escalier la vendeuse qui descend jusqu'aux galeries de la pyramide dans lesquelles, conduite par un chacal, elle croise la dame qui vient de soulever le couvercle de son sarcophage et sort sur la place où le grand soleil s'éteint brusquement.

Le tramway s'enfonce dans le tunnel ; elle entre dans ses caves, monte, retrouve gens et coffres, reprend son guet sur les remparts. La momie croise la vendeuse avant de se rendormir dans son sarcophage. L'illustré est toujours là sur la banquette. Les portes se referment. Le tramway repart dans le grand soleil.

1985

MILLE ET UN PLIS
(Matière de rêves 5)

(120 NUAGES)

1)

Traces de dinosaures dans la boue le long des fleuves de laves parmi les cendres de sigillaires dévastées par la tornade, nuages.

2)

L'horizon fait le gros dos comme un fauve tandis que les troupeaux dévalent parmi les haies dans les chemins creux mouchetés de touffes de laine, nuages.

3)

Village de ruches parmi les ombelles au creux de la carrière abandonnée entre les tas de bûches qu'enlacent ronces, clématites et viornes au bord des tourbières, nuages.

4)

Arène avec foule en chemises claires, chapeaux gris et noirs, éventails, mantilles, garçons passant plateaux de limonades et glaces, envols d'écharpes, fumées de cigares, nuages.

5)

Villes avec dômes et flèches sur promontoires successifs battus par des raz de marée, séparées par de calmes baies et des rades resserrées avec ports et aéroports surmontés de phares et de tours de contrôle, nuages.

6)

Arrachements, bouquets d'échardes, haillons sous lesquels rampent des hordes souffreteuses dans les bidonvilles aux tôles écartelées, avec des flaques sous les robinets des fontaines et de grands terrains d'épandage parcourus de flammes et pillards, nuages.

7)

Filets séchant sur les quais où courent les chiens, virent les camions des cimentiers et les motos des gendarmes; les flotteurs mal peints s'amassent en bubons sur les cylindres des cordages, et les poupes montent et descendent tandis que le bras d'un jeune marin nonchalant tâte l'eau, nuages.

8)

Veines sur de longs membres qui s'attachent à des ventres et torses qui se tordent en palpitant dans leurs nages parmi des algues et des chevelures autour de radeaux et d'îles rocheuses avec des pins tourmentés sur leurs échines, nuages.

9)

Régates vues d'en dessous avec les voiles et les pavillons claquants devinés à travers la surface moirée de lune ; des troupes de dauphins viennent flairer les quilles, se frotter aux gouvernails, écouter intrigués les cris, les rires et les claques des humains, se rassemblent en conciles pour les interpréter, nuages.

10)

Perruques, houlettes, falbalas, robes à paniers, chaises à porteurs, éperons, tricornes et violes dans les grottes artificielles à peine débarrassées de leurs lierres, nuages.

11)

Rivages roulant les uns sur les autres, méandres à pirogues avec nids flottants, nénuphars, aigrettes, cygnes et spatules, chênes à grands lambeaux de lichens en allées vers les marches des péristyles où s'arrêtent les calèches d'où descendent les dames aidées par leurs domestiques noires à longues robes fleuries, nuages.

12)

Archipels entre lesquels se faufilent phoques et orques les poursuivant parmi les récifs et les navires dont les sirènes se répercutent sur les montagnes dont les sommets n'apparaissent que par intermittence comme des vedettes de la politique ou du sport, nuages.

13)

Balafres sur dos qui frissonnent et rampent parmi d'autres dos et des nuques et hanches qui montent sur des reins et cuisses avec éruptions et avalanches de seins et fesses qui les caressent et de lèvres qui les baisent et de langues qui les lèchent et de sexes avec giclures de sperme, nuages.

14)

Réseaux de fibrilles, menus canaux, filaments de pylône à pylône et de transformateur à central téléphonique avec les antennes et les radars qui tournent, et dans toutes les cases de ces immeubles qui se réfléchissent l'un l'autre, les écrans de télévision qui papillotent, nuages.

15)

Volcans de sel ou de gypse au milieu d'un désert de plâtras avec des pierres ponces qui forent des galeries comme des taupes, et des gerbes d'eaux ferrugineuses qui tournoient et balaient de grandes citernes ornées de festons qui s'écroulent, nuages.

16)

Miroirs piqués, écaillés, irisés, ébréchés, fendus, tournant doucement suspendus par leurs lanières dans les coursives crépusculaires du château battu par les vents, et dans lesquels on aperçoit les visages des années passées, les gestes des ancêtres et de leurs enfants morts, nuages.

17)

Voûtes suintantes avec ogives et clefs, lucarnes donnant sur d'autres voûtes avec escaliers et treuils, geôles, coffres, tonnes, chevalets, piscines, rivières souterraines où des grues chargent des chariots, des armes et des ballots d'étoffes sur de longues péniches éclairées de lanternes rondes, nuages.

18)

Tresses de paille et de chanvre accrochées aux portails en fête avec bouquets de bleuets et marguerites, couronnes de roseaux, gui, tilleul, avec des arbres de mai chargés de banderoles, que de jeunes gens escaladent en gilet de satin, sonnant du cor sur les plus hautes branches en décrochant des chapeaux neufs, nuages.

19)

Rose, une seule avec ses pétales qui se déroulent et tournoient, s'agitent, se détachent et s'envolent et se retournent tandis que les étamines s'ouvrent et lâchent des abeilles qui édifient leurs hexagones dans les intervalles qui bientôt dégoulinent de miel, nuages.

20)

Battements et hennissements derrière les barrières, crinières et naseaux dans les champs d'avoine, queues et sabots qui s'envolent dans la futaie des amazones qui se laissent glisser le long de la haie devant le portail du haras, nuages.

21)

Tapis à niches qui se multiplient en alvéoles garnis d'orangers et cyprès avec bordures à rinceaux d'églantines parmi lesquelles bondissent les biches guettées par des léopards, et auprès de la fontaine où rafraîchit le vin amarante, le jeune cavalier lève sa coupe aux lèvres de sa belle à bouche de tulipe et babouches de pêches, nuages.

22)

Degrés avec vases garnis de romarins, sculptés de frises représentant des épisodes de l'histoire d'Ariane, colonnades, kiosques, pavillons sur le canal, toits d'ardoises à girouettes découpées en anges ou sirènes, et cheminées guillochées, avec balcons en demi-lune, avec alcôves et volières, nuages.

23)

Aristoloches, ampélopsis, jasmins et volubilis, grimpant sur les treillis, palissades, grillages et triomphant en pergolas, rotondes, berceaux, perspectives jusqu'aux écuries, jusqu'aux prés, jusqu'aux profondes allées de tilleuls, aux étangs à bouquets d'iris et de persicaires, nuages.

24)

Déchirures, élongations, fractures, plaies, cela violace et suppure et bourgeonne et tire avec les bandages, les attelles, brassards, crêpe et gaze, cotons et crèmes, et les taches sur les draps, avec la sueur qui s'y mêle et la larme et la bave et les débris du repas léger, nuages.

25)

Rayures de matelas et chemises en plis qui retombent comme les draps d'un lit que l'on défait, la nappe d'une table que l'on dessert, la serviette que l'on décroche de son séchoir pour la pendre à son bras avant la piscine, les rideaux du théâtre déserté par la foule après les derniers applaudissements, nuages.

26)

Ratures, embrouillaminis, gribouillis, griffures, corrections, repentirs — mais c'est toute la phrase qu'il fallait reprendre —, et rajouts, accolades, flèches, béquets, panneaux supplémentaires qui se replient en accordéons ou volets; la colle s'en mêle, et la gomme, et la gouache — mais c'est toute la page qu'il fallait refaire, et que l'on froisse —, nuages.

27)

Écheveaux de laine ou de soie parmi les boutons, les aiguilles, les travaux en cours, les chaussettes à repriser, les chemises à repasser, les galons, les volants, les mouchoirs à initiales, les patrons à découper, les journaux de mode, les armoires à glace, les piles de draps, les amas de slips ou de soutiens-gorge, nuages.

28)

Blessures, hémorragies, lambeaux de chair, tuméfactions, gangrènes parmi les tranchées, les gravats, les ruines, le régiment qui rampe à la recherche d'infirmiers, brancardiers, ambulances, hôpitaux, une chambre, une terrasse où étendre toute cette infection, cette inflammation, cette cicatrisation, où faire couler doucement ce sang pléthorique sur des faïences, nuages.

29)

Prairies à pommiers et pissenlits avec barrières blanches et vergers de l'autre côté, routes sinueuses, villages blottis, châteaux d'eau, ponts sur la voie ferrée, les vaches qui rentrent le soir avec leurs sonnailles, les pique-niqueurs qui dispersent leurs cendres, et la double trace d'un avion qui va franchir la Manche, nuages.

30)

Cascades avec arbres suspendus et bergeronnettes qui viennent boire aux bassins calmes entre les genoux de granit avec leurs ecchymoses de lichens et les feuilles de hêtre qui tombent et tourbillonnent en plongeant sous la branche qui crève de ses doigts écorcés la moire haletante, nuages.

31)

Sources dans l'ombre avec petits toits et margelles, myrtilles et framboisiers autour, toiles d'araignée couvertes de gouttes, la cuve d'un sarcophage où l'on devine quelques restes de bas-relief, thyrses, bucranes, pour servir d'abreuvoir, puis les gouttières de bois creusé jusqu'à la cressonnière, nuages.

32)

Navires avec mâts et vergues à voiles carguées, gaillards, cheminées, hublots, échelles de corde, cabestans, le promenoir des première classe, la passerelle du capitaine avec les cartes de navigation, compas, radar, porte-voix, la roue du gouvernail, les émigrés du pont avec valises et ballots, les paysans avec cage à poules, chèvres, enfants au sein, guitares ou transistors, nuages.

33)

Pelages derrière les grilles, au-delà des fossés, des portières, dans la savane, le parc national, onduleux, bondissants, dormeurs, caressants, satins ou velours, peluches ou paillassons, avec rayures, ocelles ou moires; et les yeux vous surveillent au milieu de tous ces cils, moustaches, barbiches, crinières et cornes, dans les hautes herbes, derrière termitières et fourrés, nuages.

34)

Écailles de tortues marines creusant dans le sable pour y pondre, ou de poissons volants ruisselants qui replongent, et fines de vipères à colliers, de lézards, de couleuvres, ou s'épanouissant au flanc des dorades ou rascasses en ailes de papillons, vitraux d'empreintes parmi des Allemagnes qui s'étirent, nuages.

35)

Plumes dispersées après la razzia d'un renard, ou montées sur résilles de raphia pour colliers, bracelets, pectoraux ou diadèmes, impressionnantes couronnes dont les épaules descendent jusqu'aux bottes brodées de perles de verre, ou collées sur pipes ou les bâtons fichés devant les autels des sociétés secrètes lors des cérémonies du solstice d'hiver, nuages.

36)

Ailes repliées, déployées par une migration par-dessus les grands lacs, les fjords, les toundras, la banquise, ailes invisibles dans leur rapidité pour une effervescence dans les forêts vierges, ailes de métal à mécanismes délicats pour régler montées ou descentes, envols ou atterrissages, aluminium rêvant d'Icares et d'anges, nuages.

37)

Lessives dans la gelée blanche, le vent du matin cassant les plis des pantalons à l'envers, des couvertures et des torchons, nouant et dénouant les cordons des tabliers, fouillant les culottes et roulant les bas, avec les grands gestes des blouses et les adieux des vestes d'été, nuages.

38)

Feuilles se balançant, se frôlant, jaunissant, se détachant, voletant, planant, se posant, flottant, s'amassant, pourrissant, feuilles se couvrant de nervures, de parasites, chenilles, toiles et cocons, s'empilant, feuilles lues, relues, déchirées pour former l'humus de notre regard, nuages.

39)

Montagnes paraissant, disparaissant tandis que la route file montant, descendant aux virages avec les parois de plus en plus abruptes, couvertes de forêts, d'eaux vives, de cailloux, mousses; et tout d'un coup la cime triomphante avec ses ravins, champs de neige, ses chèvres blanches ou ses chamois, nuages.

40)

Glaciers avec leurs cordées et moraines, les crevasses, les grottes bleues, les accumulations de graviers dans les creux, les fleurs sur les rives, les marches creusées au piolet, échancrures et cirques; et puis tout cela se soulève comme une énorme vague et retombe sur le village en rideaux de pluie, nuages.

41)

Défilés entre des falaises, entre des maisons; les eaux du torrent, les poings de la foule, banderoles et branches, sauts d'écureuils, applaudissements; voici la mer ou la place, l'ours montre le museau à son balcon, les femmes escaladent les barricades, la Liberté guidant le Peuple; la sirène du bateau se répercute de chambre en chambre, et le Président sur sa tribune félicite les rennes et les loutres, nuages.

42)

Savanes avec feulements, barrissements, barètements, de bouquets d'arbres en groupes de rocs, avec les points d'eau où se rassemblent les gazelles et les pélicans; de loin en loin les huttes d'un village, les marmites, les boucliers, les palabres et les enfants nus qui se roulent dans la poussière chaude avec les chiens roux, nuages.

43)

Sables ou cendres, impalpables ou grossiers, à l'assaut du village abandonné, à l'assaut des routes et des jardins, s'accumulant au long des vieux murs, soulevés en colonnes par les démons du vent, cinglant une dernière vitre à l'étage, remplissant les éviers, les citernes, envahissant chaque jour une nouvelle rue condamnée où se rassemblent les coyotes et les chouettes, nuages.

44)

Pampas à plumets, gauchos sirotant leur maté, cornes à n'en plus finir, grands feux de broussaille avec les steaks sur le gril, et la flûte de Pan de l'enfant métis qu'accompagne le violoneux aveugle dans son poncho; entre les ondulations l'hacienda, la station de chemin de fer avec son gémissement hebdomadaire, et l'église vétuste avec son clocher découpé, nuages.

45)

Écumes soufflant, s'écroulant, s'éparpillant, s'étalant, oscillant en nappes, s'accumulant en panaches, frondaisons, diadèmes, champignons ou crêtes, explosant, jaillissant, retombant, roulant, pétillant, tournoyant, sombrant en tourbillons, inondant, lessivant, noyant la vermine et rajeunissant, nuages.

46)

Fumées des trains d'antan parmi les fumées des usines en dents de scie, devant les fumées des incendies de forêts et des accidents de voitures, avec celles des explosions de réservoirs ou de puits de pétrole, et des éruptions volcaniques obscurcissant des nations entières pendant des mois, ou de certaines bombes — et c'est alors des continents entiers pendant des siècles —, nuages.

47)

Rubans, courroies s'enroulant, se déroulant, transmettant les mouvements de treuils à poulies pour animer tout l'atelier qui fabrique des rubans de soie à fleurs brodées, à fleurs tissées, à inscriptions; rubans gorgés d'encre qui sautent et tournent dans les machines à écrire, laissant à chaque touche enfoncée une goutte de leur sang noir ou rouge, nuages.

48)

Pistes sur le sable des dunes parmi les chardons bleus grignotés par les lièvres, ou les yuccas picorés par l'oiseau-coureur; la jeep s'y engage en cahotant derrière la camionnette où toute la famille se serre sous les couvertures rayées; après un redressement vertigineux, on aperçoit un bateau de pêcheur sur la mer, ou bien la ville avec ses enseignes clignotantes le long du rio, nuages.

49)

Flammes d'abord tendres et légères, ourlant les bûches dans l'âtre tandis que l'électrophone diffuse quatuor ou clavecin au parfum du scotch ou du thé; puis l'embrasement des landes, granges, entrepôts, faubourgs, quartiers entiers, incendies de palais, de cathédrales avec mobilisation de pompiers en foule avec grandes échelles, jets d'eau, tocsin, la ville entière qui comprend qu'il s'agit du Jugement dernier, attend le passage des cavaliers, leurs trompettes et proclamations, nuages.

50)

Cendres de vieilles lettres avec des fragments d'écritures qui apparaissent encore çà et là; on distingue: «toute ma vie», «depuis la dernière fois», «j'attendrai»; il devait y en avoir plus de cent, mais au moindre souffle cela se disperse, vole, s'échappe à travers la chambre, la fenêtre ouverte, et va rejoindre les rouleaux de la bibliothèque d'Alexandrie, nuages.

51)

Braises sous les casseroles de cuivre où mijotent les sauces brunes près des viandes encore crues sur le billot, des légumes lavés et découpés, des couteaux affilés, des vins, des pains croustillants; par la porte ouverte les chandeliers sur la table mise, l'argenterie, les serviettes en bonnet d'évêque, les alcools sur les buffets sous les miroirs et les cartes anciennes, nuages.

52)

Traînes de mariées et de reines avec médaillons de broderie figurant le lion et la licorne parmi des fleurs d'oranger, des grenades, des pommes de pin, la rose et le chardon, le trèfle et le poireau, des colombes se becquetant, Hercule avec sa massue, Mercure et son caducée, saint Georges transperçant le dragon, saint Martin divisant son manteau, des aigles à deux têtes, des lions à deux queues, tout le pays de satin, des paradisiers, des berceaux et des clefs, des arbres généalogiques et des sapins de Noël couverts de bougies et de girandoles, nuages.

53)

Courroies, selles, harnais sur les poutres du corral, chapeaux et pantalons de cuir, bottes à hauts talons, coutures en fleurons, gilets à franges, col ouvert avec un foulard noué, pointes sur le côté, mains dans les poches, une herbe entre les dents, l'échancrure de la mesa, l'or des trembles, le troupeau qui passe le gué, le volet qui bat, les ronces qui roulent, les vieilles mains qui s'essuient sur le tablier, la cafetière sur les cendres chaudes, nuages.

54)

Coquilles entre deux marées, s'ouvrant, se fermant dans leurs mares avec les crevettes, les anémones et les astéries; par-dessus, les varechs reprennent leurs quadrilles, et une vague vient ranimer tout cela, met en communication deux bassins; le bleu gagne; bientôt les nouvelles de toute la plage viendront dans ce jardin secret de quelques heures, éponges, coraux, puis de toute la mer, nuages.

55)

Bouquets d'asters et campanules, ici pieds-d'alouette et digitales, graminées, fougères; plus loin, glaïeuls, dahlias, chrysanthèmes, des rivières de chèvrefeuille, des parterres de bégonias, pétunias, ageratums, à la française avec monogrammes, rinceaux, grecques, à l'anglaise avec massifs, effets de sous-bois, saupoudrages à la japonaise avec une corolle solitaire dans son alcôve, nuages.

56)

Mousses escaladant troncs et rochers, vieux toits, baignoires, chevelures, senteurs marines, saveurs fruitées, champagnes et bières; mousses d'encre ou d'ancre, suspendues, suspendus aux vergues des pages, tout un équipage de mots fêtant le lancement de son navire dragueur, démineur, à la découverte des passages vierges et fiers, nuages.

57)

Lichens, symbioses, dialogues des règnes, antiennes et répons, plaies sur les vieux murs, accrocs qui deviennent lucarnes, brouillons qui se suspendent aux arbres pour former hamacs et ponts de lianes qui franchissent ravins et frontières, la ligne de partage des langues, les charniers, les charnières entre ères et races, le mur de la lumière et la foudre des dieux, nuages.

58)

Écorces de bouleaux se déroulant avec leurs runes à travers steppes et taïgas jusqu'aux deltas des régions polaires avec troupeaux de bœufs musqués, traîneaux, kayaks, igloos, et merveille! la mer libre, les vignes, le nouveau continent, l'Eldorado, nuages.

59)

Nappes de minerais, populations fossiles, roches imprégnées de pétrole, galeries, mers intérieures, couches de vestiges : feuillages, ossements, coprolithes, aménagements, outillages, peintures, pictogrammes, poèmes, l'enregistrement des millénaires qui se déverse à notre vue, nuages.

60)

Vagues, roulez-moi, vagues; emportez-moi, vagues de tours, avenues de plomb; délivrez-moi, vagues de remparts, cratères, zinc; abreuvez-moi, vagues de visages, cuivres, labours; lavez-moi, vagues de lait, palmes, caves; pénétrez-moi, éclairez-moi, éprouvez-moi, excusez-moi, nuages.

61)

Houles de foules avec brassages dans les tunnels qui bifurquent vers des Vosges mafflues tandis que les généraux chamarrés arrachent leurs décorations et les jettent dans les piscines où plongent les dernières championnes olympiques sous les oriflammes déchiquetées, nuages.

62)

Donjons à créneaux et meurtrières suintant leur salpêtre sur les douves et canaux à pont-levis, les étangs à carpes, les viviers, pépinières, châssis et serres, les houblonnières, vignes en pentes jusqu'au Rhin, les palefrois à chapes de brocart frangées et tortillons d'argent, les heaumes, cimiers, lances, hallebardes et cors, nuages.

63)

Remparts chevauchant les uns sur les autres avec chemins de ronde où les archers font leurs feux de place en place pour se réchauffer en attendant le spectre du vieux roi qui vient inspecter le passage des drakkars entres les îles couvertes de troupeaux laineux et de fermes à toits de chaume, nuages.

64)

Zincs où glissent chopes et verres avec conversations entre doigts et lèvres et le passage du torchon qui efface les cercles dans le miroitement des bouteilles et les gouttes de pluie qui frappent aux fenêtres à petits carreaux, les ombres des voitures freinant aux carrefours et les lueurs des réverbères dans le crépuscule aigre-doux, nuages.

65)

Argent en coupes, soupières, couverts, monnaies, chandeliers, billets de banque avec leurs effigies de grands hommes, leurs monuments célèbres, labyrinthes mécanographiques, signatures, numéros, devises, avertissements ; et des montagnes de courrier, journaux à bandes arrachées, enveloppes déchirées à coups d'ongle, timbres oblitérés, bulletins de recommandation, accusés de réception, télégrammes et factures, nuages.

66)

Cratères, mers des Humeurs ou des Fidélités, vallées des espoirs ou désillusions, cimetières de villes avec fusées abandonnées, terrils de déchets que dispersent les météores et qu'écrasent les chenilles des tracteurs-détecteurs à antennes et radars, et sur lesquels se développent de nouveaux lichens qui agitent leurs arborescences en émettant de petits jets de gaz enivrants, nuages.

67)

Lames damasquinées, guillochées, ajourées, effilées, bifides, sabres, fleurets, hallebardes, guisarmes, cimeterres, yatagans, pistolets à crosses en marqueterie de nacre, ivoire, corail, bois de rose, turquoise, chiens en chimères, carabines, arquebuses, couleuvrines, mortiers de toutes tailles dans les vitrines de l'armurier, ses râteliers, galeries, caves au fond desquelles on perçoit cibles mobiles, envols de pigeons, sangliers qui passent, nuages.

68)

Rues entre des portiques et des halles métalliques avec quartiers de viandes pendus à leurs crocs, montagnes de choux-fleurs, étalages de fromages, mottes de beurre, œufs sur la paille, cages de poulets et lapins, orgues de saucisses, tranches de jambons comme des palettes de peintres, pâtés en croûte, bidons de lait avec leurs séries de mesures, corbeilles de fruits et blocs de glace attaqués au pic sur lesquels frétillent les harengs, nuages.

69)

Grille devant les pelouses, les marronniers, les étangs avec leurs écluses, les balcons, les calèches ou les hispanos, les ombrelles des bridgeuses, la table des rafraîchissements sous le parasol, les baigneuses sur leurs transats au bord de la piscine avec les peignoirs qui sèchent sur les rhododendrons déjà fanés devant les marches du perron, la véranda, les écuries, les garages, les réserves en enfilades, les orangeraies à n'en plus finir, et la chanson du triste ménestrel serinée par un gramophone à pavillon versicolore, nuages.

70)

Visages bouffis, allongés, renversés, tatoués, balafrés, soucieux, tendus, ridés, vidés, creusés, défaits, détendus, ravivés, pâles, plus que pâles, transparents avec des cernes autour des yeux bleu de glacier, avec des cheveux blancs autour des oreilles à boucle de perle, et des mains à ongles lavande, bagues d'améthyste ou topaze, qui arrangent des chignons à résille de soie grège, nuages.

71)

Foules d'embruns et banderoles, fourmilières en fête avec processions de saints sacrements et reposoirs, termitières du Grand Nord couvertes d'ex-voto : navires en réduction, défenses de morse, yeux ou jambes sculptés dans des vertèbres de baleine grise, mois de la Marie-sirène avec la visitation sous les eaux, la crèche dans les madrépores, le narval et le dauphin remplaçant l'âne et le bœuf, et les rois de la mer apportant leurs trésors, nuages.

72)

Éruptions, tremblements, solfatares, le geyser Vieux Fidèle balaie ses terrasses de calcite, vasques à bouillonnements où viennent boire les bisons, coulées parmi les ruines précolombiennes, filons dans les prairies, forges dans les falaises, les coups de marteau se répondant d'un versant à l'autre tandis que des colonnes de lumière visitent les antres où tournoient les philtres et les trolls, nuages.

73)

Chevelures à flots et coques, nattes et torsades, les blondeurs à l'assaut des rousseurs, l'aile de corbeau battant celle de la grande chouette blanche, et les ramages devant les ramures, les ramiers devant les rameuses qui ramènent leurs ors et leurs blancheurs sur leurs corsages ; et les canotiers des maris, des amants fumant le cigare en humant de la bière fraîche, nuages.

74)

Toisons arrachées aux épines de la Colchide, les argonautes qui s'en vont, derniers sillages, derniers claquements ; la magicienne poignarde ses enfants dont des serpents viennent sucer les plaies, dont les anges viennent cueillir les âmes comme des roses, pour les mener à Prométhée désenchaîné parmi ses feux de joie, ses coffres, ses chœurs d'océanides, ses parcs d'attractions, ses pistes de ski, ses gratte-ciel rotatifs, ses concerts-promenades, ses moments d'humeur, nuages.

75)

Éventails en lames de bambou et papier de Chine, peints de pivoines que viennent butiner des guêpes, ou de vols d'oies par-dessus des murailles au long des méandres d'un fleuve que passe à gué un cortège avec palanquins, chars à bœufs, porteurs à longues perches sur l'épaule avec leurs paniers suspendus; éventails qu'une vague emporte et dispose ouverts sur le sol, nuages.

76)

Bulles à l'intérieur desquelles on voit la neige tomber sur New York ou Paris; on les retourne et les fleuves débordent, les immeubles fondent; on les retourne encore, et ce sont des navires qui accostent avec passerelles couvertes de tapis de pourpre, tribunes, fanfares, gardes à cheval, drapeaux, serpentins, feux d'artifice, et la souveraine étrangère ou le pape qui entre dans sa longue voiture qui se glisse parmi la foule comme la main dans un gant; on retourne encore, et la nuit, la guerre, la dévastation, la survie, autour de la flamme d'une bougie qui vacille, nuages.

77)

Houille étincelante, la mine sans couvercle avec ses gradins et ses treuils, les mille coups des pioches; et l'eau qui se précipite là-dedans pour animer les turbines, avec les mineurs qui passent dans les interminables salles de douche où ils sont lavés, massés, caressés, enveloppés, vêtus d'aluminium ou de nacre; puis ils débouchent dans des forêts de givre et de cuivre où les dryades dressent pour eux des tables et des bancs d'étain ou de nickel pour banqueter en chantant les vieux airs d'autrefois, nuages.

78)

Festins à festons, hennins, hanaps, aiguières, des bœufs entiers, des paons en roue, des espadons, des esturgeons sur des gelées; pas de fourchettes, mais des nappes damassées, des crédences chargées de verreries, des bouffons rivalisant avec des singes, des volières d'où s'échappent des perruches dressées qui viennent attacher au cou des dames des rivières d'escarboucles, ficher dans leurs tiares des épingles à tête d'écaille et des plumes avec des clochettes accordées à toutes les notes des modes d'alors, qui tintent au moindre mouvement, épelant des thèmes sur lesquels les luths improvisent, nuages.

79)

Concerts de cuivres avec gongs et tambours de bois ou de peaux, claviers superposés, pédaliers doubles, orgues sinuant autour des salles, cordes tendues entre des colonnes, gouttes d'eau qui tombent sur des lames de métal au milieu de rotondes qui transmettent et amplifient les échos dans les serres où des arbres virtuoses font frémir leurs feuilles d'écaille ou d'argent, attendant le tonnerre dont on guette la prestation pour la reprendre en canons délicats et sombres, nuages.

80)

Éclats de voix, de verre, d'obus ou de silex, le terrain vague en est jonché entre le faubourg et la carrière; les hussards viennent faire boire leurs chevaux dans les flaques où les enfants dressent leurs arsenaux, lancent leurs navires de paille, simulent naufrages et bombardements, sous les naseaux qui se rétractent, les crinières qui s'agitent, les sabots agacés, les hennissements parmi les sirènes d'alarme des policiers en longues voitures automobiles blanches qui contournent ces régions incertaines en les inspectant de leurs phares, nuages.

81)

Cuivres laissés par des dauphins sur les grèves sous les grands arbres à peine visibles au-dessus des ronces et des fougères ; les corbeaux leur jettent silex et coquillages pour les marteler et les modeler en forme de loups, de chèvres, de castors, de grenouilles dont les têtes se détachent peu à peu du tronc, n'y tenant plus que par un cou pédonculaire, se couvrent de poils sombres, de grenouilles qui se dressent sur leurs pattes de derrière et commencent à frotter des bâtons les uns contre les autres pour allumer du feu, nuages.

82)

Ors des chasubles et dalmatiques sous les voûtes où se penchent les évangélistes grimpés sur les épaules des prophètes parmi les fumées d'encens sur les mosaïques où glissent les résonances des antiennes et de leurs répons, litanies de lueurs, buissons de cierges, émaux des retables, surplis dans l'ombre, regards surpris du jubé au déambulatoire, chuchotements ; une gondole d'apparat entre dans la basilique, portée sur les épaules de doges fantômes, nuages.

83)

Rideaux d'écume devant rideaux de feuillages à nervures et toiles d'araignée avec rosée, ailes de mouches, brindilles devant rideaux de ronces, liserons, viornes, clématites et glycines à troncs tordus autour de pieux et tringles devant rideaux de peupliers ou bouleaux ou saules devant rideaux de velours, étamine ou gaze à paillettes et plumetis, sequins, pendeloques devant rideaux de pluie, nuages.

84)

Rubans d'écorce de bouleau couverts de runes et pictogrammes avec ratures et repentirs, racontant les premières traversées de la savane, l'escalade, le franchissement de la montagne, les grandes froidures, les puanteurs, les traquenards des rocs et des sous-bois, les sécheresses, les brûlures, la découverte de ces collines hospitalières avec ces lacs, ces rivières douces, torrents limpides, chevreuils, truites, cailles, airelles et gousses, nuages.

85)

Fentes entre les pierres du mur, où l'on arrive à se glisser lorsqu'on s'étire et s'amincit et s'assouplit de telle sorte qu'on tourne autour des nœuds et des éperons et qu'on pénètre dans l'intimité de ces épaisseurs, qu'on devient calcaire ou granit soi-même, poreux ou granuleux, avec menus cristaux; et après des années d'adaptation à ces cieux intérieurs, on débouche soudain par la fente de la tapisserie dans une chambre où dort une jeune fille un pied sorti de la couverture et qui vous dit en ouvrant les yeux : « Mon prince, vous m'avez bien fait attendre », nuages.

86)

Fissures dans la porte et le chambranle, dans la boiserie et le marbre de la cheminée, en communication avec celles de la façade où le lierre insère tous ses ongles, et de la terrasse où le chiendent installe ses quartiers généraux avec des émissions de graines vers les avant-postes des bassins à sec, en communication avec celles de ce plateau qui se fendille jusqu'à des cavernes à rivières aveugles, jusqu'à des cheminées d'anciens volcans qui rêvent de se réveiller, rêvent qu'ils se réveillent, et se réveillent enfin, nuages.

87)

Aisselles à buissons dégoulinant de résines, à ronces et framboisiers dont les baies roulent au long des bras et des seins, à euphorbes et digitales dont les sèves et latex ruissellent jusqu'au nombril puis glissent dans le sexe en y faisant jaillir des bouquets de feuilles d'acanthe bourdonnant d'abeilles et d'oiseaux-mouches avec des gémissements de nouveau-nés parmi des ronflements d'ancêtres, nuages.

88)

Roues à yeux et ailes avec nageoires et queues et même naseaux enflammés, pattes à griffes, jantes à écailles, moyeux jetant des foudres, dents s'engrenant les unes dans les autres avec étincelles et dégoulinement d'huile remontée par pompes et pistons, et aubes et marteaux avec poignées et flèches dans le courant, le tourbillon, la tornade, d'un bout de l'horizon à l'autre avec chaudières en ébullition et palmes d'escarbilles dans les spirales de lave, nuages.

89)

Épines au long des chemins creux avec flocons de laine et bourgeons aux naissances des menues branches au travers desquelles on devine les vergers déjà fleuris avec leurs barrières où se perche le coq pour haranguer ses poules, et les noisetiers avec leurs chatons, la lessive qui sèche, le landau du bébé, les poupées de la plus grande, le tricot de la mère, le foin dans le grenier qu'on déverse dans les mangeoires des étables, les tombereaux chargés du fumier de la nuit, nuages.

90)

Étendards à dragons, basilics, lions rampants, châteaux, dauphins, vampires, fleurs de lys en pal, en fasce, en bande, en barre, en croix, en sautoir, en chevron, en pairle, malaxés, pétris, essorés, étirés, écartelés, avec l'hermine, le vair et leurs contres, dans la parade et la mêlée, dans l'attaque et la débandade, et le soir en faisceaux près des feux parmi les survivants, nuages.

91)

Platine en lingots, en mailles, en anneaux, custodes et ostensoirs, en ciboires et sceptres, calices et masses d'armes, patènes et diadèmes, en couronnes, mitres, tiares, en haubers, gorgerins, cuirasses, cuissards et gantelets, en étuis, cassettes, coffres, en portes, porches et portails, en échauguettes, girouettes et flèches, en sphères à rayons en vrilles, en soleils à flammes de lune, nuages.

92)

Pétrole en canalisations torves parmi les derricks, les pompes, les réservoirs sous les flammes fumeuses, coulant vers ses raffineries avec tours, passerelles, camions, administrations avec ordinateurs et clignotements, conseils, secrétaires, actionnaires, dividendes, dollars, palabres, syndicats, déclarations, tracts, supertankers, marées noires et irisations dans les caniveaux après l'accident, nuages.

93)

Huile où baignent les rouages, où viennent se rajeunir vilebrequins et pistons, jouvence, baume dont s'enduisent les femmes sur les plages, et l'on voudrait être dans le tube ou le flacon pour qu'elle vous étendent sur leurs cuisses et leurs épaules, et qu'elles vous glissent sous le cordon de leurs soutiens-gorge; mais l'on aimerait encore mieux être le vent et surtout le Soleil qui fait pénétrer cette huile dans leurs corps, et les dore, et les dévore doucement, et les transforme en huile, nuages.

94)

Vin qui pétille, et le rubis dans les verres, et tous les goulots l'un à côté de l'autre dans la cave avec la poussière qui s'accumule, et l'égouttoir avec ses fruits de verre sombre, et les tonneaux que l'on caresse au passage, et la lucarne avec sa projection sur la terre battue, et le miracle de l'eau de la fontaine changée en vin, et du fleuve qui charrie du vin, de la pluie de vin, des champs et des bois arrosés de vin qui enivre mais sans lourdeur ni gueule de bois, ni somnolence, ni parole pâteuse, ni bégaiement, ni colère, ni larmes, nuages.

95)

Bave de l'escargot sur la feuille qu'il arpente, et celle du taureau quand il rumine et grommelle dans son mugissement, et du crapaud qui détourne les maraudeurs, et de l'épileptique en communication avec les sautes d'humeur des dieux; et la bave de la mer après qu'elle a léché grèves et landes; et toute la salive qui vient accueillir ce que nous mangeons, et l'accompagne jusqu'à ses métamorphoses en chaleur, sang, rêves, lait, sperme, discours, sueurs, fièvres, urine et merde, nuages.

96)

Silence dans le navire soudain déserté, comme sur la mer plate comme une esplanade, et dans le port où plus un navire et plus un marin ni une seule mouette, et dans la ville où tous les rideaux de fer sont baissés, toutes les voitures immobiles, toutes les écoles vides comme les hôpitaux, les égouts, les casernes, les ministères, les églises et les cinémas où le spectacle s'est arrêté sur une image qui pâlit doucement, nuages.

97)

Vent de lait parmi les moulins à encre, les chevaliers errants se battent contre leurs doubles, plantant leurs lances dans les édredons de genêts où les cailles protègent leurs petits; les ruminants remâchent leurs touffes d'herbe, les faisans détalent parmi les rocs, et les souches arrachées par la tornade lèvent leurs racines entremêlées de bruyères vers les horizons dévastés, nuages.

98)

Semis d'ardoises devant les usines à goudron; marais salants avec leurs meules et leurs écluses, huîtrières, bouchots à moules, barques à fond plat, clochers ajourés; les lièvres filent dans la pinède entre les dunes où brillent quelques emballages de pique-niqueurs malgré les paniers proposés près des emplacements officiels; chardons bleus, carex, en descendant vers la pointe espagnole avec ses galions engloutis, ses épaves aménagées en restaurant puis abandonnées de nouveau, leurs enseignes branlant autour de clous rouillés, nuages.

99)

Labours dans la crasse avec course de strophes ; c'est l'étudiant dans sa mansarde, qui frissonne devant son radiateur parabolique et se gratte les poux ignorant son bonheur ; comme il regrettera plus tard ce temps où coulaient toutes ces lignes que ses camarades acceptaient de lire en l'enviant, quand il sera bien au chaud dans sa résidence secondaire, entouré de famille, employés et flatteurs, lorsqu'il aura bien réussi à rater sa vie, nuages.

100)

Taillis de crinières devant les planches barbouillées de craie, la classe des redoublants pour le concours d'une grande école à bicorne ; leurs papiers intimes parmi les brouillons de mémoires, les fleurs séchées, photographies, cartes postales, tickets d'entrée, diplômes pour rire, médaillons en toc ; démangeaisons de vacances avec dériveurs, surf, ailes delta, escalades en montagne avec le réveil à l'aube dans le sac de couchage sous la tente sombrée, nuages.

101)

Replis de chaumes aux frontières sous les palmes, renards et chacals en conversation près des granges, les jeeps sur les pistes soulevant des tourbillons de poussière ocre et cendre ; dromadaires, obélisques, pylônes, voiles de felouques, femmes sur les digues avec des jarres pleines d'eau fraîche en équilibre sur leur tête, et la huppe de la reine de Saba tressant un pavillon d'envol autour du trône de Salomon en villégiature au fil du canal, nuages.

102)

Anneaux de haies, volutes de poitrines, de cercle en cercle élus et damnés, barbes et seins, auréoles et palmes, les bêtes avec leurs chiffres fatidiques, les astres menaçants et les coupes d'acides, les enfants avec leurs partitions à neumes et enluminures, les jeunes filles avec leurs théorbes, et même les satyres sauvés avec leurs flûtes, leurs tambourins et leurs guirlandes ; au milieu d'un halo de miel, l'ange, le lion, l'aigle et le taureau avec leurs ailes constellées d'yeux, nuages.

103)

Bosquets de vitres au milieu de respirations pressées, tout le monde attend l'éclosion de la fleur séculaire au milieu des collections d'orchidées, massifs de strelitzias, hibiscus, poinsettias, bougainvillées, glaïeuls divers, entre les parterres de cactus poilus, de mamillaires et daturas, les vergers d'avocats et de mangues ; et voici qu'une première couronne de pétales s'ouvre comme les doigts d'une main, et cela va continuer jusqu'au soir où le jeune phénix s'éveille dans son nid de cendres, nuages.

104)

Lièvres parmi les broderies de genêts et ronces, parcourant le métier à tisser des champs et des vignes à la recherche de la tortue océane qu'ils avaient aperçue lors des grandes marées d'équinoxe, musant dans le delta parmi joncs et roseaux ; chasseurs disposant leurs bouquets de plumes devant les autels du grand faisan, du grand chevreuil, du sanglier d'or, parmi les poteaux vouant à l'exécution les braconniers et les rôdeurs, nuages.

105)

Ravins couverts de mousses et d'anémones, creusés de caves où les ermites poursuivent leurs méditations sur les crânes de leurs bien-aimées, tous les ossements de celles-ci bien rangés dans des reposoirs dont ils renouvellent chaque matin les fleurs et les inscriptions ; et tous les vêtements suspendus dans des armoires de pierre, ils les lavent et réparent pour les fêtes commémoratives où ils en revêtent des mannequins d'osier avec chevelures de lin, qu'ils font défiler sur des ponts de lianes ; et l'on dit que parfois des sourires en forme de papillons viennent se poser sur leurs lèvres, nuages.

106)

Collections d'algues dans cuves à rides marquées par des brises portant les parfums des continents inattendus : Eldorado, Australasie, Antarctide ; les nouveaux encens, les tabacs, les muscs, les ambres ; et les crevettes tournent à l'intérieur en déchiquetant des cadavres d'oiseaux ; et les phoques sautent sur les marsouins tandis que la petite sirène boit le philtre qui va séparer sa queue en deux jambes devant les marches de l'embarcadère princier, nuages.

107)

Effervescence de crachats sur fleuves de talc où les hippopotames sautent lourdement sur les crocodiles parmi des îles flottantes caramélisées, poivrées, pimentées, voguant vers des festins de dieux clandestins dans leurs poches de superstitions, attirant les archéologues vers leurs ruines, leurs fouilles, leurs reconstitutions, leurs publications, leurs cauchemars, leurs fièvres, leurs agonies, transmettant leurs messages dans les ricanements des anciens cultes piétinés, nuages.

108)

Constellations d'ibis parmi les roseaux et la chaux vive dans la construction de tombeaux, c'est-à-dire de portes triomphales pour l'autre monde, apparemment impasses, mais les quelques mots indispensables sont inscrits dans les plumes et les fleurs, dans les souffles et les caresses; mais que de pèlerinages il faut pour trouver le dictionnaire et le grimoire! avec les recettes élémentaires, formules précises, conseils utiles, avec des indications sur les sites et les heures, les rencontres à éviter, les nourritures propices, nuages

109)

Béliers lunaires dans un Var calciné parmi les iris fendus; journées de résistances muettes et lentes, ruses, murmures, intrigues scrupuleuses; la maîtresse du domaine invite les voyageurs à sa table tandis que son époux ferme les bergeries sous le crépuscule chargé de miasmes et de menaces d'incendie, la ville prochaine apeurée aiguisant ses épieux contre les hordes barbares avec leurs sangliers domestiqués, leurs aurochs et hyènes, leurs tanks et bombes, nuages.

110)

Taureaux mercuriels joufflus et roussis dans des Finistères de tabac et de lard fumé, fonçant parmi les populages et les lianes, applaudis par les délégations de druides, serpe en main, hotte sur le dos, couronnés de gui; et c'est la précipitation dans les criques avec les jeunes filles qui nagent vers leurs cornes et leur embrassent les naseaux tandis qu'ils sombrent avec elles vers les labyrinthes des profondes étables où, sur des litières d'algues, des enfants à nageoires chanteront leurs noces dans leurs conques, nuages.

111)

Gémeaux vénusiens enflés, frisés, explorant des Aveyrons à nénuphars et pélicans sous des ponts décorés de tapis et d'oriflammes aux applaudissements des femmes-hermines et des vieillards-loutres mâchonnant les pailles par lesquelles ils sirotent leurs infusions de menthe, roulant leurs yeux et leurs moustaches en délectation devant les prouesses de leur progéniture, pariant leurs troupeaux et leurs chais avec des claquements de paumes armées de monnaies de bronze ou d'ivoire, nuages.

112)

Cancres martiaux, martiens goguenards, les chaussettes trouées, le nez, les tempes maculées de craie ou d'encre, bouclés comme des angelots ou des chevreaux, rieurs, séducteurs, avec des recopiages astucieux, merveilleuses abréviations à toute épreuve sur les manches de leur chemisette, l'envers de leur ceinture ou les semelles de leurs brodequins, les poches pleines de petites armes scolaires : frondes, sarbacanes, sifflets, bombes à eau, pour saluer l'entrée du directeur décoré, prétentieux, diplômé, libidineux, vulgaire et stupide, nuages.

113)

Lions tordus parcourant des Lozères, des Bretagnes, des Allemagnes, des Canadas à la recherche du cirque minable d'où ils se sont échappés un soir de relâche, tandis que leurs dompteurs vidaient bières et whiskies, les équilibristes jouaient aux cartes, les prestidigitateurs aux jonchets, tandis que rêvaient éléphants et clowns, que les musiciens écrivaient des cartes postales à leurs familles dispersées dans l'Europe entière, courant de boucherie en abattoir, et de ferme en forêt, grelottant, faméliques, désespérés, tandis que les gendarmeries multiplient les appels et que les sociétés protectrices s'inquiètent, nuages.

114)

Vierges échevelées, semant dans les Ardennes leurs pépins de pommes, leurs châtaignes à la volée, allegro, parcourant Alsaces et Autriches et lâchant des colombes et grimpant aux murailles en s'accrochant aux lierres, pathétiques, irrésistibles, surtout quand elles entrouvrent leurs tuniques en se suspendant aux branches au-dessus des méandres du fleuve qu'elles vous invitent à passer à gué pour les conduire jusqu'au manoir de nacre et d'ambre aux murs tapissés de fourrures d'ours et d'écailles de lézards énormes, où leur immense père les attend sous les torches, nuages.

115)

Balances joviales effilochées sur les inondations de Landes, les plateaux à la dérive entre les mamelons, les taupinières, les crassiers, avec des poids de fonte ou de bronze qui dégringolent en ricochant d'enclume en margelle, de poterne en puits, de treuil en citerne; les garçons à gilet de moire apportent sur leurs épaules des hottes de grappes, des plateaux de pêches et de fromages, des filets où frétillent encore truites et saumons, tandis que les forgerons s'essuient les mains à leurs tabliers de cuir pour humer dans des petits verres gravés de rinceaux la condensation des premières vapeurs qui s'échappent de l'alambic, nuages.

116)

Scorpions saturniens en Moselle, uraniens en Provence, ourlés, dentelés en Angleterre parmi les échos de la guerre des deux roses, les pinces poisseuses de sangs et de sèves, immenses, grandissant à chaque village, dévorant les moutons après les lapins, puis les vaches, et venant renifler la nuit aux fenêtres des chambres, s'installant dans les granges pour se protéger des intempéries, édifiant de grands bûchers sur les places pour sécher, dorer, pour rôtir leurs proies, rêvant de transformer toutes ces absurdes prairies en déserts, en dunes, d'arracher tout cet humus pour le déverser dans la mer lointaine et dormir au sec, repus de rapines, dans quelque caverne, nuages.

117)

Sagittaires neptuniens tassés dans des Isères, des Normandies, des Chines, jaillissant au passage de gazelles feutrées, ouatées, sonnant de leurs cors à sourdine que répercutent les échos des falaises, avec leurs élèves en selle auxquels ils expliquent au passage les vertus des fleurs, baies et racines, inculquant la haine des cours, des académies et des villes, auxquels ils répètent: « Fuir, fuir, ne jamais rester plus d'un an dans la même cité, plus d'un mois dans la même maison, plus d'une semaine dans chaque chambre, fuir, découvrir, franchir, toujours à la recherche de la flèche qu'on vient de lancer, jusqu'au paradis de la vitesse acquise, le repos dans le cours des astres », nuages.

118)

Capricornes esquissés, biffés sur les parois des Dordognes futures, gambadant à la recherche de Gascognes et de Pérous dans les grondements des tornades historiques, ridiculisés par les naturalistes officiels qui en dénieront parfois jusqu'à l'existence, tandis qu'ils s'insinueront dans les amphithéâtres avec leurs chevriers complices; et voici que le professeur devant son tableau noir ou vert perd sa chaussure et laisse paraître un pied fourchu, tandis qu'un sourire fend son visage jusqu'aux oreilles qui s'effilent et aux cornes qui se dégagent et se tordent dans l'orage qui fait vibrer toutes les vitres, nuages.

119)

Verseaux emmêlés roulant Hérimits stellaires sur Dauphinés plutoniens, cardés, musclés, écorchés, touillant Danemarks et Malouines dans leurs marmites en nids de cristaux, coupant Nièvres, Savoies en tranches et les tressant avec rubans d'Espagnes et de Guinées, les saupoudrant adagio de Nouvelles-Hébrides et d'Aléoutiennes en branches crayonnées sur les marges des recueils d'exercices et des classiques annotés par des inspecteurs d'académie, balbutiant gammes et sésames devant les remparts de glace et de braise, nuages.

120)

Poissons à trompes, chenilles, béquilles, phares, tarières ou radars, à poches habitables, à salons et bibliothèques, poissons-musées des étangs tibétains, poissons-zoos des golfes de Ceylan, poissons-aquariums qu'a devinés Leibniz, poissons-écoles, poissons de l'espace avec leurs flottilles d'alevins galactiques, poissons parleurs, poissons rieurs, poissons chanteurs ; et de l'autre côté du concert et du chœur, de l'autre côté des orbites et des sphères, les maîtres du silence, les poissons de l'écoute, l'au-delà de la musique dans les profondeurs, nuages.

1992

TRANSIT
(Le génie du lieu 4)

... DANS LE TOURBILLON PARISIEN

NOCTAMBULE

C'était le temps des ombres sur les trottoirs, des enseignes lumineuses intermittentes, des inscriptions géantes au-dessus des gouttières, des dernières feuilles de l'automne se collant sur les réverbères et les cabines téléphoniques, des projecteurs tournant dans le ciel, des ronflements d'avions et sifflements de haut-parleurs sur le grincement des autobus, des taxis freinant au stop et redémarrant au vert avec leurs phares jonquille et les rubis de leurs lanternes arrière.

C'était le temps des cinémas avec leurs guichets, la monnaie rendue, les queues et les conversations sur le temps, la famille ou la une des journaux, traînements et tapage de semelles, photographies de quelques scènes, annonces des programmes suivants, les cendriers où jeter la cigarette à peine commencée, les tickets déchirés, les portes capitonnées, les ouvreuses, les marches, les fauteuils articulés, dossiers dans lesquels on s'enfonce et cale, et, entre les épaules et oreilles des rangées précédentes, les rochers du Far West, l'écume de la mer, les périls de la jungle, les bas-fonds de Chicago, les toits de Paris, la gravitation dans l'espace, les châteaux écossais, les cités médiévales, pharaons, longs baisers, empereurs de la Chine et mauvais garçons au grand cœur.

C'était le temps des menus polycopiés à la porte des restaurants d'où s'échappaient la vapeur odorante et le bruit des couverts au passage de tous les clients, avec la buée qu'effaçaient sur les vitres quelques serviettes ou mains nues, parfois baguées, pratiquant des lucarnes pour sonder la nuit, et au travers desquelles nous apercevions les assiettes encore vides, les bouteilles débouchées, les verres à demi pleins.

C'était le temps des terrasses encagées de verre avec braseros, des marchands de marrons chauds avec leurs cornets de papier journal, des fourrures entassées sur les portemanteaux, des bières débordant sur leurs ronds de carton, des infusions, des croque-monsieur, des parties de cartes, d'échecs ou de billard, discussions sur le prochain gouvernement, l'urbanisme, l'avenir du monde, caresses furtives, confidences, puis disparitions dans la nuit.

C'était le temps des ruelles obscures où l'on se faufile entre les véhicules garés sur les trottoirs et les rideaux de fer baissés aux opercules éteints, les frôlements le long des palissades, écharpes au vent, les excuses, les interrogations, les regards, les hésitations, les chaleurs brusques, les déceptions, la fatigue montant dans les jambes, les pieds brûlants, le dos douloureux, la gorge sèche, les mains dans les poches et le nez glacé.

C'était le temps des vitrines de fleuristes, chrysanthèmes pour la Toussaint, poinsettias pour Noël avec couronnes de houx et de gui, sapins enrubannés, enguirlandés, blanchis, les halles d'antan avec leurs monceaux de choux-fleurs, les plumes des faisans, les soies des sangliers, les écailles des dorades, les dernières vendeuses de roses enveloppées de papier cristal, ou de bouquets de violettes qui viennent de l'hémisphère sud, louvoyant de table en table et d'un carrefour à l'autre, les diamants vrais ou faux scintillant sur leurs présentoirs derrière les grilles munies des systèmes d'alarme les plus perfectionnés, fouettées par une soudaine averse glaciale, une bourrasque de grésil ou de neige remuant de vieux prospectus et faisant se retourner dans un frisson le clochard ronflant sur une grille du métro, serrant son litron.

C'était le temps du retour dans l'étroite chambre à peine chauffée sous les toits, le livre saisi à pleines mains comme pour y puiser toutes les compensations et toutes les clefs, mais qui tombait des doigts engourdis avant la fin de la première page; et l'on sombrait dans le sommeil en apercevant les lugubres lueurs de l'aube, car on avait oublié de tirer le rideau et l'on oubliait d'éteindre la lampe. On était étudiant alors, au seuil de tout. La ville était notre savane et nous l'arpentions sans répit pendant des heures, maigres, tourmentés, tâchant de nous délivrer de notre candeur comme d'une rage de dents, nous imaginant que notre jeunesse durerait toujours, le regrettant presque.

FLAMMES DOUBLES

La ligne de l'embrasement:

Comme je feuilletais un vieil ouvrage trouvé parmi les malles éventrées et fauteuils boiteux d'un grenier déjà maintes fois passionnément exploré depuis mon enfance, la lumière augmenta soudain sur une double page — était-ce de la géographie, quelque récit de voyage, de l'Histoire, chronique de cours disparues, ou tel conte prenant au passage l'accent du secret dévoilé? il ne m'en reste plus que l'éblouissement —, dévorant les caractères imprimés dans une impétueuse marée de fumées claires, les paragraphes lançant, avant de s'effacer, leurs derniers tentacules et rameaux vers ma poitrine pour y célébrer en un bûcher hilare la transfiguration de mes erreurs anciennes.

L'ardeur de l'interprétation :

Comme je contemplais les tisons dans mon âtre, l'hiver sifflant de l'autre côté des fenêtres que j'avais essayé en vain de calfeutrer — des langues de frissons se coulaient au ras des plinthes pour venir éparpiller les feuilles des gazettes qui ne m'avaient apporté qu'annonces de malheurs dans toutes les régions du monde où j'avais des amis —, accompagnée de grincements, d'arrachements et de branches, une soudaine rafale répandit sa frange d'écume sombre sur la plage mordorée, laissant au reflux des coquillages de carbone former les mots de la phrase que je cherchais depuis des heures, tandis que le rideau de flammèches se levait en cet opéra intime sur une double scène.

AGENDA

Lundi 1er mai, passer chez la fleuriste de la rue de la Rosée pour prendre chez elle quelques brins de muguet qu'elle aura teints de son sang le matin même et lui baiser la main pour lui rendre ses couleurs.

Le mardi 2, retrouver la kinésithérapeute, impasse des Caresses, pour courir avec elle dans le parc aux Antilopes, donner à celles-ci à manger du pain et des fraises, puis plonger dans la piscine aux parois transparentes que l'on vient d'inaugurer au sommet de la tour de Vincennes ; repas léger dans le chinois, galerie Marco Polo.

Le mercredi 3, au début de l'après-midi, téléphoner à la secrétaire-traductrice pour fixer avec elle les dates précises du voyage que nous devons faire cet automne aux frais de l'Université Internationale de Nouméa pour mettre au point le projet de collection multilingue intitulée «Classiques de la Face cachée», puis passer à l'agence, place du Capitaine Cook.

Le jeudi 4, indispensable rapporter à la bibliothécaire-archiviste, dans son agréable jardin suspendu aux escaliers de palmes, les enluminures néo-irlandaises qu'elle m'a confiées en vue de notre album. Nous irons ensemble chez la photographe à la jonction des ruelles Nadar et Atget, puis prendrons le taxi avec elle jusque chez la maquettiste-imprimeuse au rond-point William Morris.

Le vendredi 5, ne pas oublier d'aller enregistrer quelques contes dans le studio de la puéricultrice-éducatrice, allée Antoine Galland, muni bien sûr des livres, esquisses et brouillons convenables, mais aussi des nombreux ingrédients indispensables pour le cocktail intime qui doit nous réunir, cour Gustave Doré, chez l'illustratrice.

Le samedi 6, profiter des dernières heures du jour dans l'atelier de la tisserande-modéliste, square de Tihuanaco, pour choisir la nuance et le motif de la pièce de soie sauvage qu'elle nous propose pour l'ensemble robe du soir Marie-Jo-salopette Michel adapté au vernissage de sa rétrospective au musée de Lima, discuter la coupe et les accessoires (elle est inépuisable en inventions), puis écrire au pinceau-feutre quelques devises sur des foulards de sa collection ; élégant en-cas de fruits de mer au crépuscule.

Le dimanche 7, dîner chez l'informaticienne dans la grotte à stalactites qu'elle a découverte et aménagée sous la station de métro Claude Lorrain si appréciée des enfants avec ses dioramas à lumières mobiles, et où elle a déposé, disposé non seulement les quelques centaines de briques à inscriptions ramenées par sa sœur archéologue de sa dernière campagne de fouilles au Fayoum, sur lesquelles les hiéroglyphes sont utilisés pour transcrire une langue étrangère à l'ancien égyptien que les spécialistes n'ont pas encore identifiée avec certitude, qu'elles essaient de mettre en ordre pour les déchiffrer, mais aussi les maquettes des fontaines animées qui font la joie des promeneurs dominicaux dans les clairières des forêts de cactus cierges des superbes serres d'Aubervilliers.

Le lundi 8, concert de la claveciniste à l'auditorium Scarlatti, cité Guarnerius, avec une première partie consacrée au XVIIIe siècle espagnol, et surtout la création mondiale, après l'entr'acte, de ce quatuor pour instruments à cordes pincées pour lequel s'ajoutent harpe, guitare et luth, avec diverses modulations électroniques et jeux de miroirs, auquel elle travaille en quasi-secret depuis tant d'années et dont j'ai la fierté d'avoir entendu déjà quelques bribes.

Le mardi 9, conférence de l'astronome, salle Copernic, au quartier Ptolémée, sur les images énigmatiques et surtout les enregistrements qui nous parviennent de la station automatique en orbite autour de Titan (on dirait vraiment cette fois... Mais je préfère m'abstenir de tout commentaire avant de l'avoir entendue). Nous l'accompagnerons à son hôtel qui forme l'angle du boulevard des Astéroïdes et du quai Halley, si du moins nous réussissons à l'arracher à la foule de ses admirateurs, à deux pas du nôtre, carrefour Nicolas Cochin, où nous irons jouir de quelques heures d'un repos bien nécessaire avant de prendre l'hélicoptère enfin silencieux qui nous ramènera jusqu'à notre retraite.

APÉRITIF

Dans le salon aux murs tendus de nattes en raphia, dont les fenêtres donnaient sur des courts de tennis, de très jeunes filles en robe de coutil blanc, leurs cheveux blonds cachés sous des bérets basques marine, nous proposèrent dans des corbeilles d'osier divers biscuits et fruits secs arrosés d'eaux pétillantes, tandis qu'un accordéoniste aveugle serinait des airs à la mode, puis nous conduisirent dans un salon aux murs tendus de Gobelins, dont les fenêtres donnaient sur une orangerie.

De jeunes mulâtresses en robes longues à fleurs et turbans en foulard nous proposèrent dans des jattes de terre cuite diverses terrines d'yeux de serpents marinés dans leur bave, arrosées de sirops de jus de fruits, tandis qu'un pianiste aveugle variait des chansons anciennes, puis nous conduisirent dans un salon aux murs tendus de soies japonaises dont les fenêtres donnaient sur une roseraie, avec de jeunes Soudanaises en tuniques de brocart dont le décolleté faisait superbement rejaillir les seins tatoués.

Elles nous proposèrent dans des coupes de palissandre incrustées de nacre diverses salades d'écailles au venin relevées de crochets et de sifflements, arrosées de vin de palme ou de saké, tandis qu'un saxophoniste aveugle rappelait des mélodies sombres, puis nous conduisirent dans un salon tendu de fourrures dont les fenêtres donnaient sur une patinoire d'où de jeunes Esquimaudes en anoraks et bottes, avec leur grand sourire d'huile et de banquise, vinrent nous présenter des cuves de fonte qu'elles faisaient rouler sur des braseros.

Brochettes de foie de morse, filets de bœuf musqué, oursins farcis de menus crabes, le tout arrosé de thé ou de café brûlant, tandis qu'un flûtiste aveugle redoublait les appels du vent de là-bas, puis nous conduisirent dans un salon tendu de guirlandes d'orchidées, dont les fenêtres donnaient sur une serre d'où de jeunes garçons noirs en pagnes de léopard vinrent nous proposer, sur des plateaux de cuivre martelé, tétines de musaraignes sauce Madère ou confitures de saumon bleu arrosées de vins de Sicile, tandis qu'un harpiste aveugle renouvelait des appels de fauves et murmures de la forêt vierge, puis nous conduisirent dans un salon tendu de miroirs, dont les fenêtres donnaient sur un héliport.

Des androïdes étincelants nous proposèrent dans des bassins de céladon des ramequins de jeunes anguilles semblables à du mercure qu'ils arrosaient de cocktails aux noms de physiciens d'autrefois tandis que le vibraphoniste aveugle parodiait les tintements des laboratoires, puis ils nous conduisirent dans un salon tendu de blocs de houille, dont les fenêtres donnaient sur une fournaise. Des Mexicains nus, couronnés de plumes, nous proposèrent dans des gobelets d'or émaillé du consommé glacé de jaguar arrosé de punch à la tequila, tandis qu'un guitariste aveugle improvisait sur les regrets et les affres d'antan.

Puis ils nous conduisirent dans un salon tendu de tubes luminescents, dont les fenêtres donnaient sur l'espace nocturne, où des astronautes accompagnés de leurs épouses extraterrestres auréolées de flammèches nous proposèrent dans les miroirs concaves de télescopes historiques, diverses tranches de ces astéroïdes comestibles que l'on a découvert du côté des Troyens, arrosés d'alcools planétaires, tandis qu'un organiste aveugle dialoguait avec les appels venus des galaxies violentes ; puis ils nous conduisirent à la salle à manger.

LA PEAU DES RUES

Au détour de la palissade une affiche qui devient flammes ; dans la déchirure la lettre-phénix renaît de ses cendres et de la colle sur les murs en ruine.

Tous ces papiers sont plumes pour Dédale qui en fabrique patiemment des ailes à l'intention de ses fils cadets qui prendront leur essor un jour, c'est promis, qui sauront éviter les pièges du Soleil. Il faut reprendre à zéro les anciennes légendes. Alors ils échapperont aux enchevêtrements des tuyaux où circulent l'ordure et les gaz, aux embrouillaminis de fils qui transmettent fausses lumières et conversations frauduleuses, aux souterrains grouillant de rats et de travailleurs harassés qui rentrent chez eux retrouver la femme fripée, les enfants geignards, le vin frelaté, les programmes débiles sur les écrans.

L'œil en scalpel détache les strates de l'espace feuilleté sur les parois délaissées. On s'insinue par ces fissures, tel un *mimi* australien à travers ses falaises, jusqu'au temps du rêve avec ses orgues et bondissements. Cette usine désaffectée, c'est la grotte de Fingal, la mosquée d'Omar ou d'Ibn Touloun. Ce terrain vague dévoré de bulldozers nous propose dans ses monceaux les témoins archéologiques des 20 dernières années plus ignorées encore que les millénaires prestigieux. Modeste Christophe Colomb débarquant d'une grinçante *Santa Maria* de tôle et plastique, j'écarte les sargasses pour en extraire idoles et inscriptions.

Des échelles se dressent entre échafaudages et démolitions, lambeaux au vent comme des banderoles de manifestations, qui nous permettent de grimper jusqu'aux passerelles de nuages et d'y suivre, tels des anges gardiens en haillons bigarrés de coulures et pulvérisations, les escapades des jeunes aventuriers à la recherche des Monts de la Lune et des sources du Nil, faisant escale à Chypre, Aden, Harrar et Warambot, après les 400 coups en Ardennes, Paris, Bruxelles, Londres, Stuttgart et jusqu'à Java, dans la saison des illuminations et du mauvais sang, depuis les villes jusqu'à d'autres villes, nouvelles villes, textes nouveaux, lettres nouvelles, alchimie de la coïncidence entre ville et désert, sphère et pyramide, science et silence, profondeur et surface, adieux et retours.

Les rideaux du théâtre urbain s'ouvrent tout autour du chercheur, et d'autres rideaux encore jusqu'à celui du ciel nocturne, jusqu'à ceux des chaînes éternelles. On arrache un grand emplâtre de sottise avec un bruit d'applaudissements, de traînées de poudre et congrès d'oiseaux.

CIRQUE D'HIVER

La neige tombe sur le boulevard. L'éclat des cuivres, le battement des caisses, les volutes des bannières et des ritournelles ; jambes et biceps, maillots et plumes, grelots et serpents. À grand renfort de haut-parleurs et de roulements, les proclamations balaient la foule qui s'amasse emmitouflée, les automobiles qui ralentissent en joignant leurs klaxons à la fanfare, et les enfants pâlots qui tirent les mains de leurs mères pour les entraîner vers les comptoirs à pralines et berlingots.

Le coup du fouet qui cingle sur la sciure pour que le cheval hennissant bondisse, des frissons de plaisir moirant sa robe ; et hop!

Tout différemment des virtuoses du parapente ou de l'aile delta, réalisant leurs rêves d'être des oiseaux dans leurs douces virevoltes planées au long des falaises ; ici non point des ailes, mais le plongeon ; pas de nageoires non plus ; c'est comme s'il n'y avait plus d'élément porteur ; on apprivoise le vide ; on joue avec la gravitation tels des comètes ou satellites à trajectoires torsadées, s'enroulant autour des abîmes, creusant des coquilles dans le vertige ; avec la poigne de l'ami qui vous reçoit, amarré à son trapèze comme un navire aux bornes de son quai.

La nostalgie dans le bâillement, l'ennui mortel dans la patte griffue qui se dresse avec lenteur ; et pourtant une certaine tendresse pour le persécuteur, car comment ne pas s'attacher à lui à partir du moment où le monde entier vous a fait faux bond ?

Hors du cercle magique, dans l'envers du décor, les puanteurs et les parfums, fumées et fumets, radiateurs paraboliques ou braseros, une sorte de silence grumeleux, visqueux, aussi loin que possible de celui crissant qui, sous la tente ou la verrière, précède les crépitations des paumes et les bravos. Peignoirs; on se maquille et démaquille. On se change; on sirote en vitesse un petit café; on dérobe une caresse; on nettoie sans cesse, astique, répare, reprise, repasse, répète; on s'exerce, on respire un peu, fume une cigarette en cachette; on parle des enfants, de leurs études, exploits, espoirs. Sauront-ils fuir cette fuite, voyager hors de ce voyage, se mettre en marge de cette marge? Et puis les prochaines étapes: celles qui sont déjà bien connues, celles que l'on va découvrir; les nouveaux venus, et parmi les vieux compagnons ceux qui sont obligés de changer de spécialités, même de prendre leur retraite.

Mais voici les sifflets, signaux. C'est à nous; un dernier coup d'œil pour vérifier le boutonnage et le rimmel. Une grande inspiration avant de franchir la grille du trac; et c'est l'œil du cyclone où l'on jongle avec les murmures qui éclosent comme les fleurs des lointaines Pâques.

La tristesse de la royauté bafouée, la force vaine, l'exil sans issue, tout ce qui était grandeur devenant lourdeurs dans de dérisoires imitations de l'espèce dominante, qui provoquent parfois de la honte chez les plus sensibles.

La démarche hésitante et légère à la fois; les souliers traînant et bâillant; l'accent mêlé de tous les faubourgs, toutes les provinces, tous les étrangers, les ailleurs; la bouche pleine de lapsus, les poches pleines de surprises: un tout petit violon, une cravate interminable, un bocal avec poisson rouge vivant; les chapeaux roulant et sautant pour se percher enfin comme des hirondelles sur les traverses des bras; toute l'humiliation de la misère urbaine dans les replis de ces énormes pantalons flottants, et tout le besoin de changer la vie dans les capucines ou carreaux criards de la chemise aux pans débordants; avec la culbute inévitable au bout du parcours hasardeux et miraculeux.

Tant de sequins, paillettes et bijoux que le corps tout entier est devenu miroir et renvoie les rayons des projecteurs en les modulant au passage des massues, assiettes et verres; voici que les chaises s'en mêlent et les tables, tout le mobilier de la roulotte ou de la maison, et même des poignards affûtés, torches enflammées, de telle sorte que tous les gradins palpitent dans une seule ondulation comme un baiser de lueurs dont nul n'est exclu.

Avant de retrouver la neige dans la nuit.

RETOUR DE TOKYO

Les yeux encore fourmillants des murmures optiques à l'orée de la forêt des idéogrammes dont je tentais d'explorer les premières sentes, compagnon d'études de ces enfants à cheveux si noirs et chapeaux bouton d'or, qui ouvraient si bravement leurs petits parapluies, après avoir essuyé leurs pinceaux à la fin de dures heures de calligraphie, je n'en reviens pas d'être capable de lire toutes les inscriptions, de retrouver non seulement mes lettres, mais ma langue.

Quelle familiarité dans ce métro parisien! Plus besoin de retenir les caractères à 14 ou 15 traits pour savoir quelle somme je dois introduire dans la fente afin d'obtenir le ticket convenable, ni la couleur de la ligne pour parvenir jusqu'au bon quai. Et comme les trains sont courts ici! Comme la foule est clairsemée même aux heures de pire affluence, contrairement à ce que je croyais! Par contre mon regard est à la hauteur des autres; je suis plongé dans cette masse alors que j'émergeais là-bas. Et je me prends à regretter l'incessant cliquetis des poinçonneurs virtuoses.

Brusquement la criaillerie caractéristique des établissements de pachinko. Même les clignotements, étincellements et grésillements. Leur maffia viendrait-elle jusqu'à nos cantons ? Serions-nous déjà contaminés ? Mais ce n'est qu'une illusion. Je traverse bien un quartier de plaisir comme on dit, et je pourrais découvrir dans une de ces ruelles aux plâtres lépreux des antres pleins de billards électriques, enluminures de nos mythes modernes, avec leur faune de desservants nerveux et hagards ; mais je chercherais en vain autour ce qui faisait mon vrai plaisir dans cet éclairage : les bicyclistes portant d'une main sûre, en équilibre au-dessus de leur tête, des échafaudages de plateaux de repas à bols de soupe conservée bien au chaud sous leur couvercle, ou l'émerveillement d'une menue jeune fille devant un jardin-bouquet à deux pas du bastringue, entre deux maisons de bois gris.

Je retrouve l'ordonnance des grands magasins qui ont si peu changé depuis mon enfance, la façon de plier les papiers d'emballage. Pas la moindre difficulté pour découvrir le rayon, l'objet que je cherche, ou du moins savoir qu'il n'y en a pas. Et dans les restaurants, quelle aisance ! On est sûr d'y avoir toujours, sinon de la place, mais, une fois admis, des chaises et quelque espace pour les bras, toujours le petit outillage occidental pour piquer ou trancher, la corbeille de pain. Mais si jamais parvenait à mes narines une odeur d'anguilles en train de griller, alors, tel un rat de la ville de Hamelin suivant son joueur de flûte, avec quel plaisir, oublieux de toutes tentations courantes, je me faufilerais pour aller en grignoter quelqu'une debout au coin d'un trottoir, ou assis tant bien que mal sur le sol souple devant mes baguettes et mon bol de riz.

Vous me direz qu'il y a bien des restaurants japonais à Paris ou Genève et que quelques-uns sont excellents, mais on n'y entend pas l'aspiration des nouilles au sarrasin, et surtout il n'y a pas cette variété d'officines qui vous sollicitent, serrées les unes contre les autres dans leurs corridors ou passages. On s'y régale surtout de nostalgie, comme dans les restaurants français là-bas ; encore que l'accent japonais dans la présentation des plats leur ajoute un charme dont on ne cherche plus à se libérer. Un soupçon de vulgarité alourdit pour moi toutes les tables que les guides spécialisés décorent de leurs plus honorifiques étoiles.

Et j'entendais même la cloche d'une église épiscopalienne parmi les chants d'oiseaux et les cris des enfants dans mon petit quartier tranquille préservé des klaxons, timbres et sirènes. Aussi dans la résonance du bronze le plus catholique je guette l'intrusion des vagues d'un gong bouddhiste ou des échelons d'un maillet shinto. Quant au bruit des avions, il m'entraîne toujours par-delà montagnes et mers, faisant sonner non seulement l'appel de mes retours, mais celui des pays où je ne suis encore jamais allé. Même le crissement d'un freinage sous la pluie est parfois le talisman qui m'ouvre à l'enchantement d'un jardin que je croyais avoir déjà vu, mais qu'il me faudra revoir autrement, car j'espère toujours en une prochaine fois.

UN ADOLESCENT CHARBONNEUX

J'ai eu 17 ans le 14 septembre 1943
c'était la guerre et plus précisément l'Occupation
dont on ne savait nullement quand elle finirait
le couvre-feu la pénurie le froid qui reviendrait l'hiver
tel qu'il nous faisait déjà frissonner en pleine fin d'été

Je venais de passer mon bac de philo je m'apprêtais
à préparer sans enthousiasme le concours d'entrée
à une impressionnante et sarcastique école

j'étais dans de drôles de vacances moroses
comme on avait parlé de la drôle de guerre

J'étais maigre timide plutôt sale je recherchais
les coins solitaires pour méditer pourtant
rien au fond ne m'effrayait tant que la solitude
voulant être ailleurs tout en étant proche
j'étais toujours loin tout en restant là

J'étais naturellement tourmenté par mon sexe
cherchant dans toutes directions comme une boussole
　　affolée
de par mon éducation d'enfant sage un peu sournois
j'étais comme le jeune roi des Indes noires aux 1001 nuits
la moitié de mon corps glacé de vénéneux marbre noir

Peu de livres pour ainsi dire pas de revues
le mensonge l'ignominie partout pires qu'aujourd'hui
oui décidément pires que même aujourd'hui
en cette affreuse fin de siècle où tant d'espoirs s'écroulent
dans les arrangements des marchands de canons

Je me cachais de mes compagnons de bagne pour bricoler
maladroitement à défaut des ailes d'Icare
avec l'encouragement d'un complice ou deux
un frêle radeau de phrases afin de nous glisser
sous les chaînes mortelles tendues de rive en rive

APRÈS LA FÊTE

Confidentiel :
avec un ciel de Noël au balcon
présageant des Pâques au tison
ce fut pour beaucoup une fête au fond de son lit
avec une grippe spécialement virulente

On jette au panier à linge sale les chemises de soie, écharpes, serviettes et chaussettes fines. On brosse les vestons du plat de la main, remet les pantalons dans leurs plis, raccroche les robes longues à leurs cintres et range les kimonos dans leurs emballages à lucarnes. On ramasse les bouchons de champagne sous les fauteuils, rassemble les bouteilles vides pour les conteneurs spéciaux, trie les papiers-cadeaux : d'un côté ceux qui sont encore assez présentables pour une autre fois, de l'autre ceux qui ne peuvent qu'alimenter un prochain feu dans la cheminée. On dénoue et renoue les ficelles, surtout celles de couleur et en particulier les dorées, on empile les boîtes, vide une première fois la machine à laver la vaisselle pour la remplir aussitôt ; et il faudra au moins une troisième fois.

On rince la théière et la boule à thé, filtre avec la passoire les feuilles des infusions, essuie les cendriers, gratte les bougeoirs, suppute le nombre de repas que l'on pourra organiser avec les restes, peste contre les absents, se désole des empêchements des excusés, s'amuse de certains participants, s'applaudit d'autres, envie la forme, le talent, l'élégance ou l'esprit de tel ou tel. On s'étire, fait craquer ses articulations, bâille, examine dans le miroir les veinules qui rougissent le blanc des yeux, cherche dans l'armoire à pharmacie les pastilles effervescentes pour les plonger dans un verre d'eau.

Échos des danses
plis dans les coussins
fonds de verres
kleenex froissés
taches sur les nappes
fumées refroidies
miettes sur les tapis
mégots rougis
gants oubliés
parfums des femmes

On se remémore les discours, les conversations, tout le virevoltement des papillons du soir. Mais que de flou déjà dans tout cela ! Il aurait fallu les enregistrer. Était-ce la jeune duchesse ou le chirurgien qui nous a parlé du sculpteur ? Mais n'était-ce pas plutôt du musicien puisqu'il a été question d'un concert où était allé l'architecte qui nous en avait conté les curieux incidents chez l'ornithologue ? Au fait cet architecte est-il venu ou non ? Chaque fois on se dit qu'il faudrait faire signer les gens comme chez certains. Ce qui est indubitable, c'est que sa femme était là, en discussion très animée avec cet ambassadeur (de quel pays d'Amérique latine au juste ?) qui avait été amené par l'éditeur un peu trop convaincu du plaisir que cela ferait à tout le monde. Que ce soit de l'un ou de l'autre, on en découvre tous les jours de toutes les couleurs, même chez ceux que l'on croit assez bien connaître. Il s'agissait du musicien, j'y suis maintenant. Quant au sculpteur, c'était non pas le chirurgien qui nous en parlait, mais le biologiste ; en tout cas, ce ne pouvait être avec la duchesse, car toute délurée qu'elle soit (et quel coup de fourchette !), elle n'a jamais pu s'intéresser à une œuvre d'art postérieure au Directoire. Pour les deux siècles précédents elle est assez fine, mais déjà le style Empire lui pose des problèmes. Ce devait donc être sa cousine la vicomtesse, qui lui ressemble d'ailleurs comme deux gouttes d'eau (la consanguinité de ces vieilles familles...), bien qu'un peu plus âgée, et qui s'entend comme pas une à colporter les potins, parfois les ragots. Elle y met d'ailleurs beaucoup de goût, ne choisit que des victimes de premier choix. Sans la moindre méchanceté au demeurant, même si parfois les conséquences sont un peu dramatiques, ce qu'elle est la première à regretter.

Aldebert déteste Julien, ne s'en cache pas, le proclame sur tous les toits ; l'autre le lui rend bien ; cela ne les empêche pas, lorsqu'ils se retrouvent en société, de s'esclaffer comme deux camarades qu'ils ont été dans un distingué collège de Jésuites. Par contre l'animosité d'Eustache envers Gustave est plus feutrée ; ils font partie non seulement du même mouvement politique, mais de la même tendance, des mêmes instances, se sont toujours poussés l'un l'autre en se décernant des louanges hyperboliques à tel point qu'elles ont mis à certains la puce à l'oreille, mais qui n'en ont pas moins atteint leur but manifeste. C'est monnaie courante, nous dira-t-on. Impossible pourtant de se tromper à tels regards dans les coins les moins éclairés, lorsqu'ils s'imaginent à l'abri de l'observation et que l'alcool assouplit leurs cuirasses. Quelle haine indubitable soudain! Ruminée, mijotée, engraissée. Pour la plupart de ceux qui s'en sont aperçus, la racine est la jalousie; leurs deux femmes, il est vrai, sont fort belles, s'habillent et maquillent admirablement, rivalisent comme maîtresses de maison, poursuivent brillamment leur carrière, l'une de harpiste, l'autre de psychothérapeute. N'y aurait-il pas là de quoi organiser quelques exquises parties carrées, disent les plus superficiels? Mais ceux qui les connaissent depuis le plus longtemps laissent entendre, non certes par des récits, mais par d'étranges silences, qu'il y aurait eu quelque liaison très intime et qu'un jour il faut s'attendre à quelque immanquable éclat sanglant.

C'est gentil d'être venu. — Il faudra recommencer ça. — Nous avons été si heureux de faire votre connaissance. — Ne manquez pas de me rappeler ma promesse. — Si jamais je puis vous être de la moindre utilité... — Nous vous attendons sans faute la semaine prochaine. — Il faut absolument que nous vous le fassions rencontrer. — Quand on pense que nous avons entendu parler de vous ici depuis si longtemps, et qu'il a fallu attendre jusqu'à cette nuit pour qu'enfin nous puissions vous exprimer de vive voix notre admiration, notre reconnaissance, notre... — Prenez soin de vous. — Faites-nous signe au plus tôt. — Ne nous laissez pas languir si longtemps. — Vous n'avez pas changé. — Vous non plus. — Il n'a pas changé. — Un peu de ventre... — Elle n'a pas changé. — Quelques cheveux gris. — Elle se teint. — Ils n'ont pas changé. — Toujours aussi jeunes! — Comme ils ont changé! — Méconnaissables. Il est vrai qu'il y a si longtemps... — Je t'avoue qu'au début je l'ai prise pour sa mère. — Je n'arrive pas à retrouver son nom, mais nous l'avions rencontré, tu sais bien, chez ces gens ; cela me reviendra.

C'était hier. On ne peut même pas dire cela. C'était ce matin. C'était il y a quelques heures. Mais une faille nous en sépare comme si un séisme l'avait ouverte brusquement. Toute l'armée des soucis dont la rumeur avait été couverte par l'agitation de cette veillée, rampe et grouille ouvertement désormais, tirant çà et là des salves d'alarme en pleins buissons de malaise et tiraillements. C'est le temps des déclarations d'impôts qui approche, des consultations de conseillers fiscaux, des tiers provisionnels et de toutes ces tracasseries administratives absurdes et entièrement nocives qui se perpétuent, se compliquent et s'incrustent dans notre société si mal faite, et tout cela pour les privilèges de quelques-uns qui les défendent farouchement, puissants ou sous-fifres, alors que par ailleurs ils sont tout aussi malheureux que nous.

Et tout ce qui concerne notre corps qui fonctionne si mal aussi. L'agenda est déjà rempli de rendez-vous chez le dentiste, le kinésithérapeute, le cardiologue. Encore s'il ne s'agissait que de nous, mais la famille, les amis, on a l'impression que le monde entier se remet à geindre, à trembler, à maudire, à compter ses sous, à se résigner, à chercher l'oubli jusqu'aux prochaines fêtes.

Quels sont vos projets pour l'été ? — Qu'écrivez-vous en ce moment ? — Et vos enfants ? — Et vos parents ? — Et vos amis que nous avions rencontrés au Brésil ? — N'était-il pas question d'un voyage en Nouvelle-Zélande ? — Le déménagement est pour bientôt ? — Il faudra que vous nous donniez votre nouvelle adresse. — Du côté des compagnies d'électronique, quelle est l'évolution probable ? — Votre opinion sur le yen ? — Ceci tout à fait entre nous. — Naturellement. — Vous me comprenez. — Cela va sans dire. — Une divulgation prématurée... — Je suis un tombeau. — Vous ne croyez pas si bien dire. — Vieux farceur. — Pas si vieux. — Quelques belles années encore pour louvoyer. — Pour surnager. — Trafiquer. — Si jamais j'ai un tuyau sûr, je vous en ferai profiter. — On n'est jamais trop prudent. — Charmant renard. — Exquis coquin. — Une relation à entretenir. — Il a ses bons côtés. — On n'est jamais trop méfiant.

Pendant ce temps tout un immense espoir à l'Est s'écroule définitivement par plaques dans la poussière, la puanteur et le froid, dans l'enthousiasme et la disette, à cause de la sottise, de la routine, l'inculture, la prétention, le manque d'imagination, la jalousie, la peur, la police, la sclérose des bureaux et armées, le mensonge et même parfois l'ignominie, la folie furieuse, la torture et le sang, aux applaudissements de ceux qu'il ne menaçait plus depuis déjà longtemps. Soulagement certes, et comme on participe à cette liesse, à cette respiration retrouvée, libérés du même coup nous aussi comme tous ces forçats d'hier! Mais comment avons-nous pu laisser tout cela si mal tourner? Quelle paresse aussi de notre part que de nous contenter comme tant d'autres de nous appuyer sur de vieux textes vénérables certes, admirables parfois, mais prétendument scientifiques, comme si la science existait, comme si elle n'était pas toujours utopie, comme si le discours scientifique n'était pas toujours et heureusement à venir; nichant dans ces vieux textes au lieu de les remettre perpétuellement en question, les confrontant à d'autres tout aussi vénérables, plus admirables encore parfois. Maîtres que nous avons tant aimés, comment avez-vous pu nous trahir à ce point?

Ce n'est pas seulement d'une nouvelle année que nous avons besoin
mais d'un nouveau siècle et même d'un nouveau millénaire
et nous n'avons certes pas trop de toute cette décennie
pour nous apprendre à tourner cette écrasante page

tout le papier du monde est devenu béton
qu'il s'agit de meuler en fleur de farine

Entre-temps
la vie quotidienne
avec sa grise mine
ses épines et aigreurs
nous reprend
comme des nouveau-nés
dans ses bras maigres
de vieille édentée
bancale épuisée
pour nous bercer
avec sa voix
éraillée enrouée
une dentelle
une ruine de voix
comment cela
peut-il durer
puis nous accomplissons
nos gestes habituels
comme si c'étaient
des vagissements

POUR GARDER SON CALME

Malgré les bombes,

au bois il y a un oiseau, son chant vous arrête et vous fait rougir,

selon Rimbaud,

malgré les bérets, les discours,

il y a un vaisseau qui a emporté ma bien-aimée,

selon Apollinaire,

malgré les bottes, les chars, les missiles,

il y a une horloge qui ne sonne pas,

malgré les incendies, la télévision, les bombes, les alertes,

il y a dans le ciel six saucisses et la nuit venant on dirait des asticots dont naîtraient des étoiles,

malgré les plaies et les déclarations, malgré les drapeaux, les incendies, les trahisons, la télévision et encore les bombes,

il y a une fondrière avec un nid de bêtes blanches,

malgré les hontes, malgré les discours, les déclarations, malgré les chars, les casques, les missiles,

il y a un sous-marin ennemi qui en voulait à mon amour,

malgré les famines, malgré les fièvres, les frissons, malgré les ruines, les rodomontades, les explosions,

il y a une cathédrale qui descend et un lac qui monte,

malgré les brûlures, malgré les fanfares, les drapeaux, malgré les destructions, les cadavres, les gémissements,

il y a mille petits sapins brisés par les éclats d'obus autour de moi,

malgré les incendies, malgré les sirènes, la télévision, les bombes, les grondements, malgré les hontes, *il y a une petite voiture abandonnée dans le taillis ou qui descend le sentier en courant, enrubannée,*

malgré le pétrole, les mensonges, malgré la peur, le froid, le bruit, malgré les arrestations,

il y a un fantassin qui passe aveuglé par les gaz asphyxiants,

malgré les déclarations, les bourreaux, malgré les supplices, les famines, les terreurs, malgré les agonies,

il y a une troupe de petits comédiens en costumes, aperçus sur la route à travers la lisière du bois,

malgré les canons, les lâchetés, malgré les abominations, les fanfaronnades, les tremblements, malgré la boue,

il y a que nous avons tout haché dans les boyaux de Nietzsche de Goethe et de Cologne,

malgré les épouvantes, les explosions, malgré les brûlures, les trafics, les chars, malgré les fureurs,

il y a enfin, quand l'on a faim et soif, quelqu'un qui vous chasse,

malgré les fanfares, les conflagrations, malgré les trappes, les missiles, les charognes, malgré, *quand on a faim et soif, quelqu'un qui vous chasse,*

il y a des Hindous qui regardent avec étonnement les campagnes occidentales ;
ils pensent avec mélancolie à ceux dont ils se demandent s'ils les reverront,
car on a poussé très loin durant cette guerre l'art de l'invisibilité,

malgré les drapeaux, les vaisseaux qui ont emporté au loin les bien-aimées, les gémissements, les brutalités, les incendies, dans le ciel les hélicoptères parmi les lueurs atroces de la DCA, les craquements, les coups, les trahisons, les sous-marins de tout bord qui en veulent à nos amours, les sirènes, les humiliations, les paniques, mille petits sapins ou palmiers brisés par des éclats d'obus autour de nous, les grondements, les cris, les hontes, les engagés qui passent aveuglés par les gaz, les roulements, les oriflammes, les alertes, le fait que l'on ait tout haché dans les boyaux, le pétrole, les dévastations, les mensonges, les lettres qui tardent, les traîtres, les hurlements, les bérets, dans leurs porte-cartes plusieurs photos de leur amour, les profiteurs, les puanteurs, les scandales, les prisonniers qui passent la mine inquiète, les putréfactions, les accapareurs, les cendres, les batteries dont les servants s'agitent, les épidémies, les infamies, les tortures, la télévision, et toujours les bombes,

il y a *les nuages, les merveilleux nuages,*

malgré les vaguemestres qui n'arrivent plus du tout au trot par le chemin de l'Arbre isolé, qui ont complètement changé de nom, d'allure et de monture,

il y a les *Illuminations* et les *Calligrammes,*

malgré les bourreaux, pancartes, discours, banderoles,

il y a l'oiseau qui parle, l'arbre qui chante et l'eau couleur d'or,

malgré les espions qui, dit-on, rôdent par ici invisibles comme le sable de l'horizon dont ils se sont désespérément revêtus et avec lequel ils se confondent,

il y a les lichens figurant les haleines, pierres et flammes,

malgré les défilés, supplices, poisons, famines,

il y a les cinq doigts de la main avec les ongles, les six faces du dé avec leurs chiffres, les sept pulsions capitales avec leurs emblèmes,

malgré les soldats qui la nuit scient des planches pour les cercueils,

il y a la suite, et la série, et le reste, et les autres, et les refusés, les oubliés, les imprévus, les j'en passe, et j'en passe,

malgré les pillages, bottes, pollutions, ignominies,

il y a l'ouverture du monde que l'on veut toujours nous cadenasser,

malgré les cimetières pleins de croix ou de croissants,

il y a l'astronautique bien tard, mais bientôt, vous verrez, bientôt, qui va reprendre,

malgré les lâchetés, nausées, déflagrations, gémissements,

il y a que je suis monté jusqu'au givre ce matin,

malgré les tombes partout de-ci de-là,

il y a le désert qui retrouvera ses bruits propres,

malgré les sirènes, glas, humiliations, supplications, la télévision et encore et toujours les bombes, et on n'en finira donc jamais, et quand l'on a faim et soif, quelqu'un qui nous chasse,

il y a qu'un jour, on ne sait encore quel jour, après tous ces fracas et secousses, il y aura un peu de silence entre amis autour de quelque boisson,

malgré...

SPIN

L'œil du trafic soudain paralysé par une embolie
cligne en lançant des rayons dans toutes les ailes
du moulin urbain qui blute sa farine de bruit
toutes les vitres du carrefour se couvrent de buée
toutes les bielles dans leurs moteurs grillent leur graisse
tous les marteaux des cœurs métalliques frappent
sous les cubes de nos crânes qui cherchent un angle
pour soupirer souffler un peu entre les lames
du raz-de-marée de goudron haletant et de limaille
avec son écume d'insultes et les étincelles de ses baisers

... À PROPOS DU MEXIQUE

LE FANTÔME DE L'INCA GARCILASO REGARDE PAR-DESSUS L'ÉPAULE DU PHOTOGRAPHE

Tu ne croyais pas cela possible jeune regard avide
né dans ce continent couvert de livres où je suis mort
ces pics ce ciel ces forêts ces cactus ces énormes éboulis
vêtus de longues épines grises souples et emmêlées
comme des toiles d'araignée bouleversées ou une toison
   de poussière
ces condors pumas vigognes colibris et perroquets
ces terrasses pierres chemins céramiques métaux
ces tissus mélodies processions et misères

Tu ne te doutais pas que j'étais là pour te conduire
taciturne comme les paysages de mon enfance
et mon peuple qui perdure à travers tant d'horreurs
t'inspirer cadrage et déclic pour les délicates machines
que nul n'aurait crues possibles en mon époque
où pourtant nous allions de surprise en surprise
rappelé à la vie et la vision par ton ivresse de découverte
et tes questions aussi passionnées que celles que j'avais
   posées

Quand j'avais 16 ou 17 ans à Cuzco dans la maison de
   ma mère

délaissée par le gouverneur à qui je dois mon nom
à son frère Don Francisco Hualpa Tupac Inca Yupanqui
l'un de mes rares parents indiens réchappés de la bou-
  cherie
du traître et fratricide Atahualpa son crime lui profiterait
bien peu de temps étranglé par ordre du vice-roi chrétien
son empire entièrement détruit ayant retrouvé toute sa
  noblesse
quelques années avant ma propre naissance

Inca mon oncle puisqu'il n'y avait point d'écriture chez
  vous
pour garder trace du passé que connaissez-vous
de l'origine et du commencement de vos rois
là-bas les Espagnols et les autres nations voisines
savent par leurs livres d'histoires divines et humaines
quand ont commencé à régner leurs rois et les autres
et les changements des empires jusqu'à supputer
depuis combien de milliers d'années Dieu créa le Ciel et
  la Terre

Mais vous qui en manquez quels souvenirs
avez-vous de vos antiquités quel fut le premier Inca
quels étaient son nom et son origine
de quelle façon commença-t-il à régner avec qui
avec quelles armes a-t-il conquis ce grand empire
quelle est la généalogie de nos exploits
et comme il m'avait dit neveu je te le dirai avec plaisir
à toi de l'écouter et de le garder dans ton cœur

Ce qui a été l'origine du livre que j'ai publié
50 ans plus tard à Lisbonne sous le titre *Commentaires
  royaux*
récapitulant mes souvenirs après toute une vie d'aventures
dans la tranquillité durement conquise de l'Andalousie
près de la mosquée où je suis enterré passée depuis peu
à un autre culte comme notre temple principal
dont le grand soleil d'or fut perdu au jeu en une nuit
par le capitaine espagnol à qui il était échu en partage

Ainsi tu as bien mérité que je t'appelle mon neveu
bien qu'il n'y ait sans doute aucune goutte du sang
de mes ancêtres solaires dans le tien et pourtant qui sait ?
puisque c'est à toi que je dois d'être revenu secrètement
pour m'émerveiller et me lamenter à travers tes images
dans ce qui était pour moi le vieux monde
mais que je veux bien appeler le nouveau comme tous ceux
de cette langue paternelle qu'il m'a bien fallu adopter

Et de toutes les autres langues de l'Europe comme la tienne
dans les plaines du Nord que je n'ai jamais vues
car ayant perdu la plupart de mes croyances chrétiennes
dans ma survie fantôme aussi bien que ma mère celles de nos ancêtres
je cherche comme toi dans notre douloureux métissage
par-delà tous ces visages implacablement résignés
par-delà toutes ces fêtes imperturbablement possédées
une nouvelle façon de nous rendre à notre état primitif
  de fils du Soleil

DERRIÈRE L'HORIZON DU TEMPS

(Élégie à Christophe Colomb)

I)

Quand leurs bannières flottant enfin
sur l'Alhambra tu es allé trouver
les Rois catholiques pour leur parler
du grand Khan roi des rois des Indes
et qu'ils se laissèrent convaincre par ton idée
d'aller vers l'Orient par le chemin d'Occident
et te firent partir avec trois navires depuis Palos

***à la recherche non seulement de la lointaine île
de Cipango où miroitait l'or mais aussi***

de la cité de Qinsai la plus populeuse
qui fût au monde où l'on pouvait
disait-on goûter tant de plaisirs
qu'on s'imaginait être au paradis

alors au continent de la stupéfaction
il y avait une ville dite Tenochtitlan ou Mexico
construite sur des canaux autour d'un rocher
où un aigle tenant dans son bec un serpent
s'était posé sur un cactus
       et déjà derrière
l'horizon du temps couvaient des déportations
des cathédrales des épidémies
des gratte-ciel et des catastrophes

II)

Quand tu cherchais non seulement l'étrange île
de Hondo où l'or couvrait les toits des palais
disait-on mais aussi la cité de Hang-Tchéou
avec ses douze mille ponts arqués
sous lesquels passaient aisément
au-dessous des voitures et des chevaux
les plus gros bateaux sans mâts
      alors
au continent de l'ensorcellement il y avait
dans la ville sous les deux grands volcans
une enceinte crénelée entourant les temples
principaux dont celui double d'Uitzilipochtli
colibri de la gauche et de Tlaloc dieu de la pluie

et déjà derrière l'horizon du temps
couvaient usines explosions
universités révoltes et fouilles

un jour après trois semaines de navigation
dans l'inconnu vers la direction interdite
la terreur s'empara de tes marins
qui commencèrent à se révolter

et tu ne réussis à les maintenir en obéissance
qu'en leur débitant des mensonges

III)

Au continent de l'interrogation il y avait eu
dans la ville des jardins flottants le sacrifice
de vingt mille prisonniers en quatre jours
pour consacrer la reconstruction de ce temple

et déjà derrière l'horizon du temps couvaient
des orages des explorations des massacres
des découvertes et des exterminations

cinq ans avant que t'apparut dans la distance
aux cris de Terre Terre l'île de Guanahani
dans les Bahamas que tu nommas San Salvador
avec des Indiens nus peints en brun ou en blanc
bien faits ignorants du fer et des armes
qui t'apportaient dans leurs pirogues
du coton des perroquets des pagaies
et même un peu d'or croyant qu'avec tes hommes
tu étais descendu du ciel
     alors que tu cherchais
l'étonnante île de Nippon où le pavage des chambres
aurait été couvert d'or et aussi la cité de Hang-Zhou
avec ses dix places principales de deux milles de tour
une infinité d'autres disait-on et de grandes maisons
de pierre pour y loger les marchands d'outre-mer

IV)

Déjà derrière l'horizon du temps couvaient
des inventions des mensonges des reconstitutions
des naufrages et des espoirs

                                    quand baptisant
l'une après l'autre Sainte-Marie de la Conception
puis la Fernandine et Isabelle dont la verdure
te rappelait le mai andalou avec ses arbres
fruits herbes et pierres aussi différents
de ceux que tu connaissais que le jour de la nuit
le chant des oiseaux te faisant désirer
de n'en plus jamais partir
                                    à la recherche
de la surprenante île du Japon où les fenêtres mêmes
étaient en or ou de la cité du lac de l'Ouest
avec ses marchés où l'on trouvait toujours disait-on
cerfs chevreuils perdrix faisans cailles
et mille sortes d'oies et canards
avec des abattoirs de bétail pour les riches

alors au continent de la mise en question il y avait
dans l'enceinte sacrée de la ville des fleurs sanglantes
rangés soigneusement comme des livres
dans une bibliothèque d'un monastère de Gênes
les 136 000 crânes des sacrifiés humains

V)

Quand tu cherchais obstinément l'incroyable
île du mont Fuji suintant de perles rouges
disait-on et la cité du mascaret d'automne
où l'on trouvait toujours sur les marchés
d'énormes poires blanches à l'intérieur
comme fine fleur de farine et très odorantes

alors au continent de la révélation il y avait
à Tlatelolco près du nid de plumes précieuses
des marchands d'or gemmes plumes étoffes
broderies esclaves poteries et fourrures

après être rentré à la cour en triomphateur
tu es retourné dans ton Hispaniola

pour y trouver ton premier établissement
incendié la garnison exterminée
pourtant tu as commencé à y planter
céréales et vignes exploiter l'or
et décidé d'utiliser les cannibales
comme esclaves à vendre en échange de bétail

**tandis que déjà derrière l'horizon du temps
couvaient des humiliations et des arsenaux
destructions laboratoires et déceptions**

VI)

Quand au cours de ton troisième voyage
tu abordas enfin au continent américain
mais sans t'en apercevoir le prenant
pour une île alors que tu considérais Cuba
comme une péninsule de l'Asie pensant frôler
le paradis terrestre montagne sur la Terre
semblable à un téton sur le sein d'une femme

**déjà derrière l'horizon du temps couvaient
des sciences des vengeances des hôpitaux
des haines et des musées**
*en ces Indes
insoupçonnées il y avait au marché
de Tlatelolco des marchands de volailles
de lièvres et de miel ragoûts confiseries
tabacs chocolats parfums papiers teintures
couteaux d'obsidienne pour sacrifices*

***toi rêvant encore à cette invraisemblable
île des sources chaudes où auraient mûri
les pierres précieuses et à la cité
de la colline aux phénix où l'on fabriquait
et vendait toujours à la température désirée
toutes sortes de vins de riz aux épices***

VII)

Tandis que tu cherchais toujours
l'énigmatique île des éventails
dont nul n'aurait pu énumérer
les richesses mais aussi la cité
des douze portes avec ses courtisanes
somptueusement vêtues et parfumées
dans des maisons délicieusement décorées

les Rois catholiques émus par les plaintes
des malcontents rentrés en Espagne
et de tous les envieux ont envoyé
le commandant Bobadilla pour te remplacer
comme gouverneur et te mettre aux fers
puis t'ont rappelé auprès d'eux te laissant
enfin repartir pour une quatrième aventure

et déjà derrière l'horizon du temps couvaient
des incendies orchestres et engloutissements
des astronefs et écrasements
alors
au continent de la décantation il y avait
sur le marché de Tlatelolco entouré d'arcades
plus grand que toute la ville de Salamanque
des juges et des agents pour surveiller le troc

VIII)

Au continent de la révolution il y avait
autour de la ville du dieu sombre d'immenses
pyramides édifiées par des peuples anciens
dont on se demandait s'ils n'étaient pas des dieux

quand toi cherchant toujours la mystérieuse
île du miroir sacré dont nul n'aurait su
conter les mérites et la cité des grottes sculptées

aux courtisanes si habiles que les étrangers
disait-on qui en avaient joui une fois
rentrés dans leur patrie ne songeaient
qu'à y revenir
                    lors de ton dernier voyage
une terrible tempête éclata dispersant
tes navires au cours de la nuit et toi
sur le point de mourir de désespoir tel Job
te voyant interdire l'accès de cette terre
que tu avais trouvée au prix de sueurs de sang
et d'autres ouragans t'ont malmené
tout au long de l'isthme central

déjà derrière l'horizon moutonneux du temps
couvaient explications hurlements et expositions
des guerres civiles et des renaissances

IX)

Déjà couvaient larmes et multiplications
des gémissements des libérations
et des agonies
                    au continent de l'expérimentation
il y avait bien loin de la ville du retour
du Serpent à plumes d'autres ruines
des dessins gigantesques dans les déserts
de grandes villes somptueuses avec leurs routes

quand tu cherchais désespérément l'inépuisable
île du Soleil levant dont nul n'aurait su
mesurer les audaces comme celles de la cité
aux six harmonies où quiconque
pouvait louer des palais disait-on tout meublés
pour faire la fête et des bateaux palais flottants

alors dans la fièvre tu entendis une voix
très compatissante qui disait homme lent à croire

qu'a donc fait de plus pour Moïse ou David ce Dieu
qui t'a donné les Indes qui t'a confié les clefs
de la mer océane jusque-là serrée
de si fortes chaînes ta vieillesse
ou même ta mort n'arrêteront pas
ton ultime exploit derrière l'horizon du temps

... DANS L'ÉPAISSEUR
DU NORD-OUEST

FENÊTRES
SUR LE PASSAGE INTÉRIEUR

Les chercheurs d'or et de thé dressent leur campement entre les montagnes qui portent conseil. La fumée bave sur les sables du ciel; les feulements rident les marais d'automne. Des nuages de sang fondent sur les ravins; des forêts de soufre étendent leurs racines jusqu'aux coulées de lave blanche. Le vent va renverser les ruines et dégager les ossements entremêlés de verroteries et de fibres, puis la Lune sifflera le rappel des rapaces tournoyant au-dessus du sommeil des aventuriers, et certains d'entre eux sentiront son velours caresser leur ventre et son rhum chanter dans leurs yeux fermés tandis que leurs lèvres murmureront des prénoms de pays lointains dont ils espèrent un jour réentendre les cloches et les soupirs.

*

Vu d'avion le delta qui se perd dans les glaces. Les traîneaux sous les brumes boueuses, le Soleil qui se couche dans une déchirure lançant un dernier rayon d'appel dans la solitude en éclats. Marteler plus fort encore sur l'enclume de ma faim avec cette masse de fièvre que j'extrais de mes poumons en grès, déchaîner l'orage et fendre cette voûte sépulcrale où rôdent les fantômes de mes persécuteurs. Dans mon blizzard, troupeaux en dérive, écoutez cette supplication : j'ai besoin de vos poils pour en tisser mes étendards et mes voiles qui claqueront là-bas soudain sur les geôles et les douanes moisissantes, de vos sabots pour fouir leurs ordures et leurs plâtres, de vos naseaux pour respirer parmi leurs miasmes, et propager l'incendie sur leurs bouches vers l'aube.

*

Sablier de l'hiver, les routes de la mer et du ciel avec leurs vagues, les strates de la terre et du feu avec leurs fossiles. Aurores boréales à coups de poings déchirant le silence de marbre. La barrière entre le pays du miroir et celui de l'encens. Soulevez doucement son loquet tandis que les tambours détournent l'attention des casques, et nous voici voyageant dans le gong parmi les corbeaux et les loutres.

*

Au carrefour des échos entre le prince des conserveries abandonnées et la reine des bûcherons, mouvements d'ailes devant l'horizon des teintures, péninsules et péninsules virant sous l'effort des saumons en foule tandis que le détroit s'épanouit entre les falaises de ronces ; la proue sépare les oripeaux de paysages qui fermentent dans les chais des fjords. On roule parmi les nageoires et les troncs qui s'accrochent aux galets et racines, pour se retrouver mêlé aux algues rousses dans les bras des ogresses qui s'imaginent reconnaître en vous la respiration de leurs enfants perdus.

*

Attention, blanc navire sous le filet des chroniques d'antan, aucun enfant jaune ne joue plus sous les lumières du village où la poussière s'accumule sur les paillasses dans les chambres et la mousse recouvre les toits de tôle. La chute d'eau nourrit toujours les circulations de cuivre, mais les ampoules éclatent l'une après l'autre sous la pluie, et si quelqu'un surveille encore les appareils qui pourraient resservir quelque jour, il ne reviendra point pour les remplacer après sa tournée entre les regards des loups et des ours, revolver au poing, lampe au front comme un mineur, mais barricadera la porte de son réduit avec sa radio et son établi, attendant la relève promise. La plupart des caisses sont vides dans les réserves. Attention, blanc navire sous le poudroiement de tes lustres où ne manque pas un seul feu répercuté par les diamants des dames, les déceptions creusent un gouffre sous ton étrave, et le roi des morts attend son festin.

*

Le pavillon claque dans l'écume, le hublot est couvert de givre, les pièces de cuivre tintent sur le zinc, le capitaine raconte son voyage en Chine, les Indiennes montrent leurs bijoux aux ambassadeurs de l'Orient français, le chef mécanicien, astronome amateur, signale le passage de Jupiter dans l'éclaircie au-dessus du glacier tandis qu'il remplit de chartreuse verte les gobelets ciselés, les monstres marins sortent leurs museaux pour répondre de leurs reniflements à la sirène qui fait trembler les cordages ; les écharpes se serrent autour des toux, les crachats rejoignent les tourbillons, le médecin du bord ausculte ses malades et les cuisiniers jettent leurs épluchures aux mouettes qui crient.

COMÉDIE LOINTAINE

Le malade imaginaire arrive à Naples. Il y rencontre le médecin volant qui le présente au Grand Turc. Celui-ci charmé lui fait don d'un élixir dont l'absorption lui fait d'abord pousser sur tout le corps une épaisse toison frisée de couleur amarante, ce qui lui cause quelque émoi. Mais le médecin volant réussit à le raser assez proprement pour pouvoir faire filer à sa propre femme Frosine, si industrieuse et retorse, un étendard dont le Grand Turc avait besoin pour son navire amiral. La peau d'Argan devient alors douce, chaude, lumineuse comme celle du cuivre, et il se retrouve en pleine santé dans toute la vigueur de ses vingt ans. La fille du Grand Turc, qui regardait la scène derrière un écran chantourné, le désire alors en mariage, et son père en est enchanté. Il faut dire que Béline venait de mourir dans le voyage, étouffée par son propre venin. Les funérailles furent simples et les larmes discrètes. Deux personnes de toute beauté, figurant la musique et la danse, exécutent alors un petit divertissement pendant lequel elles vont chercher Louison grandie qu'elles couronnent de jasmins.

*

Les femmes savantes venant d'apprendre que la Bibliothèque Nationale est en flammes se précipitent rue de Richelieu pour offrir leur aide aux pompiers tout à fait dépassés par l'événement. Débouche alors d'un boulevard une troupe de singes fort bien dressés à qui l'on a réussi à enseigner l'usage de la parole. Après quelques incantations et momeries diversement réjouissantes, ils viennent à bout du sinistre, mais les dames en se promenant dans les galeries dévastées ne peuvent retenir leurs larmes. Les singes vont alors chercher dans les soupentes des rues alentour de jeunes écrivains d'avant-garde qui ne demandent qu'à récrire les livres perdus et les consoler de toutes manières.

*

Don Juan cette fois se déguise en minotaure et Sganarelle en capitaine de vaisseau. Après une navigation périlleuse ils parviennent en Amérique où ils sont accueillis par des guerriers nus couronnés de plumes, qui s'émerveillent de l'accoutrement des deux compères et de la tête de Don Juan. On leur fait parcourir en grande procession les rues d'une ville superbe, plantées de palmiers et de citronniers, pour les présenter au roi qui se souvient qu'en son enfance un sorcier précepteur lui avait parlé d'une race de génisses à figure humaine qui vivraient sur une île de l'autre océan. On organise une expédition, mais c'est naturellement Sganarelle qui devient amoureux de la princesse Pasiphaé qu'il épouse au son des fifres et des luths. Quant à Don Juan, de plus en plus fier de ses cornes et de son mufle, car le masque est maintenant devenu peau, il repart vers d'autres labyrinthes.

*

À l'école des femmes, Agnès oublie son mouchoir. À l'école des maris, Cléante découvre un petit chat. Celui-ci n'est autre que le Chat botté en petit costume. Se glissant dans l'école des femmes, il en rapporte un mouchoir qu'il dépose sur les genoux d'Agnès. Le père de celle-ci est un ogre terrible qui voudrait manger Cléante et le chat ; mais celui-ci prend alors la figure de l'épouse que le monstre avait perdue et qui était aussi compatissante que belle. L'ogre se laisse attendrir et tout se termine par un double mariage auquel sont conviés tous les élèves de l'école des chats.

*

Le bourgeois gentilhomme veut absolument marier la fille du maître de musique avec le fils du maître à danser, mais celui-ci est éperdument amoureux de la fille du maître de philosophie qui est lui-même tendrement épris de la sœur du maître d'armes. Au cours d'un divertissement donné par Madame Jourdain en l'honneur du trentième anniversaire de son mariage, où l'on voit force violons et hautbois poitevins masqués en animaux des Indes, on découvre que la fille du maître de musique est en réalité celle du maître à danser, qui avait été enlevée par des bohémiens dans son jeune âge et recueillie par son père supposé. Monsieur Jourdain met alors tout en œuvre pour faciliter son mariage avec le maître tailleur qui fournit d'habits toute la compagnie.

*

À force de fourberies, Scapin se retrouve aux galères, nouveau théâtre pour ses exploits. Il ne tarde pas à séduire le fils du capitaine qui a vu dans un navire barbaresque deux yeux dont il ne peut chasser le souvenir. De rameur Scapin devient cuisinier et persuade le père d'inviter celui qui retient cette intéressante captive. Invitation rendue. Scapin fouille les caves, mais les beaux yeux sont introuvables. Par précaution la demoiselle avait été confiée à un pacha des environs qui la maintenait dans une citadelle blanche au-dessus des rocs et des tourbillons. Scapin réussit à provoquer un combat naval pour pouvoir être fait prisonnier. Quand le pacha revient visiter les cellules dans les fondations de ses jardins suspendus, il reconnaît une amulette sur la poitrine du galérien espiègle. C'est le fils qu'il avait perdu lors d'un naufrage aux alentours du Stromboli ! Scapin n'hésite pas une seconde à se faire musulman pour recueillir son héritage. Réjouissances dans la mosquée avec tambourins et confiseries. La fille se fait chrétienne. Carillons, orgues et fanfares, défilé des présents de noces avec bénédiction royale. Grande versaillerie pour finir.

*

Tartuffe vient de confier à Harpagon la cassette d'Orgon. L'avare ne peut s'empêcher d'en forcer la serrure, mais il n'y trouve nulle monnaie, seulement de minuscules singes de la taille d'une grenouille, vêtus d'habits de soie délicieusement ajustés, qui lui proposent mille services, mais il devra payer pour tout. Harpagon en devient malade. Les petits singes se transforment en médecins et lui administrent plaisamment toutes sortes de potions et traitements qui le rendent plus malade encore. Quand il leur offre toute sa fortune pour le guérir, ils lui révèlent qu'ils sont aux ordres de Damis, devenu puissant magicien à la suite d'aventures levantines. C'est lui qui a persuadé Orgon de se laisser dérober cette cassette par Tartuffe dont il lui avait dévoilé les forfaits, pour parvenir à délivrer l'oncle d'Elmire de sa pingrerie déplorable. Un miroir bleu de Travancore lui avait montré par avance le déroulement de toutes ces scènes. Arrive l'imposteur qui se voit perdu, s'agenouille, tord les mains, fond en larmes et réussit à apitoyer Marianne qui intercède en sa faveur. On lui permet de s'embarquer pour les Antilles. Ravi du pays qu'il découvre il y fait une honnête fortune sans employer le moindre esclave, et y fait venir tout le monde. C'est Harpagon qui paie l'armement du navire. Les singes se changent en poissons, et Damis part à la conquête de la fille du roi des ondes.

*

Alceste voyage. Il a décidé de fuir la société française. Il apprend les langues. Il connaît les incommodités des auberges et des navires. Bientôt sa fortune a fondu. Il vit alors de véritables aventures, se fait matelot, monte en grade rapidement à cause de son courage et de son esprit ; mais son vaisseau rencontre des pirates et il échoue sur le rivage turc. Le voici ramant aux galères du grand Seigneur. Il tombe à l'eau lors d'un combat dans le golfe Persique, réussit à fuir, est recueilli par un navire hollandais en route pour le Japon. Il s'y passionne pour la calligraphie et en devient un maître vénéré.

OUTRESOIR

Le théâtre s'ouvre sur un volcan. Le moulin de fleurs tourne au-dessus des falaises ; l'école des palourdes au ras des atolls applaudit l'œuf du jour qui se fendille pour éclore. Averses de farine, de citrons et d'échos. L'encre tremble, le papier grésille. Le mandarin dépose son éventail entre la lanterne et le brasero. Sa jonque frôle des cygnes et des glaïeuls sous le balcon des astronomes qui achèvent leur partie de cartes avant de reprendre leurs calculs. Des phoques de velours sautent parmi les cuivres ; des pétales d'amandiers pleuvent sur les salamandres qui jouent dans les cheveux de jeunes flûtistes confiant leur mélancolie aux phénix dans les cavernes des cascades de laves où les dragons font vibrer leurs crocs d'escarboucles et les perles de leurs salives sur leurs babines de pourpre et de jais. Le surintendant des réveils contrôle ses sifflets et ses gongs. Le premier cuisinier revêt ses ornements, et le plafond de la salle se dissout dans la brise.

(VALSE DE VANCOUVER)

La Lune au-dessus des banques, les battements des imprimeries, les crustacés sur les marchés, les traces de pas sur la chaussée, les rails des tramways qui n'ont pas encore été enlevés, les chandails dans les vitrines, les écureuils dans les parcs, les annonces de la télé, les ponts sur les détroits, les cheminées des navires, les épaulards dans l'aquarium, les fumées sur les montagnes, les conversations des étudiants, les façades dans les vieux quartiers, la bière dans les bars, les regards des Indiens, les menus dans les restaurants, les tonneaux dans les celliers, les griffes dans les colliers, les flammes derrière les grilles, les plumes dans les volières, les becs dans les branches, les nuages entre les vitres, les sirènes dans le brouillard, le sang dans l'abattoir, les seringues dans l'hôpital, les empreintes sur le sable, les automobiles dans leurs cimetières, les troncs sur les rochers, les souvenirs dans les boutiques, les serpents sur les sentiers, les guêpes dans les greniers, les cœurs dans les poitrines, les bébés dans les ventres, la monnaie dans les poches, les parfums sur les quais, les appels dans la foule, les sexes l'un dans l'autre, les enseignes sur les buildings, les grues sur les entrepôts, les coups de feu sur les parkings, les poursuites dans la nuit, les bombes dans les arsenaux, les masques dans les musées, les avions entre les glaciers, les adieux sur l'aéroport.

*

Le boomerang est allé chercher les oiseaux des neiges. Arc-en-ciel sur mes déserts, tissu de lueurs ramenant en ses plis les plaintes et les baisers des races et des espèces. Les dunes viennent caresser les étangs; la banquise enlace la savane, et la Lune de rubis monte sur les navires aux cris des mouettes et des toucans.

*

Un peu plus de pépites, un peu moins de miroirs; les ailes du miel battent autour des ours qui dégagent leurs museaux des lichens de l'hiver. Un peu plus de ciels, un peu moins de moustaches; la sauce ruisselle dans les forêts d'amarante. Un peu plus d'aigles, un peu moins de visons; le prisme de la neige fait sonner ses phares sur tous les cratères. Un peu plus de rouille, un peu moins de poussière; au four des météores cuisent les fruits du vent. Un peu plus de fourrures, un peu moins d'écailles; aux ateliers des nuages grondent les forgerons. Un peu plus de cannelle, un peu moins de salive; aux ventres des nuages cheminent les filons. Un peu plus de silence, un peu moins d'étincelles; aux ventres des sommeils mûrissent les amants. Un peu plus de blanc, un peu moins de texte; au règne des figures l'avenir se met à respirer comme un enfant qui se calme.

*

Styx: le coffre flotte sous son couvercle avec son enfant; ils contiennent des ficelles nouées, des écorces peintes et des peaux tatouées, des ossements aussi, gravés de runes, et des offrandes aux chercheurs futurs : parfums et bijoux. Ils traversent guerres et famines, et quand ils approchent d'une ère plus paisible, s'entrouvrent comme des fleurs du soir.

*

Le cerf-volant palpite sur la grande muraille ; les aéronautes remontent leur ancre dans la nacelle. Vitesse, vitesse : à droite de plus en plus de rennes sur la toundra ; vitesse : à gauche de plus en plus de gazelles sur la savane. Et les villes qui s'étalent au long des fleuves et des grèves, et les aérodromes qui dessinent leurs idéogrammes, et les trains qui passent avec leurs fumées. Le ciel est un papier de verre, les flammes du soir dardent leurs langues entre nos doigts, et la Terre s'étend sous notre fatigue comme un hamac. Toute l'histoire de nos empires vient alors s'enrouler, se blottir autour de nos poitrines, et la possibilité de quelque éveil un peu moins dur aux lendemains des fêtes se met à fleurir aux confins du monde, dans les jointures entre les langues et les espèces.

*

Le tronc d'arbre balafré ouvre son œil de nacre parmi la désolation qu'il découvre. L'incendie n'a rien respecté. Quelques tisons fument encore dans le brouillard perlé de branches grises telles les lettres d'un texte au crayon sur la blancheur du carton vierge entre les figures collées. Le chef des bûcherons crie ses ordres et les grues tendent leurs chaînes. Les craquements recouvrent tout. Les camions titubent dans la boue parmi les tas d'écorce et les graviers, soulevant des gerbes d'écume boueuse. On sent l'odeur d'un moulin à papier de l'autre côté de la crête, et un coup de feu salue le passage d'une chèvre blanche des montagnes, suivi de jurons et de grincements ; puis la neige commence.

1996

GYROSCOPE
(Le génie du lieu 5)

OBSERVATOIRE

RÉCITATIFS D'ELSENEUR

(TYCHO-BRAHÉ)

Le roi m'avait donné l'île de Vénus
    en face d'Elseneur
pour y bâtir un monument
    en l'honneur de la reine des muses
où pouvoir mettre au point les plus beaux instruments
    de l'astronomie amoureuse
sphères astrolabes et sextants
    et des caves pour mon alchimie

J'ai construit mon observatoire
    selon les quatre points cardinaux
avec un grand jardin carré
    entouré de hautes murailles
aux pointes de l'Est et de l'Ouest
    des portes avec de grands chiens
pour que leurs abois me signalent
    la venue de tout étranger sur mes rives

C'est en l'an de grâce 1563
    à l'occasion de la grande conjonction des planètes
qui prit place à la fin du cancer
    et au commencement du lion
âgé de seize ans

            alors que je faisais mes études à Leipzig
que j'ai commencé en secret ma cour
            à ma bien-aimée Uranie

En cachette de mon gardien
            j'ai étudié les constellations
en me servant d'un petit globe
            de la taille de mon poing
que j'examinais le soir
            dans le retrait de ma chambre
j'ai commencé à nettoyer le visage aimé
            des erreurs qui le défiguraient

J'ai corrigé les erreurs de Copernic
            sur la course du Soleil
et celles sur la course de la Lune
            en observant soigneusement dix-huit éclipses
j'ai déterminé à moins d'une minute d'arc
            la position d'un millier d'étoiles
j'ai démontré par l'observation des comètes
            que le ciel entier est un vide

À quelque distance du château d'Uranie
            sur l'île de Vénus
j'ai creusé le cellier des étoiles
            et j'ai écrit en lettres d'or
sur le portail de porphyre
            orné de trois lions couronnés
En l'honneur de la bonté-grandeur divine
            et à l'intention de la postérité

J'ai compris que l'astronomie
            la plus ancienne et plus noble des sciences
n'avait pas obtenu fermeté suffisante
            et se corrompait dans le vague
alors pour la réformer et mener à perfection
            j'ai inventé et réalisé
par travaux ingéniosités et dépenses incroyables
            un trésor d'instruments nouveaux

Que je te recommande glorieuse postérité
    qui vivra dans les siècles des siècles
je te supplie et je t'adjure
    en l'honneur de l'horloger des astres
de l'entretenir et le conserver
    d'empêcher surtout de le déplacer
par révérence pour l'Œil
    qui maintient l'univers

Il n'y a plus trace de mon château près d'Elseneur
    ni du cellier des étoiles
plus trace de la salle à manger d'été
    d'où l'on voyait passer les navires vers Elseneur
sous le plafond décoré des images
    des plantes les plus remarquables
plus trace de la ferme ni des ateliers des artisans
    du moulin ni des ruines de l'âge antérieur

Ô ma maison dédiée à Uranie
    illustre phare lieu fortifié
où pendant vingt et un ans j'ai interrogé
    toutes les étoiles
qu'est-il arrivé
    pourquoi ce silence et cette solitude
fallait-il vraiment briser cette graine
    pour en libérer l'oiseau d'Uranie ?

(KEPLER)

Monsieur mon patron
    j'ai corrigé vos erreurs
je vous ai servi
    pour avoir vos chiffres
j'ai anéanti
    votre beau système

j'ai sonné le glas
    du règne du cercle

Les démons qui détestent
    la lumière du Soleil
sont venus m'enlever
    lors d'une éclipse
et m'ont fait admirer les paysages
    de la Lune
après m'avoir fait absorber
    l'élixir de respiration

Après vingt ans d'errances
    et d'efforts
j'ai découvert que toutes les planètes
    décrivent autour du Soleil
non point des cercles
    mais des ellipses
et que leur vitesse varie
    selon leur distance

Mère des nuits sans nuages
    j'ai dénoué ta ceinture
et s'offrent à mes yeux les deux foyers vibrants
    de ta poitrine
sur un de tes seins flambe le Soleil
    avec ses tatouages
et je bois à l'autre
    un lait de science

Voici ton imprimerie
    qui est comme l'observatoire en plus petit
voici les maisons de tes serviteurs
    encore un autre observatoire en plus petit
voici les parterres pour les épices
    et les fleurs
voici les bois
    avec leurs trois cents essences d'arbres

Tandis qu'il polit les rouages de ses machines
    je contemple Jupiter et Saturne
je caresse les orbites adoucies
    j'embrasse les constellations
je navigue sur ton ventre
    je m'endors sur tes pupilles
je nage entre tes bras je plane entre tes jambes
    soutenu par tes bons démons

(URANIE)

Dans le secret de nos amours
    je te ferai deviner les taches du Soleil
les montagnes de la Lune
    et les phases de Vénus
les satellites de Jupiter
    et le nombre fabuleux des étoiles
trois grandes planètes inconnues
    et les aventures des rayons

Les perspectives de Mercure et du cuivre
    les déserts de Mars et de l'étain
les océans du plomb et d'Uranus
    les glaciers de Neptune et du chlore
les astres qui naissent explosent et meurent
    s'effondrent dans le sol du ciel
les races de l'univers avec leurs chants croisés
    dans l'invention des lumières

Dans les années de ta jeunesse
    j'avais l'impression d'être ton aïeule
tes soins m'ont rajeunie
    je suis devenue ton amante
et maintenant je rajeunis encore
    tandis que tes cheveux grisonnent
et tu t'aperçois que je suis ta fille
    dont tu jalouses les amants

Aux claviers et harpes des cieux
      sonnent mes cantates et sarabandes
aux cordes et chœurs des cieux
      vibrent mes suites et antiennes
aux cuivres et orchestres des cieux
      frémissent mes fanfares et chasses
aux tambours et orgues des cieux
      battent mes émois et mes inventions

(BUXTEHUDE)

Mes doigts ont éveillé dans l'église
      le clair de Lune
mes voix ont appelé dans le chœur
      les éclats de Mars
mes flûtes ont murmuré dans l'abside
      les écumes de Mercure
mes trompes ont lancé dans la nef
      les proclamations de Jupiter

Mes luths ont égrené dans le déambulatoire
      les cantilènes de Vénus
mes cors ont amplifié dans la crypte
      les méditations de Saturne
mes cloches ont annoncé dans la tour
      les embrasements du Soleil
mes baguettes ont dispersé sur le dallage
      les moissons de la Terre

Ma fille mon Uranie
      mon ange de Saturne reviens parmi nous
je vais te présenter les plus impétueux
      des explorateurs de notre art
les muses tes sœurs
      toutes les autres planètes de mon petit univers

ont trouvé maintenant les lois de leur gravitation
    toi seule reste parmi nous un astre errant

Les rosiers penchent leurs fleurs
    pour enlacer tes cheveux blonds
tu seras la fiancée
    toute l'église résonnera de ton bonheur
tu seras la plus belle ce jour-là
    il te mettra une couronne
tu seras la perle de cette église
    et je lui laisserai les clefs de mon royaume

Et quand descendra le soir je glisserai
    sur les galeries comme un fantôme
j'écouterai vos dialogues
    et ses improvisations sur mon orgue
en guettant sur le port de Lübeck
    les bateaux en partance pour Elseneur
n'est-il pas beau celui que j'ai choisi pour toi
    ce jeune Saturne aux ailes de flammes?

Prince j'ai rencontré mon Uranie
    tout égarée
elle chante des chansons étranges
    et je ne crois pas qu'elle vous ait vu
c'est comme si elle avait pris la voix d'une autre
    et sa démarche est si étrange
on dirait à la fois qu'elle nage
    et qu'elle marche sur des lames vives

Elle est semblable à l'écume de la mer
    dans le soir qui s'assombrit
et voici que le prince des claviers et des voix
    que j'avais choisi entre mille
est de nouveau sur les routes
    vers Weimar Köthen et Leipzig
amoureux follement amoureux
    amoureux du voyage et des ombres

Elle est devenue comme un reflet
    c'est Uranie qui se mire dans la mer
sa couronne d'étoiles
    semble maintenant tressée d'algues
et elle cherche toujours son prince
    au-delà de la mer et des îles
où je voudrais bien fuir aussi
    car tout ceci m'écrase et m'étouffe

Elle est semblable à l'écume de la mer
    dans la nuit qui se calme
et voici que le prince des emblèmes et spectacles
    que j'avais choisi entre mille
est de nouveau sur les routes de la mer
    et s'en revient vers Elseneur
amoureux follement amoureux
    amoureux du voyage et des ombres

Elle tourne les yeux de tous côtés
    elle se met à rire au fond des eaux
elle cherche dans tous les recoins de l'observatoire
    furète des heures autour des sextants
elle chante à nouveau elle appelle de son chant
    les jeunes gens de la surface de la mer
elle reste des heures à planer doucement
    comme un présage

(JEAN-SÉBASTIEN BACH)

Amour innocente dans ma caverne
    pestiféré je haletais infâme
dans les galeries ce matin ô
    ton humeur Uranie d'Elseneur
tes boucles ta poitrine ta peau
    m'ont délivré nourri ambre
fondre quel repos! hâte-toi
    chèvrefeuille plonger explorer

Fleuris multiple en dépit de tout
    désorienté je haletais je me salissais
enfin ce matin tes éclats
    onduleuse Uranie d'Elseneur
tes boucles délicieusement m'ont enveloppé
    nacre narcisse basilic
fondre quel repos! prépare-toi
    chèvrefeuille plonger à jamais

Je viens je suis à toi
    chère muse du Nord chère étoile
j'ouvre la salle du festin céleste
    des mots et des vagues
viens ma chère âme
    je suis venu te chercher de si loin
dans les roses du ciel
    nous allons planer à jamais

En vain multiple en dépit de tout
    rebut je me meurtrissais replié
enfin à l'entracte suave
    fabuleuse Uranie d'Elseneur
tes reparties délicieusement m'ont réconforté
    bouclier saule allonge-toi
fondre quel repos! baise-moi
    chèvrefeuille plonger s'éterniser

(LA FILLE DE BUXTEHUDE)

Mon père m'appelait Uranie
    il aurait désiré neuf filles
nous étions six ma mère septième
    il nous appelait ses planètes
comme j'étais la plus âgée
    il me surnommait l'ange de Saturne

et quand on demandait mon âge
> disait que c'était l'âge d'or

Un jour mon père m'a dit
> retourne à la ville de mon enfance

Elseneur et prends le bateau
> pour y aborder l'île de Vénus

où s'élève le château
> bâti par le vieil amoureux d'Uranie

mais l'homme de Saturne était mort depuis longtemps
> loin d'Elseneur

Qui pourra aujourd'hui m'enseigner
> l'alphabet du ciel ?

son fils ou son élève préféré doit me chercher
> dans quelque ville du Sud

je le reconnaîtrai au menu globe céleste
> qu'il m'offrira dès qu'il me verra

je serai sa pierre philosophale
> et nous traverserons les âges

C'est comme si je vivais au fond de la mer
> avec mes sœurs

un jour j'atteindrai la surface
> et je traverserai les vagues

alors le Soleil m'apparaîtra tout autrement
> et moi dans cette lumière tout autrement

il sera le prince du Soleil
> et il m'emmènera dans son empire

Quand viens-tu mon sauveur
> mon astronome-phénix ?

je t'attends avec une lampe allumée
> à la porte de ton observatoire

il ouvre la salle pour le festin céleste
> des feux et des anges

mon ami est à moi
> nous ne serons plus jamais séparés

Monsieur qui venez
      du fin fond des forêts
avec vos partitions sous le bras
      et vos doigts si agiles
douleur aiguë et joie aiguë je vois mon prince
      mais je n'entends pas la musique de fête
je ne vois pas la sainte cérémonie
      je pense à la nuit de ma mort

MINOTAURE

TROIS FEMMES ENLACÉES

(Ariane)

Sous la lune qui se baigne dans le miroir
    à chaque tournant
le bel aventurier
    auquel j'ai eu l'imprudence de me lier
vient de lever son glaive ou son pieu
    sur mon frère
des pages et des chambellans cherchant leurs chemins
    dans les corridors à facettes

Regardent la scène sans étonnement
    comme si cela leur avait été annoncé
par leurs épouses et mères
    qui voulaient se venger de l'haleine brûlante
et des cornes et des mugissements et de la bave
    de l'irrésistible monstre
mais une fois le meurtre accompli c'est comme un hurlement
    qui est sorti de toutes les poitrines

Tandis que la nuit se faisait
    parmi les mosaïques et tapisseries
une épaisse brume couvrant le ciel

         une rafale éteignant les torches
arrachant les armes de leurs caches
         les hommes auraient sacrifié le sacrificateur
seule ma main pouvait le tirer
         de ces tourbillons de foule nocturne

Tandis que je sentais ses épaules s'élargir
         une toison couvrir sa poitrine
son visage se transformer en naseaux
         des cornes pousser derrière ses oreilles
ma sœur nous attendait à la sortie
         le navire prêt
elle s'imaginait avoir soustrait notre frère
         aux châtiments que lui prédisait tout un peuple

Et c'est seulement en haute mer qu'elle a reconnu
         que celui qu'elle couvrait de baisers
n'était autre que l'instrument
         de la vengeance oraculaire
que j'avais sauvé pour elle Phèdre de la destruction
         et qu'elle pourrait épouser sans scandale
car il ne serait taureau que pour elle
         toutes les nuits

(Danaé)

Sous l'or qui ruisselle sur les briques
         en chaque recoin
le beau vieillard barbu
         auquel j'ai fait la folie de me confier
inscrit ses inépuisables déclarations
         qui s'enroulent autour des colonnes
de jeunes miséreux couverts de mazout et de dettes
         flairant des trésors dans les terrains vagues

Découvrent dans de vieux cartons des monceaux
         de faux billets qui leur avaient été signalés
par instituteurs et spéculateurs
         préparant la grande dévaluation

et la révolution les grands lendemains
    le nouveau monde industriel et amoureux
mais une fois le mariage consommé c'est un long soupir
    qui s'est élevé de tous les sommeils

Tandis que les spécialistes perçaient
    les coffres-forts dans les banques
des lanternes sourdes illuminant les pépites
    se figeant au pied de la tour
saisissant leurs matraques les policiers
    auraient embarqué les rôdeurs
seuls les chiens de l'aube pouvaient me guider
    dans la tornade des monnaies folles

Tandis que je voyais s'amasser les nuages
    et bientôt des éclairs éclater par toutes les fenêtres
des éclats de silex et de houille
    détruisant les murs de ma prison
mon fils commence à remuer dans mon ventre
    et je sais qu'il sera tueur de monstres
monté sur un cheval ailé
    je le vois délivrer d'exquises victimes

(Ariane-Danaé)

Et c'est seulement au milieu du ciel qu'il reconnaît
    en celle qu'il dévêt de ses chaînes
nulle autre que cette Ariane
    dont je lui parle si souvent
qu'il ferait monter parmi les nuages
    dans un cortège de léopards et de vignerons
son père auprès de moi l'accueillant sur l'Olympe
    dans le grand apparat de ses métamorphoses

(Suzanne)

Sous le tremble et l'acacia
    qui se répondent sur la fontaine

le jeune prophète sombre
> dont je ne puis détacher les yeux

dialogue avec les oiseaux
> les serpents et lézards

des vieillards libidineux arpentant les allées
> dans la mélancolie de leurs années perdues

Se désespèrent devant ce paradis perdu de chair frissonnante
> qu'ils ont découvert

par réflexion dans la fontaine où se perdent les perles
> comme le fil de leurs méditations

comme leurs masques et déguisements
> leurs réquisitoires et leurs homélies

mais une fois la calomnie répandue c'est comme un sifflement
> qui s'est glissé le long des vagues

Tandis que la voix d'airain grave
> commençait sa divination

un feu de sarments pétillait sur le sable
> nous venions tous deux nous y réchauffer

les tribunaux en rage
> auraient fulminé leurs condamnations

seule ma propre image dans la fontaine
> pouvait égarer les persécuteurs

Tandis que j'entendais le chant miraculeux
> se couler dans toutes mes veines

mon jardin devenant une île sur la mer
> avec de nouveaux arbres odorants

les racontars des vieux à mon mari
> étouffés dans les rires des singes

je me roule dans des strophes de linge
> oignant mes cheveux de versets de nard

(Ariane - Danaé - Suzanne)

Et c'est seulement à la fin des temps
    que je reconnaîtrai Daniel en Persée
et dans les vieillards les sbires de Minos
    un instant sortis des enfers classiques
qui ouvriront leurs labyrinthes
    aux souffles délicieux des langages nouveaux
parmi lesquels les dieux de nos races se rajeuniront
    dans les fontaines d'encre et de vin

(BALLADE DU SORCIER DE MOUGINS)

J'ai pris de la peinture du papier du charbon
    de la ficelle et des clous
j'y ai mêlé de la tôle
    de la glaise et de la colle
je l'ai fait cuire avec du ciment
    de la terre de l'osier des feuilles et du plâtre
et j'en ai fabriqué des pichets et des verres
    des bouteilles des chaises et des guitares
des chevaux des taureaux et des coqs
    des chèvres des colombes et des hiboux
du ciel de la mer des arbres
    des chevelures des visages et des femmes
cherchant depuis toujours à trouver sans chercher
    et trouvant toujours

J'ai tordu des pichets des bouteilles des guitares
    des taureaux et des chèvres
je les ai pressés avec du ciel et des arbres
    des visages des journaux et des livres
je les ai imprégnés de musées de musiques
    d'histoires de cirques et de lampes à pétrole
et j'en ai extrait du sang du voyage de la cendre
    des fenêtres et de la guerre
des cornes du soulèvement du silence

       de la panique des mâchoires et des outils
des balbutiements des larmes des agonies
       des charognes des putréfactions et des songes
perdu depuis toujours dans la jungle des villes
       et grattant toujours

J'ai sucé du sang de la cendre de la guerre
       du soulèvement et de la panique
je les ai recrachés à travers des balbutiements
       et des agonies
des putréfactions des songes des mensonges
       et des sciences
j'y ai fait macérer des ægipans des gladiateurs
       des minotaures des arlequins et des peintres
et j'en ai isolé des issues possibles
       de la douceur perdue de la découverte et du rire
des cris des chants de la respiration
       du sommeil du réveil et des coups de chance
du tonnerre de l'éruption de la fermentation
       de la germination de la floraison et des astres
creusant depuis toujours dans le malheur du monde
       et le refusant toujours

Prince des masques j'ai revêtu les insultes
       les ricanements la sottise et la solitude à toute
           épreuve
et j'en ai détaillé les baisers de l'enfance
       l'alcool de survie et le baume des foules
j'en ai délivré le ventre et les yeux
       j'en ai questionné les beautés exclues
né de cette interrogation depuis toujours
       et mort naissant toujours

CATHAY

(LE ROSSIGNOL)

Vous savez bien qu'en Chine
l'empereur est chinois
et tous ceux qui sont autour de lui
sont chinois

Ce qui n'a pas toujours été vrai
car l'empereur qu'a vu Marco Polo
était mongol mais il est vrai
qu'il se voulait plus chinois que tous les Chinois

Et celui qu'a vu le frère Attiret
était mandchou comme ceux
qui continuaient la dynastie Qing
pendant la vie de Hans Christian Andersen

L'histoire est fort ancienne
et c'est précisément pourquoi
il vaut la peine de l'écouter
avant qu'elle soit oubliée

Le château de l'Empereur
était le plus magnifique du monde
entièrement en cette porcelaine fine
qu'on ne peut toucher qu'avec grande précaution

Dans le jardin on voyait
les fleurs les plus merveilleuses
et aux plus belles étaient attachées
des clochettes d'argent

Le vent faisait sonner les clochettes d'argent
pour que les gens qui se promenaient
dans les jardins de l'Empereur
ne risquent pas de passer sans les voir

Tout y était admirablement calculé
et il s'étendait si loin
que le chef jardinier lui-même
n'était jamais allé jusqu'au bout

Si l'on continuait à marcher
on arrivait dans une forêt enchanteresse
avec des arbres immenses
et des lacs sans fond

Elle descendait jusqu'à la mer
et de grands vaisseaux pouvaient s'avancer
jusque sous les branches
où habitait un rossignol

Le rossignol aux deux crépuscules
au clair de Lune et aux passages
de l'étoile des bergers
chantait à gorge déployée

En l'entendant le vieux pêcheur
qui revenait à sa cabane épuisé
retrouvait ce qu'il lui fallait de courage
pour la journée du lendemain

De tous les pays du monde
venaient des voyageurs
pour visiter la ville de l'Empereur
et parfois châteaux et jardins

Mais quand ils entendaient le rossignol
ils disaient que c'était là le plus beau
et ils en parlaient à leur retour
savants et poètes écrivirent à son sujet

Or cet Empereur aimait les livres
surtout ceux qui décrivaient les merveilles
innombrables de son empire
de son palais et de ses jardins

Le puissant empereur du Japon
lui en envoya un superbe
où l'on portait aux nues le rossignol
dont il n'avait jamais entendu parler

On fit chercher le rossignol
dans tout le jardin et dans tout l'empire
seule une petite fille de cuisine
fut capable de dire où il se trouvait

On l'installa sur un perchoir d'or
au milieu de toute la cour
et il chanta de façon si émouvante
que l'Empereur même eut les larmes aux yeux

Le puissant empereur du Japon
qui se tenait au courant de tout cela
fit parvenir une grosse boîte
avec l'idéogramme rossignol

C'était un oiseau mécanique
entièrement d'or et d'argent
incrusté de pierres précieuses
chantant quand on le remontait

Les deux oiseaux tentèrent un duo
mais cela ne marcha pas très bien
ils n'avaient pas le même sens de la mesure
et le vrai rossignol s'envola

Tandis que l'autre allait de succès en succès
on le montrait à tous les ambassadeurs
jusqu'au jour où il eut une panne
et on eut beaucoup de mal à le réparer

Quelques années plus tard
l'Empereur de la Chine
tombé très malade
se morfondait dans son lit splendide

Toute la cour croyant
qu'il allait mourir
l'abandonnait pour s'empresser
auprès de son successeur désigné

La mort était déjà assise sur sa poitrine
elle avait déjà pris la couronne d'or
le sabre d'or et le chapeau impérial
et hochait la tête comme un Chinois

Et l'Empereur n'avait envie que de musique
mais il était trop faible pour remonter
très délicatement l'oiseau mécanique
et il n'y avait personne pour l'aider

Alors s'éleva près de la fenêtre
un chant si délicieux
que la mort elle-même se mit à l'écouter
et en réclamer davantage

Pour un de mes chants
rends-lui le sabre d'or
pour un autre le drapeau impérial
et maintenant la couronne elle-même

Le rossignol chanta le cimetière paisible
où embaument églantines et sureaux
sur l'herbe verte fécondée
par les larmes des survivants

Et la mort eut alors envie
d'aller se reposer dans son jardin
et s'envola par la fenêtre
sous la forme d'un brouillard blanc

Seul dans sa chambre
où tous le croyaient mort
il réussit à revêtir son costume impérial
avec la couronne le sabre et le drapeau

Le rossignol lui dit qu'il reviendrait le voir
quand il se retirerait dans sa solitude
au crépuscule du soir ou du matin
pour l'aider à porter le fardeau de l'Empire

Et comme la foule des courtisans
ouvrait la porte de sa chambre
pour s'assurer que c'était bien ce jour
qu'allait régner le nouvel Empereur

L'ancien frais et dispos leur dit bonjour
souriant devant leur désarroi
tandis que l'oiseau s'envolait
pour aider le vieux pêcheur à porter son fardeau

VISION

(CHANSONS DE LA ROSE DES VOIX)

Le trouvère des Flandres :

Ce sont les litanies du miel
le miel est l'ambre des forêts
le miel est le cristal des fleurs
le miel est blond comme les femmes
il est l'onguent de nos misères
procure-moi rayons de miel
je t'aimerai toute ma vie

Goethe à Francfort :

Le monde révèle à mon âme
l'énergie de sa création
sont-ils tracés par main divine
ces caractères qui dévoilent
les mystères de la Nature
lève-toi et va te baigner
parmi les caresses d'aurore

William Blake à Londres :

Dans une imprimerie d'enfer
j'ai appris par quelles méthodes
sont transmises les connaissances
des lions de feu rageant autour
fondent les métaux en rosée
puis leur donnent forme de livres
qu'ils rangent en bibliothèques

Le sorcier de Iaroslav :

L'oiseau phénix en mon empire
se tresse un nid dans la nuit noire
et l'embrase et s'y brûle aussi
le fleuve Éden en mon empire
baigne la pierre impératrice

Dante à Florence :

Cœur doré de céleste rose
s'épanouissant en parfum
vers un printemps naissant toujours
si ton début déjà recueille
tant de flambeaux que de splendeurs
mûriront aux pointes ultimes

Le Viking en partance pour l'Islande :

Tout en bas le serpent se love
mordant sa queue autour du monde
les géants tentent l'escalade
par l'arc-en-ciel qui tombe en ruine
l'Océan recouvre la Terre
plus de Soleil étoiles pleuvent

Jean à Patmos :

Les douze portes de la ville
chacune formée d'une perle
restent toujours grandes ouvertes
car il n'y aura plus de nuit
sur les places d'or transparent
les fantômes des anciens temples
sourient aux nations lumineuses
qui font circuler leurs trésors

Eschyle à Athènes :

Les humains étaient des aveugles
jusqu'au jour où nous leur apprîmes
la science du parcours des astres
nous mîmes des ailes de toile
aux navires pour explorer
et pour prix de nos découvertes
les jaloux nous ont enchaînés

Hugo à Guernesey :

Tout cherche tout sans trêve ou cesse
la fange vers le ciel se dresse
l'arbre faune ardent et les antres
sont remplis d'immenses soupirs

Le shaman eskimo à Rasmussen très loin au Nord :

Si vous saviez ô étranger
l'épouvante que quelquefois
nous sentons vous comprendriez
pourquoi nous aimons les festins
les chants la musique et la danse

Le trouvère des Flandres vient l'accompagner:

Et le miel ambre des forêts

Chuang-Zi dans son ermitage:

Semble un corps mais n'en suis pas un
le jour et le feu me révèlent
je me dissous dans les ténèbres

Goethe vient l'accompagner:

Et le monde alors me révèle
le fourmillement de la vie

Firdousi à Ispahan:

Sans toi délices de mon âme
l'univers entier ne m'est rien
tu fais fleurir tous mes déserts
planant au-delà des étoiles
tu brilles mieux que le Soleil
tu changes le monde en caresse

Cervantès à Salamanque:

Boiteux ont laissé leurs béquilles
cadavres ont quitté leurs suaires
tous ressuscités sains et libres
dans le temps des miséricordes

Le moine à Kyoto:

L'impermanence nous amène
à quitter ce palais céleste
pour aller visiter les hommes

William Blake vient l'accompagner :

Dans une imprimerie d'enfer
nous publierons nos déchéances

Puis le Viking :

Serpents mordant nos propres nuques
au milieu des lamentations

Quatuor des aigles :

Toute l'énergie des phénix
dans l'empire calligraphié
conflue aux perles de la ville
qui fleurissent de douze portes

Le griot kabyle :

Quand le garçon commence à battre
le tambour la maison commence
à se balancer lorsqu'il bat
et chante de toute sa force
la maison bondit dans les airs

Dante vient l'accompagner :

Au cœur de la rose des voix

Le ménétrier breton :

Douze signes pour douze mois
l'avant-dernier le Sagittaire

décoche sa flèche le sang
coule en ruisseaux la trompe sonne
feu et tonnerre pluie et vent
rien plus rien point d'autre série

Quatuor des anges :

Connaissance cristal des fleurs
miel transmis des générations
dans les profondeurs le serpent
se love parmi l'épouvante

Le pèlerin du Gange :

Auprès d'une femme qui chante
rouge noire blanche s'étend
un mâle chanteur lui aussi
qui jouit d'elle en chantant toujours

Le sorcier vient l'accompagner :

Et leur tresse un nid dans la nuit

Puis Chuang-Zi :

Plus petit et plus grand que tout

Le pèlerin reprend :

Leurs deux corps sont d'or transparent

Hugo s'en mêle :

Arbre faune jouissant du ciel

Quatuor des taureaux :

Dans le printemps naissant toujours
je leur ai enseigné la science
des trajectoires des maisons
aussi quand le garçon commence
à battre le tambour les astres
commencent à se balancer

Melville à New Bedford :

Bien que la blancheur soit symbole
d'un pouvoir miséricordieux
et que les robes des amants
soient blanches comme vierge laine
il rôde au fond de la blancheur

Hugo vient l'accompagner :

Sans trêve cesse ni repos

Melville reprend :

Un principe élusif qui frappe
l'âme d'une terreur panique

Flèche des dauphins :

Par l'arc-en-ciel qui tombe en ruine
les géants de glace reviennent
apportant leur lueur de miel
qui les embrase et les embrasse
le feu étant comme les femmes
vous comprendrez ô étrangers

que l'impermanence ne nous fasse
incendier les palais célestes

L'Aztèque à Sahagun à Mexico :

Il y a très longtemps les dieux
s'étant réunis demandèrent
qui doit gouverner les humains ?

Eschyle vient l'accompagner :

Car ceux-ci font tout à l'envers

L'Aztèque reprend :

Qui doit leur servir de Soleil ?

Firdousi vient l'accompagner :

Sans qui délices de mon âme
le monde entier ne nous est rien

L'Aztèque :

Mais lorsque naquit ce Soleil
les dieux se sentirent mourir

Quatuor des lions :

La fange veut marquer le blanc
parmi les douze aveugles signes
car sous la royauté du blanc
les yeux et les mains sont en guerre

Flèche des serpents :

Toutes les portes sont ouvertes
tous les navires ont des ailes
les caractères nous dévoilent
les forces vives de Nature
au plein jour nous nous étendons
auprès d'une femme qui chante
rouge blanche noire et dorée

L'Indien de l'île de Vancouver :

La mer est un immense fleuve
qui ruisselle vers le nord-ouest

Cervantès vient l'accompagner :

Où s'ouvre parmi les béquilles
que les boiteux ont déposées

L'Indien reprend :

L'entrée du monde souterrain
des morts lorsque la marée baisse
dans le crépuscule des Lunes
se ferme quand elle remonte

Le ménétrier vient l'accompagner :

Les signes décochant leurs traits

Écho des Antipodes :

Lève-toi et va te baigner
dans le miel onguent des misères

si tes débuts déjà recueillent
tant de flambeaux que de désirs
mûriront à tes arbres faunes
dans les antres pleins de soupirs

Flèche des salamandres :

Gravitant plus haut que les roses
suaires que dépouillent les morts
que de splendeurs vous mûrirez
si le garçon bat assez fort
quand les maisons s'élèveront
vers le temps des dieux repentants

Flèche des dragons :

Le son coule à feu et à sang
le chœur des lions descend du ciel
en vêtements de blancs soupirs
dans les antres des océans
qu'envahit la marée des flammes

Octuor des ailes :

Au beau milieu de notre empire
les métaux fondent en ivresse
les temples changés en navires
avec des ailes transparentes
filent sur océans de miel
pour capter l'esprit du tonnerre
fils du Soleil de pluie et vent
tous ressuscités sains et libres

Octuor des mains :

Si nous aimons festins et danses
qui gouvernent notre univers

festins mâles danses femelles
dans les blancheurs de nos ténèbres
multiplions les jouissances
dans les battements de nos voix
en remontant fleuves immenses
pour renaître au séjour des dieux

Octuor des yeux :

Procurez-nous rayons de miel
pour rendre nos corps transparents
dans les ténèbres de blancheur
s'épanouissant en parfums
dans la perle des nuits sans nuit
sans trêve cesse ni repos
festins battements chants et danses
les bondissements des maisons

Motet à 12 :

Transmutations des déchéances
renversements des royautés
empires des miséricordes
immensité du plus petit
encombrement dans le plus vide
et vide au cœur du plus épais
nous lui donnons forme de livres
et au moment où naît la phrase
les étoiles tombent en ruine
dans le fleuve Éden où se baigne
escarboucle reine des morts
les nations tremblent à sa voix
gémissements de délivrance

Madrigal à 20 :

Je t'aimerai toute ma vie
souveraine de toutes roses

du feu du tonnerre et du vent
qui bondis à travers la nuit
dans la pourpre de nos ténèbres
dans la chaîne de nos soupirs
dans la panique de nos vies
où les astres pleurent leurs cycles
ultime rose de nos voix
si nous voulions tous étrangers
peuples de toutes les contrées
lui distiller notre silence
les lamentations de nos cieux
les disparitions de nos dieux
les arbres de notre ascendance
les décisions de nos fantômes
à la lumière des échos
dans un soupir de transparence
nous nous donnerions le départ
pour la phrase de nos amours

VOYANT

HALLUCINATIONS SIMPLES

(1 Enfance)

Le fantôme de l'enfant marcheur l'accompagne caché dans son ombre en sifflant des airs de la Commune ou en lui rabâchant quelques-uns de ses vers nouveaux ou chansons qu'il n'arrive plus à retrouver exactement; il ne sait même plus si c'est cela ou non, essaie d'autres variantes, choisit, puis se souvient que la veille il avait choisi autrement, et il s'efforce encore une fois de tourner la page, de claquer le volet, faire le vide.

Il escalade la grande pyramide. On lui prête des jumelles. Il détaille les minarets du Caire. En bas les touristes anglaises sur leurs dromadaires et les photographes avec leurs trépieds.

Le livre des rues.

Il s'agit maintenant de lui faire refaire avec lui, à l'épouse conquise, dans l'aisance, en prenant son temps, chacune des étapes: la ville de Paris, Allemagne, Italie, Angleterre, Chypre, l'Égypte, Aden, pour qu'elle sache, qu'elle puisse comprendre, partager, lui aussi qu'il puisse comprendre, et enfin la faire arriver dans la ville qu'il aura construite en plein désert pour qu'elle soit reine, et lui mage, et il aura aussi cent concubines noires qui seront les servantes et les sœurs de l'épouse par excellence, et qui lui donneront des enfants couleur de miel et de café autour du prince brillant comme une rose de l'Ardenne.

Le quartier des lépreux.

Elle s'étonne, la blanchisseuse noire, demande parfois pourquoi, et quand il lui répond que c'est pour ce fils qu'il espère avoir dès qu'il sera rentré de son voyage pour chercher femme en Europe, elle secoue la tête en marmonnant qu'au moment où ce jeune homme pourrait en faire usage, ils risquent de tomber en lambeaux. Mais pour lui cela n'a aucune importance ; à ce moment il pourra en faire coudre d'autres sur ce modèle dans les plus beaux tissus, par les plus habiles ouvriers, par la blanchisseuse elle-même ou sa fille déjà brodeuse experte, à qui l'épouse enfin trouvée révélera progressivement tous ses secrets.

(2 Conte)

Le pastiche, impossible ; montages, variations, je n'ai pas le texte avec moi ; commentaires, pas encore, car il y a tout ce cours enregistré sur cassettes que je ne pourrai transcrire que l'été prochain ; scénario de film, oui, il y a un projet, mais ce sera tout autre chose ; alors quelques lambeaux du livret d'un opéra fabuleux dont il serait le héros ; mais lui donner la parole, impossible...

Il y a déjà le canal de Suez que l'on a emprunté, avec les maisons de terre, felouques et norias, les petits ânes, les jarres, les fortins militaires, les drapeaux et les actionnaires.

Le livre des escales.

Tout lui dire, au fils espéré; pour cela tout retrouver dans les moindres détails. Un jour il faudra donc récrire tout cela pour le protéger, le mettre en garde. Lui décrire la sécurité des chiffres, lui vanter leur calme, leur pouvoir. Instruire devant lui le procès de tous les autres mots, mais comment le faire sinon par ces mots mêmes que l'on récuse, dont illustrer le dangereux pouvoir par des exemples tirés de ses essais anciens, ou par d'autres plus démonstratifs encore, juste inventés.

Le quartier des caves et des greniers.

Il revoit quelques-uns de ses amis littéraires d'antan, les écoute en sirotant sa demi-tasse, médiocre arôme, s'ils savaient! s'applaudit de sa fuite, se met à imaginer leurs mimiques s'ils découvraient, mais résiste à la tentation, apprenant à la sauvette, en catimini, des nouvelles des uns par les autres, meurt d'envie de demander ce que sont devenus tels ou tels qui semblent complètement engloutis, et finit bien sûr par arriver à la table même de celui qu'il cherchait parmi tous, pour savoir s'il se souviendrait encore de lui et comment; or, les yeux mi-clos au-dessus de son absinthe, celui-ci lui demande à mi-voix s'il ne l'a pas déjà rencontré quelque part. Et lui, tel un assez lamentable polichinelle, un pierrot noir, balbutiant, il ne pensait pas que cela l'aurait ému quand même à ce point, lui répond que sûrement, mais qu'il y a sans doute très longtemps, il ne sait plus où exactement, et bien qu'il ait fait préciser le nom, bien que tout concorde avec la description que, sans le vouloir, lui ont donnée les autres, non, il ne le reconnaît pas; malgré tous ses efforts il ne le reconnaît pas.

(3 Parade)

Longeant la Seine, il voit sortir du Quai d'Orsay un jeune poète, déjà un peu corpulent, le regard buté, qui, au milieu de son monologue administratif et carriériste, fait passer quelques phrases qu'il reconnaît comme siennes. Il lui fait signe de le suivre, et celui-ci le suit en effet, médusé, comme hypnotisé, se faufile avec lui dans l'atelier d'un sculpteur illustre qui travaille à un monument en l'honneur du grand poète national récemment décédé, en compagnie d'une jeune femme de toute beauté en qui le jeune poète fonctionnaire découvre avec stupéfaction sa sœur tendrement passionnément aimée. Les flammes de la jalousie la plus noire se mettent à trembler sous ses yeux, et toutes les coutures de son costume correct se parent maintenant de flammèches irisées des plus incongrues. Sans un mot de salut ni d'adieu, comme s'ils prenaient pour acquis qu'on ne pouvait les avoir vus ni entendus, à peine peut-être quelque odeur de soufre et d'encens, ils se dirigent ensemble vers la cathédrale Notre-Dame de Paris, laquelle en leur présence se met à rougeoyer comme une forge.

On parle aussi d'un canal à Panama ; et ne dit-on pas que les pharaons avaient réussi à joindre le Nil à la mer Rouge ?

Le livre des fièvres.

Il ne sait même plus si c'est cela ou non, ce qu'il chantait en nasillant, comme en se moquant, ce qu'il a même publié, une de ses folies... essaie de nouvelles variantes, choisit, renonce à choisir, en trouve d'autres, s'efforce encore une fois de faire le vide ; mais la voix du fantôme de l'enfant marcheur traverse toutes ces cloisons intimes, se répercute sur les rochers, les buissons épineux, sur la poussière et le sable, l'accuse de trahison, lâcheté, lâchage. Alors il vérifie qu'il est tout à fait seul, et vocifère à tous les vents insultes, imprécations, anathèmes.

Le quartier des bouchers et tanneurs.

Et il fera enseigner la politique et la science à son prince brillant comme une rose de l'Ardenne et à des demi-frères de toutes nuances par des professeurs qu'il aura fait enlever par ses messagers, grassement payés, français pour la plupart, mais qui inventeront avec lui, avec elle, avec eux, une autre langue à toute épreuve, la clef de la souffrance et de la joie.

(4 Vies)

Il l'avait tant attendue, cette lettre d'un jeune poète qui aurait lu quelques-uns de ses textes malgré tous les obstacles mis là contre pour conjurer, tenter le sort. Certes on avait quitté, largué, soldé. On avait brouillé les pistes, mais si jamais... Et en effet, un jour, contre toute attente, la perpétuellement attendue était arrivée jusqu'à lui. Que faire ? Qu'en faire ? On n'a rien à répondre pour l'instant, rien à envoyer. Un jour, peut-être. Plus tard. Lorsqu'on aura réussi cette parenthèse, lorsqu'on sera revenu en France, non, revenu de France en Afrique, on verra.

Les lits des malades, les bonnes paroles, les baumes, les piscines d'eaux thermales, les infirmières aux voiles blancs, la tisane et le livre au chevet, l'insomnie douce.

Le livre des formules.

Lui donner la parole, impossible ; ne pas la lui donner, presque plus impossible encore, puisqu'il parle perpétuellement en chacun de nous. En charger une troisième personne, la décrire cette parole, l'évoquer, furtives prises de vue ou plutôt d'ouïe sur un discours interdit.

Le quartier des agronomes et herboristes.

Il instruit devant le fils espéré le procès de tous les mots hors les chiffres, mais ne peut le faire que par ces mots eux-mêmes. Il lui fait la liste des plus dangereux dont il illustre le pouvoir par des exemples tirés de ses textes anciens ou par d'autres plus démonstratifs encore qu'il vient d'inventer, mais qu'il est inutile de noter sur-le-champ, car il le sait, il ne s'en souviendra que trop, et surtout d'autres bien meilleurs lui viendront les jours prochains. Et il voit dans les yeux de son fils que celui-ci boit et retient ses paroles et qu'il s'exerce à combiner d'autres exemples qui dépasseraient les siens. Alors une vague de désespoir le submerge, surmontée d'une écume de sourires.

(5 Royauté)

Le roc est un oiseau. Le bleu de cette mer est rouge dans ses profondeurs, au-delà du violet. C'est tout le cycle des couleurs qui recommence à un autre degré. C'est le début d'une spirale à n'en plus finir. Il regarde l'eau, l'écume, les quelques oiseaux, les poissons dans la transparence par grand calme, les rivages qui défilent, quelques palmiers, des minarets. Il a turban et gandoura, l'œil bleu blanc, mais il s'efforce d'extraire du Soleil regardé en face toute sa noirceur intime, toute sa houille. Tanné, il cherche les îles magnétiques, les vaisseaux d'ivoire, les monstres à étouffer, afin de pouvoir clouer le bec par ses récits à tous les Hinbad qui viendront gémir à sa porte après son retour de son sixième ou septième voyage.

La nuit qui tombe de l'autre côté de la fenêtre carrée. Le bourdonnement des moustiques s'atténuant. La Lune comme une barque ou un miroir.

Le livre des canaux.

Les flammes de la jalousie la plus noire continuent de trembler dans les yeux du jeune ambassadeur qui ressort de la cathédrale mugissante et rougeoyante, brillant comme un coléoptère, qui regarde par-dessus son épaule le fantôme de l'enfant marcheur toujours là, veut le fuir et se fait ainsi malmener par lui jusqu'en Chine, au Brésil, au Japon, aux États-Unis, pour tenter de se réfugier dans les phrases en langue morte d'un vieux Livre au milieu du salon d'un château de province.

Le quartier des orfèvres et verriers.

La voix du fantôme de l'enfant marcheur se répercute sur la poussière et le sable, l'accuse. Alors il vérifie qu'il est tout à fait seul et vocifère, puis dès qu'un des vivants s'approche, un de ses semblables comme il veut le croire, il se réfugie dans un farouche silence extérieur dont le fantôme de l'enfant marcheur profite pour le remplir de larmes qui lui fournissent ce qui lui manquait de courage pour la journée du lendemain.

(6 Départ)

Des tomes de l'*Encyclopédie Roret* sortent des pompes et des ponts. De l'autre côté de l'horizon crénelé l'inépuisable réserve du travail noir. On attend seulement d'avoir pu repasser par le pays d'enfance, y trouver femme, pour utiliser à plein ces instruments d'arpentage qu'on a déjà. L'emplacement est choisi, les amitiés avec les chefs militaires, avec les négociants qui croient qu'on est des leurs, en bonne voie. On établira le grand quadrilatère babylonien, avec des murailles en terre battue, mais où sept chars pourront courir de front.

Les fioles de verre bleu rangées sur l'étagère ; il en remplit quelques-unes d'eau, quelques-unes d'huile, d'autres de poussière, de sable ou de café, transvase, mélange, fait chauffer, distille, hume, goûte, obtient une encre avec laquelle il tient ses comptes décourageants.

Le livre des nuits.

Un jour peut-être, lorsqu'on sera revenu de France en Afrique, on verra. Mais non, comme on sera loin alors de tout cela, installé dans une autre vie, dans une autre langue… Alors la jeter, cette lettre… ; mais non, car c'est un tel miracle quand même ; la déchirer, la brûler..., mais on se mettrait à attendre comme avant.

Le quartier des tisserands et brodeuses.

En charger une troisième personne, la décrire, cette parole, furtives prises de vue, en leur donnant une forme si fixée qu'elle les musicalise en quelque sorte brutalement, les décroche, les satellise. Et que nul compositeur ne s'avise de tremper l'extrémité de son aile somptueuse dans cette décoction ; la température en est hélas bien trop basse pour la transmutation escomptée ; ce n'est que pour donner l'envie d'un autre texte qui serait lui incandescent ; du concubinage avec celui-ci ne résulteraient qu'une roussissure puante et le désir d'une sombre lessive où disparaître aussi avec toute la crasse du monde.

(7 Vagabonds)

C'est enfin arrivé, la caisse intacte, les lentilles, les couvercles de laiton, les plaques de verre, les sels d'or. Il déballe, il monte, il étudie le mode d'emploi au point de le savoir par cœur. Premiers essais, l'émotion du développement, mais déception car l'eau est sale ; toujours la poussière qui s'infiltre partout, même à l'intérieur de cet emballage si soigné. On a beau frotter, laver, filtrer, l'image est constellée de taches, dévorée. L'eau plus difficile à trouver ici que l'or. On a bien de quoi boire, de quoi faire le café, bien sûr, puisque cette poussière se confond avec le marc, la boue qui reste au fond du verre ou de la tasse, de quoi se laver le corps, faire la lessive à peu près, mais pour cette magie scientifique il faut une tout autre qualité d'eau.

Il ouvre la porte du cimetière. Une dalle est ouverte. Des marches l'invitent à descendre. Le caveau est couvert de peintures qui évoquent les arts et métiers, un sarcophage au milieu avec la momie de sa mère dont les lèvres s'ouvrent et se referment doucement.

Le livre des vues.

Les îles de lianes, les vaisseaux d'écaille, les géants à éborgner afin de pouvoir clouer le bec à tous les Hinbad qui viendront gémir à sa porte au retour de son septième ou huitième voyage; car celui-ci, à tout prendre, malgré tous ces détours, ces navettes à travers le détroit, ce n'est jamais que le premier puisqu'il n'y a pas eu de retour, et les voyages précédents: Paris, Bruxelles, Londres, ce n'étaient jamais que des esquisses de celui-ci, premiers brouillons, voyages d'écolier, et que l'appellent encore les monts de la Lune avec les sources du Nil, le pays de la reine de Saba, le golfe de la Perse avec Babylone et Bagdad, et les vestiges de l'antique Éden d'où descendaient les quatre fleuves.

Le quartier des armuriers et gardes.

Depuis la Chine jusqu'à ce château de la province française où de tous les placards sortent des lambeaux d'ange ou de mage, où fuse de toutes les pages de la Bible, quotidiennement feuilletée par exorcisme, le ricanement de celui qui se dit que le fils tant désiré aurait peut-être ressemblé à celui-ci.

(8 Villes)

Les guetteurs signalent une somptueuse caravane. On ouvre grand les portes; les appartements d'accueil sont prêts: tapis, festin, parade. Il fait les honneurs au roi-voyageur surpris, car dans son lointain Sud, son Centre noir, il n'avait pas encore entendu parler de cette jeune fleur urbaine en pleine explosion, dont les forges et le trafic l'émerveillent. Échanges de cadeaux. Il voyage depuis longtemps, depuis des années, des siècles peut-être. Depuis son départ il ne vieillit plus. C'est dans les astres qu'il a lu l'appel pour aller saluer un enfant miraculeux non loin de la capitale d'un petit royaume tributaire de l'Empire romain sur la côte orientale de la Méditerranée, où il doit rencontrer deux autres rois-voyageurs comme lui, l'un venant de la Chine et l'autre d'un château de la province française ou de l'Irlande. Et les astres disaient bien qu'il devait y en avoir un quatrième, venu de l'autre côté du grand Océan, mais qui pourrait savoir ce qui existe là.

Il surveille le départ des sacs de café, les suit en pensée, se représente l'arrivée au port, l'embarquement, l'arrimage dans la soute, le voyage avec les marins, les escales, Marseille, le débarquement, le transbordement, les wagons, l'entrepôt parisien, l'achat par le restaurateur, la torréfaction, la cuisine, le garçon qui vient servir la tasse fumante, la discussion littéraire autour. Alors il ramasse une poignée de poussière et s'en frotte le front.

Le livre des comptes.

La sévère enceinte babylonienne en terre battue. L'aridité à l'extérieur, mais à l'intérieur les jardins, les innombrables fontaines, et le port où relâcheront les navires qui viendront des Monts de la Lune chargés d'opales et de peaux de tigres, évitant toutes les cataractes pour retrouver le Nil du côté de Louqsor.

Le quartier des importateurs et prospecteurs.

La déchirer avec jurons, cette lettre, la brûler solennellement et en recueillir les cendres dans une fiole de verre bleu? Mais on se remettrait à attendre comme avant, pire qu'avant; et peut-être bien que d'autres sont arrivées auparavant et que l'on a brûlées, que l'on a même réussi à oublier, et cela n'a rien changé, car on attend toujours la lettre à laquelle on ne répondra jamais, car il est trop tard ou trop tôt. Autant la garder comme un talisman contre cette attente.

(9 Veillées)

Il arrive sur les Champs-Élysées au moment des funérailles nationales du grand poète. Il se fraie un chemin dans la foule. L'arc de triomphe est ceint d'un halo de papillons noirs qui viennent à sa rencontre, tournent autour de lui, l'entourent d'une sorte de manchon frémissant, l'isolent et bientôt l'emportent jusqu'au catafalque qui s'ouvre et se referme sur lui. Il est vide, il s'y étend, il comprend peu à peu le langage des insectes. Ce sont eux qui ont dévoré le grand homme, ne laissant que quelques boutons de nacre ou de métal. Ils sont devenus les exécuteurs de ses dernières volontés parmi lesquelles une des plus précises et des plus pressantes était de retrouver, de mettre à l'abri Shakespeare enfant. Ils vont d'ailleurs le dévorer lui aussi, ce contre quoi il n'a vraisemblablement aucune objection, car il n'a de toute évidence plus rien à faire dans cette foule.

Il déroule ses cotonnades, s'en drape, en choisit pour sa sœur, pour la future épouse, les met de côté dans une malle. Au bout de quelques mois arrive une nouvelle cargaison ; il en choisit d'autres, vend les précédentes un peu défraîchies.

Le livre des silences.

On a beau frotter, laver, filtrer ; c'est comme la tache de sang sur la clef de l'épouse de Barbe-Bleue ; l'image est constellée de taches, dévorée. On a bien de quoi boire, faire une lessive acceptable, mais pour cette magie scientifique il faut une tout autre qualité d'eau, le diamant de cette eau dont ruisselait Charleville et qu'il faudrait faire ruisseler ici.

Le quartier des hydrauliciens.

Et l'appellent encore la Chine, les Monts de la Lune avec les sources du Nil, le Brésil, le pays de la reine de Saba, le Japon, le golfe de Perse avec Babylone et Bagdad, les États-Unis, les vestiges de l'antique Éden d'où descendaient les quatre fleuves. Mais le retour ce ne sera point Bagdad, mais quelque chose comme Paris et Charleville, et surtout il y aura un autre retour que seul celui-ci rendra possible, par un nouvel Aden vers un nouvel Harrar, nouveau Paris, nouvelle Bagdad ou Babylone, le retour enfin à ce vers quoi l'on était parti.

(10 Ouvriers)

Tous les huit jours il sort de sa malle le costume complet que lui avait payé un poète admiré de Paris, l'élégance, la discrétion mêmes. C'est comme s'il voulait s'en revêtir, mais il a grandi, forci, depuis le temps; il ne pourrait plus y entrer; et puis après tous les lavages successifs les tissus se sont amincis, les couleurs sont devenues pâles. Il en étale les diverses pièces sur son lit, les vérifie, fait mine de les essayer, puis les replie, mais, avant de les rentrer dans sa malle, les confie à sa blanchisseuse noire pour un nouveau lavage très soigneux, car il est vrai qu'il y a partout la poussière tenace.

Comment croire que la Lune soit aussi sèche que le prétendent les astronomes actuels? Derrière cette croûte de cratères, semblables à certains paysages de ces régions, n'y aurait-il pas une perle de glace fourrée d'énormes bulles avec orages et cascades, une inépuisable réserve de l'eau la plus désaltérante et la plus nourricière, en communication avec nos marées et nos sources?

Le livre des lois.

Il voyage depuis longtemps, le roi noir, depuis des années, des siècles peut-être. Du jour de son départ il n'a plus vieilli. C'est dans les astres qu'il a lu l'injonction, les noms des deux autres qu'il doit rencontrer, et même qu'il devait y en avoir un quatrième venu de l'autre côté du grand Océan, mais comment y croire ? Alors le fantôme de l'enfant Shakespeare marcheur prend la place du mage de la nouvelle Babylone pour expliquer qu'en effet on y a découvert un nouveau monde avec ses royaumes, ses montagnes et sa musique, et que si les circonstances ne l'avaient pas ainsi enfoncé dans le continent africain, c'est sûrement par là qu'il serait allé chercher sa fortune ; qu'il avait entendu parler dès ses premières années de la naissance d'un tel enfant miraculeux près de Jérusalem, mais que cela avait eu lieu depuis des siècles, et qu'il avait grandi, était mort, que son nom s'était répandu sur une bonne partie de la Terre souvent par le fer et par le feu, et que cette progression continuait çà et là, notamment tout autour de cette ville aux jardins suspendus, de cette île-oasis du désert-océan, dans ces vagues de poussière avec une maigre écume de végétation, mais que dans certaines régions où il avait été le plus vénéré, le nom de cet enfant était déjà oublié.

Le quartier des enlumineurs et linguistes.

L'aridité à l'extérieur, mais à l'intérieur le lait, le vin, les quais, les barques, les navires venus des quatre fleuves de l'antique Éden, les ponts, les docks, les bazars, les thermes qu'il contemple des terrasses de son palais où il interroge le cours des astres ; puis il va visiter les dortoirs de ses maçons noirs incomparablement dévoués qui dorment comme des brutes après le dur travail de leur journée, scandé par le tambour et le conteur, et quelques-uns se réveillent en sursaut sur son passage pour lui baiser la main en l'appelant maître, et il leur donne quelques piastres qu'ils aillent dépenser dans les tavernes où l'on dégustera les vins produits par les vignes de ces ravinements métamorphosés en coteaux.

(11 Scènes)

Il se retrouve sur les boulevards parisiens, pénètre dans les cafés qu'il a fréquentés il y a si longtemps déjà. Il sait bien qu'il n'a rien à craindre. On ne le reconnaîtra pas. Personne ne l'attend. Il n'a pas fait le moindre signe. Et même, l'Afrique lui a fourni un tel masque! Tandis que les autres, à part quelques-uns, il n'est que trop certain qu'ils ont à peine changé. Un peu épaissi…

À Londres les ponts, les docks, les pubs, les serres, les bazars, les banques, les gares, les fumées, les manteaux de pluie, les uniformes rouges, les carillons, les calèches.

Le livre des cérémonies.

Dans le catafalque du grand poète, les insectes expliquent au fantôme de Shakespeare enfant qu'il lui suffit de leur dicter ses volontés dernières qu'ils exécuteront scrupuleusement, si folles qu'elles puissent lui paraître (car eux voient les choses tout autrement). Mais il ne trouve rien à leur dire ; il cherche tandis qu'ils le dévorent.

Le quartier des orthopédistes.

Le diamant de cette eau dont ruisselait Charleville et qu'il faudrait faire ruisseler ici ; car sous ce ciel, si on réussissait à traverser les ondulations du paysage avec l'eau douce venue des plus hauts sommets des Monts de la Lune, alors non seulement on pourrait envoyer en Europe les images de ce passé conservé superactif qu'ils ne soupçonnent point, mais surtout faire sourdre de ce terrain de quoi leur faire honte et envie. Ils viendront alors, les ingénieurs, dans cette planète Mars enchâssée dans la Terre, ils viendront par bateaux et par caravanes bien avant que soient creusés tous les canaux de son dessein, y participer dans les bruits neufs de la langue inventée que comprendront les bêtes.

(12 Phrases)

Revenu au pays, riche, farouche, boucané mais rajeuni, fort comme il ne l'avait jamais été, plein d'or dans ses poches, mais surtout de fer dans le sang et les os, il l'a découverte, conquise, il y avait si longtemps qu'elle l'attendait, et elle l'a bien reconnu sous son masque, son roi-voyageur; il s'agit maintenant de lui faire refaire avec lui, dans l'aisance, en prenant son temps, chacune des étapes, en ajoutant même quelques-unes qu'il avait manquées, pour qu'elle sache, qu'elle puisse comprendre, lui aussi qu'il puisse comprendre.

En dire le moins possible, surtout dans les lettres à la famille, ne laisser passer que l'indispensable, se garder des confidences aux collègues, la moindre indiscrétion compromettrait tout, ne pas leur donner des idées. Se fondre dans le paysage, ne pas éveiller de jalousies; ils n'ont que trop tendance à poser des questions, à s'imaginer. Pas de notes, aucun tiroir, aucun coffre n'est vraiment sûr; tout tenir en tête jusqu'à la clef d'or.

Le livre des hôpitaux.

Il vérifie les vêtements étalés sur le lit, les confie à la blanchisseuse noire pour un lavage soigneux; elle s'étonne, demande pourquoi, et quand il lui a répondu, elle secoue la tête en marmonnant dans son langage.

Le quartier des fossoyeurs et historiens.

Il répond au roi-voyageur qu'en vérité, il y a des siècles, un tel enfant miraculeux était né près de Jérusalem, avait grandi, était mort, ressuscité, disait-on, descendu aux enfers, monté aux cieux, que son nom s'était répandu sur la Terre, mais que dans certaines des régions où il avait été le plus vénéré, il était déjà presque oublié. Le roi Gaspard lui déclare alors qu'il devait y avoir un malentendu, l'orthographe des astres étant si capricieuse, que l'enfant c'était peut-être ce qui n'avait pu se faire à quatre la première fois et qui se ferait sans doute à cinq celle-ci, puisqu'il croyait bien que son hôte, le roi-fantôme aux semelles de vent, ne pourrait résister au désir de l'accompagner avec tout son peuple, et qu'il lui donnerait le moyen de rendre sa ville mouvante comme les astres dans le ciel.

(13 Solde)

Il installe devant lui ce fils qu'il n'a pas eu, lui raconte toutes les frasques de sa jeunesse pour qu'il soit prêt à répliquer ou à se taire si quelque âme bien ou mal intentionnée avait décidé de lui faire des révélations. Tout lui dire, et pour cela tout retrouver dans les moindres détails. Un jour il faudra donc récrire tout cela pour le protéger, pour le mettre en garde. Il lui décrit la sécurité des chiffres, lui vante leur calme, leur pouvoir.

Il contemple la jambe articulée, en examine toutes les pièces. Parcourant le pont du navire lors du second voyage, le faire sonner de ce talon insensible à toute morsure, mais qu'il faudra garder des termites et du feu. Tout ne va-t-il pas repartir? Une autre jambe, et des bras aussi. Et pourquoi pas un cœur de métal, une soufflerie de bois, se nourrir de charbon ou de pétrole, et même des appareils pour remplacer les yeux, les narines, plus sensibles et plus sûrs, un sexe mécanique pour fonder l'autre race, une bouche de cuivre pour parler l'autre langue.

Le livre des adieux.

Les autres, il est sûr qu'ils ont à peine changé, un peu épaissi, certains à l'académie, certains convertis, certains à succès, brouillés, débrouillés, collectionnant les articles les concernant, répliquant, pourfendant, pleurnichant. Et il en revoit en effet, dans les cafés des boulevards parisiens, sirotant sa demi-tasse en songeant à ses plantations.

Le quartier des ombres.

Il lui suffit de leur faire connaître ses dernières volontés qu'ils exécuteront scrupuleusement, mais il ne trouve rien à leur dire; il cherche tandis qu'ils le dévorent. Tous ces milliers de mots qui se pressent à l'intérieur de ses lèvres comme un essaim d'abeilles ou de papillons, ne parviennent pas à sortir; et il se met alors à dévorer la foule par ses milliers de bouches, à desceller et transporter les pierres par ses milliers de bras et d'ailes pour construire sa ville au milieu du désert.

Les guetteurs signalent une somptueuse caravane.

CIEL

AUJOURD'HUI OU LES ASTRES

Nous quittons le sol.
Nous quittons les nuages.
Nous quittons la Terre pour la Lune

la circonvallation de Copernic formait un cercle presque parfait
les ombres allongées et dentelées des immenses montagnes douces en éclairage rasant

Le vide.

et ses remparts très escarpés se détachaient nettement
- gravir les Apennins lunaires en regardant passer ceux de la Terre -

La Terre ne quitte jamais la place qu'elle occupe dans le ciel d'un lieu lunaire. Le jour lunaire dure quatorze des nôtres comme la nuit.

on distinguait une double enceinte annulaire
- explorer le cratère Copernic en repérant la ville de Cracovie sur la surface de la Terre -

Clair de Terre.

un chaos de rochers s'entasse dans le cirque de Tycho-Brahé qui contiendrait Paris et sa banlieue
- marcher sur la mer de la Tranquillité en suivant la tombée de la nuit sur l'Atlantique -

Éclipse de Terre.

au fond du cirque comme enfermés dans un écrin scintillèrent un instant
(les parois de Tycho s'élèvent en terrasses jusqu'à 3 600 mètres)

Depuis la Terre, c'est une éclipse de Soleil.

deux ou trois cônes éruptifs semblables à d'énormes gemmes éblouissantes
- marquer les traces de ses pas sur le golfe des Iris en respirant dans son scaphandre leur parfum venu de la Terre -

Dans la région accidentée aux alentours du bassin Oriental, la Terre est toujours divisée en deux par la ligne de l'horizon.

c'était comme une surface liquide agitée par un ouragan
- escalader le Causase lunaire en écoutant la musique diffusée par la Terre -

Dès que le Soleil se couche il ne reste plus que la lumière bleue de la Terre.

dont les pitons et les boursouflures figuraient une succession de lames subitement figées
- s'endormir sur le lac des Songes en se remémorant sa Terre natale -

Le vide.

la lumière

    Nous filons vers le Soleil.

de plus en plus de lumière
le vent du Soleil

    Nous croisons Mercure.

sur sa surface grêlée calcinée
de longs escarpements
cassent les cratères

    Pour approcher du Soleil il faut changer de vision.

l'éblouissement
lumière interdite

    Ce qui nous permet d'étudier des couches différentes.

chaleur
flammes

    Des structures diffférentes.

granulations
nuages de flammes

    Les taches

fibrilles
coulées de flammes

    sont des régions moins chaudes

spicules
fleuves de flammes

    qui évoluent en quelques jours.

supergranulation
ravins de flammes

> La quasi-totalité de la matière du système solaire est concentrée dans cette étoile.

aigrettes polaires
plumes de flammes

> Gaz

filaments
tempêtes de flammes

> qui atteignent à l'intérieur des températures et des pressions énormes.

tourbillons
montagnes de flammes

> Certaines éruptions

protubérances
langues de flammes

> ont plusieurs dizaines de fois le diamètre de la Terre.

orages
abîmes de flammes

> Un maximum d'activité tous les onze ans.

décharges
horloges de flammes

> Nous repartons.

le vide

Nous croisons Vénus, planète brûlante.

nuages opaques d'acide sulfurique jaune crème parcourus d'éclairs perpétuels
- frôler les torrents de plomb -
à qui les vents de 350 kilomètres à l'heure soufflant toujours vers l'ouest
- longer le plateau d'Ishtar -

Sur la surface tous les objets de plomb, de zinc ou d'étain fondent immédiatement.

font faire le tour de la planète en quatre jours
- plonger dans les étangs d'étain -

Au sol le tonnerre gronde sans arrêt comme un Niagara gigantesque.

- remonter les cascades de zinc -

Et si on laisse tomber un objet plat, il ondule en mouvements lents comme une pièce de monnaie dans l'eau.

le vide

Au loin la Terre avec la Lune.

le vide

Nous approchons de Mars.

une montagne de poussière jaune
fond comme une avalanche

Nous croisons Phobos, le corps le plus sombre du système solaire. 20 kilomètres de diamètre moyen.

sur les collines usées

La Guadeloupe n'y tiendrait pas.

les brumes du petit matin
- camper dans la plaine d'Utopie -

Un navire habité devait se poser sur Mars avant la fin du siècle; maintenant ce ne sera plus qu'au début du prochain.

se dissipent sur les failles de l'immense vallée découverte par *Mariner*
- coloniser la plaine d'Éden -

On croit qu'il y a de grandes réserves d'eau sur les pôles et vraisemblablement à l'intérieur du sol.

le plus grand canyon du système toujours parcouru de vents furieux
- rouler dans les dunes -

Ce qui permettra peut-être de s'y installer.

une mer rouge figée aux vagues de rouille
- chercher l'eau souterraine -

Mais

les immenses champs de dunes pami les buttes givrées sous le ciel saumon
- creuser des mines -

la température n'y dépasse presque jamais zéro degré et peut descendre jusqu'à moins 100.

feuilletage des falaises neigeuses changeant constamment de forme
- aménager des cavernes -

Le mont Olympus

et s'entortillant en lents mouvements autour du pôle sud
- capter la chaleur du lointain Soleil -

trois fois plus élevé que l'Éverest;

une fine colonne de poussière monte alimenter les tempêtes
- escalader le mont Olympe -

c'est le sommet du système solaire.

qui peuvent cacher le pâle Soleil pendant plusieurs semaines
- se perdre dans le labyrinthe de la Nuit -

Le vide.

- Cérès - Pallas - Junon - Vesta - Hébé - Iris -

Nous franchissons la couronne des astéroïdes.

le Soleil un peu plus lointain

Nous en connaissons déjà 15 000.

- Hygie - Psyché - Éros - Davida - Icare - Géographe -

La teneur de certains en carbone en fait d'immenses réserves d'énergie.

- Apollon - Adonis - Hermès - Flore - le vide -

Voici les planètes géantes.

Sinopé passe devant Pasiphaé
- planer au fond d'un canyon de nuages d'hyposulfite d'ammonium surmontés d'aigrettes de cristaux -

Jupiter,

éclipse de Carmè par Anangkè
- sous le ciel bleu vif d'hélium au-dessus de l'océan noir d'hydrogène huileux -

la plus grosse avec au moins 16 satellites,

l'ombre de Lysithée sur Élara
- couvert de lents rouleaux en ébullition douce illuminés par des éclairs énormes -

son léger anneau de poussières et cailloux.

Himalia passe devant Callisto
- et au coucher du très lointain Soleil une vive aurore boréale s'épanouit en grésillant -

Europe.

l'ombre de Ganymède sur Amalthée

Notre Lune est à peine plus grande.

Callisto passe devant Pasiphaé

Toute la surface est un océan de glace.

- glisser le long d'une fracture en regardant Io passer devant Amalthée sur le terminateur de l'énorme planète -

Io.

l'atmosphère de Jupiter s'éclaire en rouge au moment où le très lointain Soleil commence à émerger après l'éclipse

Notre Lune est à peine moins grande.

la tiédeur du très lointain Soleil fait évaporer les dernières traces de gelée blanche sur le bioxyde de soufre orangé

>   Les conjonctions des gravités en font un astre convulsif.

la lueur jaune du nuage de sodium paraît à l'horizon

>   Ses volcans projettent à des centaines de kilomètres des panaches de poussières soufrées dont certaines retombent en spirale vers Amalthée ou même vers les rouleaux de Jupiter.

peu avant l'aube un volcan entre en éruption sur l'horizon

>   La tache rouge,

les trajectoires paraboliques décrites par les débris dessinent un réseau délicat dont les parties hautes sont éclairées par le très lointain Soleil encore caché devant le ménisque de la planète monstre qui grandit sur la tache rouge

>   immense ouragan qui engloutirait facilement la Terre, et qui fait rage au moins depuis Galilée.

la conjonction de Ganymède et Callisto devant Saturne

>   Le vide.

- filer depuis les sables sombres de Phoebé jusqu'au cirque de Japet -

>   Les planètes géantes n'ont pas de sol.

- en tournant autour des nuages de Titan -

>   Nous passons entre Saturne et ses anneaux.

- virer depuis Hypérion jusqu'aux glaciers de Rhéa -

C'est un disque mince à l'extrême.

- en se faufilant dans la division de Cassini -

Sa tranche a moins d'un kilomètre d'épaisseur.

- rouler depuis les givres de Dioné jusqu'aux rochers d'Encelade -

Son diamètre en a 300 000.

- en admirant l'ombre des anneaux sur les nuages de la planète -

Titan,

- plonger dans la tranchée de Téthys pour en rejaillir vers Janus -

le plus gros satellite de Saturne.

- puis assister à l'échange des trajectoires entre deux petits satellites au bord des anneaux -

L'atmosphère de Titan ressemble à celle de la Terre primitive mais en beaucoup plus froid.

- naviguer entre les anneaux parmi les nuages de grêlons qui interceptent et diffractent les rayons du Soleil encore plus lointain -

On y a décelé certaines des molécules organiques qui sont sur notre planète à la base

- parmi les jets d'azote liquide -

de

- parmi les cascades de méthane -

    la

- sur les marécages de bitumes -

    vie.

le vide

    De plus en plus loin du Soleil,

le vide

    la sonde *Voyager 2*

- Obéron - Titania - Umbriel -

    nous a envoyé des images d'Uranus

- Ariel - Miranda - les anneaux -

    et se dirige

le vide

    vers Neptune.

- Triton - Néréide - Pluton - Charon -

    Le vide.

PYRAMIDE

(SELON LE *LIVRE DU CONSEIL*)

Ils disaient : « Nous peindrons ce qui fut avant l'arrivée des chrétiens ; nous le reproduirons parce que nous manque désormais le Livre du Conseil ; nous ne savons plus ce qui s'est passé lors de l'arrivée de cette lumière, lors de l'arrivée des gens d'outre-mer qui nous ont tirés de notre ombre ancienne. Voici donc le premier des livres, peint jadis, aujourd'hui caché à l'étudiant. Voici ce qu'on racontait sur la constitution de tous les coins du monde. » Et c'est ce qu'on appelle aujourd'hui le *Livre du Conseil* rédigé en langue quiché mais en caractères européens par on ne sait qui au XVIe siècle au Guatemala.

« Voici le récit de comment tout était en suspens, tout était calme, immobile, paisible, silencieux ; tout était vide au Ciel et sur la Terre. Voici la première histoire et description. Il n'y avait pas un seul homme, ni animal, oiseau, poisson, écrevisse, bois, pierre, caverne, ravin, herbe, forêt. Il n'avait que le ciel et la mer sans la moindre terre. Seulement l'immobilité, le silence dans les ténèbres et la nuit. Mais le Constructeur, le Formateur, le Dominateur, le Puissant du ciel, l'Enfanteur, l'Engendreur étaient sur l'eau dans une lumière de plumes vertes. Ce sont les sages des sages. »

« Vint la parole. Dominateur, Puissant du ciel tinrent conseil ; ils pensèrent, se comprirent, unirent leurs discours, leur sagesse ; ils décidèrent qu'il y aurait l'homme tandis qu'ils tenaient conseil dans les ténèbres sur la production des arbres, des lianes, de toute la vie, avec les esprits du ciel surnommés les grands maîtres. Le premier s'appelle Éclair, le second Trace de l'éclair, le troisième Splendeur de l'éclair. Tous ils tinrent conseil sur l'aube de la vie, comment se ferait la germination. Ils décidèrent : que cette eau parte et se vide, que la Terre naisse et se raffermisse, que la germination commence, que l'aube soit au ciel et sur la terre, car nous n'aurons point notre adoration jusqu'à ce que naissent les hommes. Terre, dirent-ils, et aussitôt la voilà. D'abord seulement un brouillard, un nuage, une naissance, puis les montagnes, les grandes montagnes couvertes de forêts. »

« Dominateur et Puissant du ciel félicitèrent les trois grands maîtres qui répondirent qu'il fallait les laisser achever. Ainsi naquirent les monts, les plaines, ainsi les ruisseaux cheminèrent entre les monts ; puis ils mirent en œuvre les animaux gardiens de toutes les forêts : cerfs, oiseaux, pumas, jaguars, serpents de toutes espèces. Car ces enfanteurs et engendreurs s'étaient dit : n'y aura-t-il que le silence et l'immobilité au pied des arbres et des lianes ? Toi, cerf, tu dormiras dans les ravins au bord des eaux, tu courras dans les herbes et les broussailles sur tes quatre pieds et te multiplieras. Et vous, les oiseaux, vous nicherez sur les arbres et les lianes et vous y multiplierez, et que chacun fasse entendre son langage selon son clan et sa manière, et maintenant invoquez-nous ! Mais ils ne pouvaient parler comme des hommes, seulement caqueter, mugir, croasser, incapables de s'entendre d'une espèce à l'autre. »

« Voyant que les animaux étaient incapables d'invoquer leurs noms, ils décidèrent d'inventer d'autres créatures. Conservez votre nourriture et vos domaines, dirent-ils aux animaux, mais vous serez dévorés par ceux qui sauront nous invoquer. Les grands maîtres essayèrent une première espèce d'hommes. Il firent d'abord la chair avec de la terre, mais cela s'abattait, s'amoncelait, s'amollissait, s'aplatissait, fondait. La tête ne pouvait bouger ; impossible de regarder derrière soi ; la vue était voilée ; il commença bien à parler, mais c'étaient des paroles sans suite. Et les grands maîtres décidèrent de tenter un nouvel essai. »

« Les seconds maîtres firent des mannequins en bois, qui s'animèrent, parlèrent et engendrèrent fils et filles. Mais ils n'avaient ni esprit ni sagesse, nul souvenir de leurs Constructeurs formateurs ; ils marchaient sans but sur la Terre, sans souvenir des esprits du Ciel. Alors leurs faces se desséchèrent, leurs pieds et leurs mains perdirent leur consistance. Ils se vidèrent de leur sang et de toutes leurs autres humeurs et graisses. Leurs visages devinrent semblables à des crânes et tout leur corps à des squelettes. C'étaient pourtant les véritables premiers hommes à la surface de la Terre. Mais les esprits du Ciel décidèrent d'un déluge d'eau et de feu. Et le démon Creuseur de face vint leur arracher les yeux ; Chauve-souris de la mort leur coupait la tête ; le démon Dindon leur mangeait la chair ; le démon Hibou broyait, brisait leurs os et leurs nerfs ; ils furent moulus, pulvérisés en châtiment de leur sottise et impiété. Et s'obscurcissait la face de la Terre dans la pluie ténébreuse et brûlante de jour et de nuit. »

« Alors se révoltèrent non seulement les animaux, mais les objets ; les meules, poteries, écuelles, marmites, leurs chiens, dindons, tous leur parlèrent et manifestèrent leur mépris. Les animaux domestiques disaient : vous nous avez battus, vous nous avez mangés ; à votre tour vous serez battus et mangés. Et les meules : tous les jours du matin au soir vous nous disiez : gratte, gratte, déchire, déchire ; maintenant vous serez raclés, mordus et pétris. Et les chiens leur dirent encore : vous ne nous donniez pas à manger, vous nous chassiez de votre maison ; maintenant c'est vous qui souffrirez la faim et serez chassés.

Et leurs marmites et poteries prirent la parole : vous nous noircissiez et brûliez tout le jour, à votre tour vous serez noircis et brûlés. Et les pierres de l'âtre allumèrent du feu sur leurs têtes. Désespérés ils voulurent se réfugier sur les terrasses de leurs demeures, mais celles-ci s'écroulèrent et les firent tomber ; ils voulurent monter sur les arbres, mais ceux-ci les secouèrent au loin ; ils voulurent entrer dans les cavernes, mais celles-ci se refermèrent à leur approche. On dit que la postérité de ces hommes sont les petits singes-araignées qui vivent actuellement dans la forêt. »

« Voici comment le Conseil décida de ce qui devait entrer dans la chair de l'homme. Ce furent le renard, le coyote, la perruche et le corbeau qui apportèrent l'épi de maïs qui devait entrer dans la chair de l'homme. Il y eut grande réjouissance d'avoir enfin trouvé un pays excellent rempli de choses savoureuses : maïs, cacao, sapotilles, anones et autres fruits, haricots et miel, tout ce qui devait entrer dans la formation des hommes véritables. Et les premiers hommes véritables furent quatre maîtres nommés Savant de l'apparence, Savant de la nuit, Savant du trésor et Savant de la Lune. Ils n'avaient pas de père et mère ; ils pouvaient être eux-mêmes père et mère, ils furent les premiers des hommes d'aujourd'hui. Ils parlèrent, ils entendirent, ils décidèrent de leur chemin, ils prirent ce qui leur convenait ; ils étaient bons, beaux et braves ; ils étaient capables de se souvenir ; ils levèrent leurs yeux et virent le monde entier, tout ce qui était jusqu'alors caché. Leur regard dépassait les forêts, les rochers, les lacs, les mers, les monts et les plaines. Et ils rendaient grâce à leurs constructeurs. »

« Mais le Conseil des dieux se méfia encore des hommes, et c'est pourquoi ils leur obscurcirent quelque peu la vue et soumirent leur multiplication à leurs copulations avec leurs femmes qu'ils leur donnèrent de toute beauté, et aux pénibles accouchements de celles-ci. Ces quatre hommes primitifs avec leurs épouses sont les ancêtres de tous les Quichés ; mais le Conseil des dieux fit apparaître peu à peu nombre d'autres hommes qui sont les ancêtres de tous les autres peuples. Et ils se dispersèrent loin du lieu d'abondance, et leurs langues se séparèrent ; ils ne se comprenaient plus les uns les autres et ne savaient plus invoquer les dieux. Et certains n'avaient même pas le feu. Il n'y avait à l'origine que le feu venu de l'orage ; et l'orage lui-même éteignait parfois le feu qu'il avait donné. Alors les quatre hommes primitifs réussirent à produire du feu en frottant leurs sandales. Et les autres tribus qui périssaient de froid, vinrent leur demander de leur feu, mais ils ne leur donnèrent celui-ci que dans la mesure où ils acceptèrent de rendre hommage au dieu de l'orage, le premier inventeur du feu. »

« Nos conseillers connaissaient le *Livre du Conseil*. Grande était leur existence, leurs cérémonies, grands leurs jeûnes, leurs sacrifices, leurs édifices, leurs pouvoirs. Et voici leurs demandes aux dieux, le gémissement de leurs cœurs : Salut, beauté du jour, grands maîtres, esprits du Ciel et de la Terre, donneurs du jaune et du vert, donneurs de filles et de fils. Tournez-vous vers nous, répandez sur nous le vert et le jaune, donnez l'existence à nos fils et filles pour qu'ils vous invoquent sur les chemins, au bord des rivières, dans les ravins, sous les arbres et leurs lianes, et donnez-leur des fils et des filles. Évitez-leur malheur, infortune et mensonge. Qu'ils ne tombent pas, ne se blessent pas, ne se déchirent pas, ne se brûlent pas. Que leurs voyages soient heureux pour l'aller et pour le retour. Levez les obstacles et les dangers, donnez-leur des chemins verts et jaunes ; que votre puissance soit bienveillance tant que reviendra l'aube sur la descendance de notre peuple dans les quadrisiècles des quadrisiècles et ceci malgré les menaces que nous sentons peser sur nous. » Ainsi s'exprimaient-ils selon ce qu'en rapporte notre *Livre du Conseil*, ombre du livre disparu.

CURRICULUM VITAE

Michel Butor est né le 14 septembre 1926 dans la banlieue de Lille. Son père, Émile Butor, travaillait dans l'administration des Chemins de Fer du Nord, mais était passionné de dessin, aquarelle et gravure sur bois. En 1929, la famille vient s'installer à Paris, où le jeune Michel fera toutes ses études, à l'exception de l'année 1939-1940, celle de la «drôle de guerre», passée à Évreux. Troisième d'une famille de sept enfants, aîné des garçons, il bénéficiait d'une quasi-gratuité pour les voyages en chemin de fer et trouvait que l'on n'en profitait pas assez.

Après des études de lettres et philosophie, ayant échoué à plusieurs reprises à l'agrégation, tout en servant de secrétaire à Jean Wahl pour le Collège de Philosophie, ce qui lui permet de se frotter à maint intellectuel d'alors, il enseigne quelques mois au lycée Mallarmé à Sens, puis profite d'un essai de réforme de l'enseignement égyptien pour traverser la Méditerranée avec un certain nombre de licenciés ès lettres, et se retrouve professeur dans la vallée du Nil entre les pharaons et les ermites. Plus tard il saisit l'occasion de devenir lecteur à l'université de Manchester en Angleterre. Difficile changement de climat.

Possédé depuis longtemps par le démon de l'écriture, il publie ses premiers romans aux Éditions de Minuit, par l'intermédiaire de Georges Lambrichs. Les voyages continuent, à la fois professionnels et exploratoires: Grèce, Suisse, où il rencontre Marie-Jo, qu'il épouse en 1958. Naissent rapidement trois filles, suivies un peu plus tard d'une quatrième. Prix littéraires, travail chez des éditeurs, un peu de vie parisienne, conférences ici et là. Nombreux voyages aux États-Unis. Après mai 68, il tente une rentrée dans l'enseignement universitaire français, ce qui

491

l'amène à s'installer à Nice au retour d'une année au Far West. Puis il est nommé professeur à la faculté des lettres de Genève.

Les livres s'accumulent, apportant chaque fois la surprise ; essais, récits du jour ou de la nuit, poèmes, nouvelles combinaisons de tout cela, ils font le désespoir des esprits routiniers ; les collaborations se multiplient avec peintres, musiciens, photographes. Séjours au Japon et en Australie ; voyages en Chine. Retraité depuis 1991, il vit désormais dans un village de Haute-Savoie. Tout en continuant à courir le monde, il s'efforce de mettre un peu d'ordre dans ses papiers et dans sa tête.

ÉCHANTILLONNAGE BIBLIOGRAPHIQUE

L'emploi du temps, roman, Éditions de Minuit, 1956.
Mobile, étude pour une représentaiton des États-Unis, Gallimard, 1962.
Répertoire, 5 volumes, essais et conférences, Éditions de Minuit, 1960-1982.
Le génie du lieu, 5 volumes, critique géographique, Grasset, 1958, puis Gallimard : *Où*, 1971, *Boomerang*, 1978, *Transit*, 1992, *Gyroscope*, 1996.
Matière de rêves, 5 volumes, onirographie, Gallimard, 1975-1985.
Improvisations, 7 volumes, enseignement universitaire, La Différence, sur Flaubert, 1984, Michaux, 1985 (repris en 1999 sous le titre *Le sismographe aventureux*), Rimbaud, 1989, Butor, 1993, Balzac (3 volumes : *Le marchand et le génie*, *Paris à vol d'archange*, *Scènes de la vie féminine*), 1998.
À la frontière, poésie, La Différence, 1996.
Collation, poésie, Seghers, 2003.
Michel Butor, Seghers, coll. « Poètes d'aujourd'hui », 2003.
L'horticulteur itinérant, Melville, 2004.

L'harmonie des états 7

LIMINAIRE

1962

MOBILE

(Les Noirs)	23
(Les Européens d'Amérique)	26
(Le noircissement de la mer)	30
(Le discours du Sud)	40
(Manhattan invention)	45

RÉSEAU AÉRIEN

(L'avion numéro 8)	51
(L'avion numéro 9)	59

1963

DESCRIPTION DE SAN MARCO

(L'histoire de Joseph) — 69

1964

ILLUSTRATIONS

Rencontre — 83

1965

6 810 000 LITRES D'EAU PAR SECONDE

(Le voile de la mariée) — 87
(L'orage) — 90
(Invocation du célibataire) — 93

1969

ILLUSTRATIONS 2

Ombres d'une île — 95

1972

OÙ

(Le génie du lieu 2)

J'ai fui Paris (1) — 103
Je hais Paris — 106
J'ai fui Paris (2) — 118

1973

ILLUSTRATIONS 3

Méditation explosée
- 1) L'oiseau — 121
- 2) La déclaration — 121
- 3) Les roseaux — 122
- 4) La chaleur — 122
- 5) Le conciliabule — 122
- 6) La craie — 123
- 7) Le nuage — 123
- 8) Le toit — 124
- 9) Le foyer — 124
- 10) Le mur — 125
- 11) La pioche — 125
- 12) Les hampes — 126
- 13) La hâte — 126
- 14) Le sommeil — 127
- 15) Le couperet — 127
- 16) Le joug — 128
- 17) L'insecte — 128
- 18) Le refus — 129
- 19) Le conseil — 130
- 20) La foule — 130
- 21) La bourrasque — 131
- 22) La fleur — 131
- 23) Les voiles — 132
- 24) La touffe — 132
- 25) Le lac — 133
- 26) L'ancre — 133
- 27) La solitude — 134
- 28) La ruine — 134
- 29) La braise — 135
- 30) Le labour — 135
- 31) L'envol — 136
- 32) Le miroir — 136
- 33) Le casque — 137

34) Le voyage	137
35) Le théâtre	138
36) Les montagnes	139
37) L'anneau	139
38) Les roues	140
39) Le pain	140
40) Le nu descendant un escalier	141
41) La barque	141
42) La meule	141
43) La barre	142
44) Les amants	142
45) La falaise	143
46) L'amas	143
47) La clef	144
48) Le verrou	144
49) Le glissement	145
50) La charpente	145
51) Les lampes	146
52) L'aurore	146
53) Les jarres	147
54) Le char	147
55) L'échange	148
56) L'ombre	148
57) La palissade	149
58) La haie	150
59) Le baiser	150
60) Le blanc	151

1974

ILLUSTRATIONS 4

Épître à Georges Perros	153
Tourmente	155
(J'ai vu)	160

1975

MATIÈRE DE RÊVES

Le rêve de l'Ammonite (*L'Amérique* de William Blake)	165
Le rêve du déménagement (*L'Amérique* de William Blake, suite)	174

1976

SECOND SOUS-SOL

(Matière de rêves 2)

(Chansons de l'ombre)	181

1977

TROISIÈME DESSOUS

(Matière de rêves 3)

(Dans les cloîtres du vent)	191
Tableaux vivants	196
1) Hors du monde	196
2) Le rêve pétrifié	197
3) Le pur esprit	198
4) Trio	199
5) Hantée	199
6) Promenade du philosophe positiviste	200
7) Léonard de Vinci contemplant une fusée	200

1978

BOOMERANG

(Le génie du lieu 3)

Courrier des Antipodes	203
Fantômes australiens	203
Les bosquets de la mort	210
Bicentenaire Kit	214
Le dollar	214
Taureau assis	215
Archipel Shopping	217
Le dernier des Tasmaniens	217
Calendrier de Singapour (1977)	219
Blues pour les neuf chœurs des anges	221
Carnaval transatlantique	227
(Ballade municipale)	227
La fête en mon absence	232
(L'épreuve de la puanteur)	232

1980

ENVOIS

La vie d'un œil (Tombeau de Paul Strand)	243
1) New York	243
2) Rouages	244
3) Nature	244
4) Nouveau-Mexique	245
5) Gaspésie	246
6) Mexique	246
7) Nouvelle-Angleterre	247
8) France	248
9) Italie	248
10) Hébrides	249
11) Égypte	249
12) Ghana	250
13) Etc.	251

1981

QUADRUPLE FOND

(Matière de rêves 4)

(30 fouilles)	253

1983

EXPRÈS

(Envois 2)

(Les animaux malades de la poussière)	267
1) Les naufragés de l'arche	267
2) Les adieux	271
3) Le déménagement des animaux	275
4) L'absence	278
5) Rêve parisien	282
6) Le retour	285
7) Vaisseau-phénix	285

1984

AVANT-GOÛT

Futur antérieur	293
1) Villa spectaculaire	293
2) Villa dolente	294
3) Villa antique	296
4) Villa exotique	297
5) Villa ombreuse	299
6) Villa casino	300
7) Villa funèbre	302
Itinéraire	303
1) Les bibliothèques	303

2) Les jeux	304
3) Les ateliers	306
4) Les villes	308
5) Les gares	310
6) Les ports	311
7) Les ponts	313
8) Les fleuves	315
9) Les jardins	316
10) Les saisons	318
11) Les heures	320
12) Les voix	322
Bilame ou diode	324
1) Corot en Albuquerque	324
2) Les chiens de Rome	325
3) Face au castel d'Albuquerque	327
4) Le miroir de Rome	328
5) La grâce descend sur Albuquerque	329
6) Les ombres de Rome	331
7) Les carrefours d'Albuquerque	332
8) Les jouets de Rome	334
9) Les solitaires d'Albuquerque	336
10) Les portes de Rome	338

1985

MILLE ET UN PLIS

(Matière de rêves 5)

(120 nuages)	341

1992

TRANSIT

(Le génie du lieu 4)

[Treize stations] dans le tourbillon parisien	377
Noctambule	377

Flammes doubles	379
Agenda	380
Apéritif	382
La peau des rues	384
Cirque d'hiver	386
Retour de Tokyo	388
Un adolescent charbonneux	390
Après la fête	391
Pour garder son calme	397
Spin	402
[Vingt et une lettres à Frédéric-Yves Jeannet] à propos du Mexique	403
Le fantôme de l'Inca Garcilaso regarde par-dessus l'épaule du photographe	403
Derrière l'horizon du temps	405
[Huit éclaircies] dans l'épaisseur du Nord-Ouest	413
Fenêtres sur le passage intérieur	413
Comédie lointaine	415
Outresoir	419

1996

GYROSCOPE

(Le génie du lieu 5)

Observatoire	423
Récitatifs d'Elseneur :	
(Tycho-Brahé)	423
(Kepler)	425
(Uranie)	427
(Buxtehude)	428
(Jean-Sébastien Bach)	430
(La fille de Buxtehude)	431
Minotaure	434
Trois femmes enlacées	434
(Ballade du sorcier de Mougins)	438
Cathay	440
(Le rossignol)	440

501

Vision	445
(Chansons de la rose des voix)	445
Voyant	457
Hallucinations simples	457
Ciel	474
Aujourd'hui ou les astres	474
Pyramide	485
(Selon le *Livre du Conseil*)	485
Curriculum vitae	491

DU MÊME AUTEUR

Aux Éditions Gallimard

Ouvrages non utilisés dans cette anthologie :

DEGRÉS, 1960
HISTOIRE EXTRAORDINAIRE, 1961
ESSAIS SUR LES MODERNES, 1964
PORTRAIT DE L'ARTISTE EN JEUNE SINGE, 1967
ESSAIS SUR LES ESSAIS, 1968
ESSAIS SUR LE ROMAN, 1968
LA ROSE DES VENTS, 1970
DIALOGUE AVEC 33 VARIATIONS DE LUDWIG VAN BEETHOVEN SUR UNE VALSE DE DIABELLI, 1971
INTERVALLE, 1973
RÉPERTOIRE LITTÉRAIRE, 1996

En Poésie/Gallimard

TRAVAUX D'APPROCHE, *Préface-entretien avec Roger Borderie.*

Chez d'autres éditeurs

Recueils disponibles en librairie que l'on a pu qualifier de poétiques mais dont le contenu n'a pas été utilisé dans cette anthologie :

BRASSÉE D'AVRIL, La Différence, 1982
PATIENCE, Métailié, 1991
À LA FRONTIÈRE, La Différence, 1996
ICI ET LÀ, Publisud, 1997
GÉOGRAPHIE PARALLÈLE, L'Amourier, 1998
APPEL, Dumerchez, 1999
LES FANTÔMES DE LAON, Dumerchez, 2000
AU RENDEZ-VOUS DES AMIS, L'Amourier, 2003

M. B. PAR M. B., Seghers, 2003
COLLATION, Seghers, 2003
L'HORTICULTEUR ITINÉRANT, Melville, 2004

En ce qui concerne *Avant-goût*, qui a comporté quatre volumes aux Éditions Ubacs, certains textes du premier ont été utilisés dans cette anthologie; certains des trois autres aussi mais par l'intermédiaire d'ouvrages publiés chez Gallimard.

DERNIÈRES PARUTIONS

251. Herman Melville — *Poèmes de guerre.*
252. André du Bouchet — *Dans la chaleur vacante.*
253. Gaspara Stampa — *Poèmes.*
254. Daniel Boulanger — *Intailles.*
255. Martial — *Épigrammes.*
256. Michel-Ange — *Poèmes.*
257. John Donne — *Poèmes.*
258. Henri Michaux — *Face aux verrous.*
259. William Faulkner — *Le Faune de marbre. Un rameau vert.*
260. Walt Whitman — *Poèmes.*
261. Stéphane Mallarmé — *Poésies.*
262. Yves Bonnefoy — *Rue Traversière.*
263. *** — *Anthologie de la poésie française du XIXe siècle*, II.
264. Hugo von Hofmannsthal — *Lettre de Lord Chandos.*
265. Paul Valéry — *Ego scriptor.*
266. Goethe — *Élégie de Marienbad.*
267. Lorand Gaspar — *Égée. Judée.*
268. Jacques Réda — *Les Ruines de Paris.*
269. Jude Stéfan — *À la Vieille Parque.*
270. Rainer Maria Rilke — *Lettres à un jeune poète.*
271. Pierre Torreilles — *Denudare.*
272. Friedrich Hölderlin — *Odes. Élégies. Hymnes.*
273. W. B. Yeats — *Quarante-cinq poèmes.*
274. Bernard Noël — *La Chute des temps.*

275.	***	*Anthologie de la poésie russe.*
276.	André Chénier	*Poésies.*
277.	Philippe Jaccottet	*À la lumière d'hiver.*
278.	Daniel Boulanger	*Hôtel de l'image.*
279.	Charles Leconte de Lisle	*Poèmes antiques.*
280.	Alexandre Pouchkine	*Poésies.*
281.	Elizabeth Browning	*Sonnets portugais.*
282.	Henri Michaux	*L'Infini turbulent.*
283.	Rainer Maria Rilke	*Élégies de Duino. Sonnets à Orphée.*
284.	Maurice Blanchard	*Les Barricades mystérieuses.*
285.	Omar Khayam	*Rubayat.*
286.	Agrippa d'Aubigné	*Les Tragiques.*
287.	Jean Cassou	*Trente-trois sonnets composés au secret.*
288.	***	*La planche de vivre.*
289.	Pierre Jean Jouve	*Dans les années profondes.*
290.	John Milton	*Le Paradis perdu.*
291.	Pablo Neruda	*La Centaine d'amour.*
292.	Yves Bonnefoy	*Ce qui fut sans lumière.*
293.	Pier Paolo Pasolini	*Poèmes de jeunesse.*
294.	Jacques Audiberti	*Ange aux entrailles.*
295.	Henri Pichette	*Apoèmes.*
296.	Stéphane Mallarmé	*Vers de circonstance.*
297.	John Keats	*Poèmes et poésies.*
298.	Paul Claudel	*Cent phrases pour éventails.*
299.	Louis Calaferte	*Rag-time.*
300.	André Breton	*Poisson soluble.*
301.	David Herbert Lawrence	*Poèmes.*
302.	***	*Les Poètes du Chat Noir.*
303.	Joachim Du Bellay	*Divers Jeux rustiques.*
304.	Juvénal	*Satires.*
305.	Odysseus Elytis	*Axion Esti.*
306.	Nuno Júdice	*Un chant dans l'épaisseur du temps.*
307.	Pentti Holappa	*Les Mots longs.*
308.	Max Elskamp	*La Chanson de la rue Saint-Paul.*

309. ***	*Anthologie de la poésie religieuse française.*
310. René Char	*En trente-trois morceaux.*
311. Friedrich Nietzsche	*Poèmes. Dithyrambes pour Dionysos.*
312. Daniel Boulanger	*Les Dessous du ciel.*
313. Yves Bonnefoy	*La Vie errante. Remarques sur le dessin.*
314. Jean de la Croix	*Nuit obscure. Cantique spirituel.*
315. Saint-Pol-Roux	*La Rose et les Épines du chemin.*
316. ***	*Anthologie de la poésie française du XVIIIe siècle.*
317. Philippe Jaccottet	*Paysages avec figures absentes.*
318. Heinrich Heine	*Nouveaux poèmes.*
319. Henri Michaux	*L'Espace du dedans.*
320. Pablo Neruda	*Vingt poèmes d'amour. Les Vers du capitaine.*
321. José Ángel Valente	*Trois leçons de ténèbres.*
322. Yves Bonnefoy	*L'Arrière-pays.*
323. André du Bouchet	*l'ajour.*
324. André Hardellet	*La Cité Montgol.*
325. António Ramos Rosa	*Le cycle du cheval.*
326. Paul Celan	*Choix de poèmes.*
327. Nâzim Hikmet	*Il neige dans la nuit.*
328. René Char	*Commune présence.*
329. Gaston Miron	*L'homme rapaillé.*
330. André Breton	*Signe ascendant.*
331. Michel Deguy	*Gisants.*
332. Jean Genet	*Le condamné à mort.*
333. O. V. de L. Milosz	*La Berline arrêtée dans la nuit.*
334. ***	*Anthologie du sonnet français de Marot à Malherbe.*
335. Jean Racine	*Cantiques spirituels.*
336. Jean-Pierre Duprey	*Derrière son double.*
337. Paul Claudel	*Bréviaire poétique.*
338. Marina Tsvétaïéva	*Le ciel brûle* suivi de *Tentative de jalousie.*

339. Sylvia Plath	*Arbres d'hiver* précédé de *La Traversée.*
340. Jacques Dupin	*Le corps clairvoyant.*
341. Vladimír Holan	*Une nuit avec Hamlet.*
342. Pierre Reverdy	*Main d'œuvre.*
343. Mahmoud Darwich	*La terre nous est étroite.*
344. ***	*Anthologie de la poésie française du XXe siècle, I.*
345. ***	*Anthologie de la poésie française du XXe siècle, II.*
346. Pierre Oster	*Paysage du Tout.*
347. Édouard Glissant	*Pays rêvé, pays réel.*
348. Emily Dickinson	*Quatrains et autres poèmes brefs.*
349. Henri Michaux	*Qui je fus* précédé de *Les Rêves et la Jambe.*
350. Guy Goffette	*Éloge pour une cuisine de province* suivi de *La vie promise.*
351. Paul Valéry	*Poésie perdue.*
352. ***	*Anthologie de la poésie yiddish.*
353. ***	*Anthologie de la poésie grecque contemporaine.*
354. Yannis Ritsos	*Le mur dans le miroir.*
355. Jean-Pierre Verheggen	*Ridiculum vitae* précédé de *Artaud Rimbur.*
356. André Velter	*L'Arbre-Seul.*
357. Guillevic	*Art poétique* précédé de *Paroi* et suivi de *Le Chant.*
358. Jacques Réda	*Hors les murs.*
359. William Wordsworth	*Poèmes.*
360. Christian Bobin	*L'Enchantement simple.*
361. Henry J.-M. Levet	*Cartes Postales.*
362. Denis Roche	*Éros énergumène.*
363. Georges Schehadé	*Les Poésies*, édition augmentée.
364. Ghérasim Luca	*Héros-Limite* suivi de *Le Chant de la carpe* et de *Paralipomènes.*
365. Charles d'Orléans	*En la forêt de longue attente.*
366. Jacques Roubaud	*Quelque chose noir.*
367. Victor Hugo	*La Légende des siècles.*

368. Adonis	*Chants de Mihyar le Damascène* suivi de *Singuliers*.
369. ***	*Haiku*. Anthologie du poème court japonais.
370. Gérard Macé	*Bois dormant.*
371. Victor Hugo	*L'Art d'être grand-père.*
372. Walt Whitman	*Feuilles d'herbe.*
373. ***	*Anthologie de la poésie tchèque contemporaine.*
374. Théophile de Viau	*Après m'avoir fait tant mourir.*
375. René Char	*Le Marteau sans maître* suivi de *Moulin premier*.
376. Aragon	*Le Fou d'Elsa.*
377. Gustave Roud	*Air de la solitude.*
378. Catherine Pozzi	*Très haut amour.*
379. Pierre Reverdy	*Sable mouvant.*
380. Valère Novarina	*Le Drame de la vie.*
381. ***	*Les Poètes du Grand Jeu.*
382. Alexandre Blok	*Le Monde terrible.*
383. Philippe Jaccottet	*Cahier de verdure* suivi de *Après beaucoup d'années*.
384. Yves Bonnefoy	*Les planches courbes.*
385. Antonin Artaud	*Pour en finir avec le jugement de dieu.*
386. Constantin Cavafis	*En attendant les barbares.*
387. Stéphane Mallarmé	*Igitur. Divagations. Un coup de dés.*
388. ***	*Anthologie de la poésie portugaise contemporaine.*
389. Marie Noël	*Les Chants de la Merci.*
390. Lorand Gaspar	*Patmos* et autres poèmes.
391. Michel Butor	*Anthologie nomade.*
392. ***	*Anthologie de la poésie lyrique latine de la Renaissance.*